Mark Scheppert
KOALALAND

Australienroman

Bibliografische Information der Deutschen Bibliothek:
Die Deutsche Bibliothek verzeichnet diese Publikation in der
Deutschen Nationalbibliographie, detaillierte bibliographische
Daten sind unter http://dnb.ddb.de abrufbar.

Copyright © 2013 Mark Scheppert

Satz und Umschlaggestaltung: D. Werk & K. v. Günner
Herstellung und Verlag: BoD - Books on Demand, Norderstedt

ISBN: 978-3-7322-3086-0

Die Verwendung der Texte und Bilder, auch auszugsweise, ist ohne Zustimmung des Autors urheberrechtswidrig und strafbar. Dies gilt auch für die Vervielfältigung, Übersetzungen, Mikroverfilmung und die Verarbeitung mit elektronischen Systemen.

www.markscheppert.de

Inhalt

G'day Australia – Ankunft	7
Darling, Kings Cross und Bondi – Sydney	10
Haie, Giraffen und Spinnen – Sydney	22
Blau in den Bergen – Blue Mountains	28
Frühstückskapitän – Port Stephens	32
Bahn frei, Kartoffelbrei – Byron Bay	38
Das Unwetter – Brisbane	47
Nutten, Säufer, Spieler – Sydney	51
Straßenbahncity – Adelaide	56
Blow me pussy chicken – Die Südküste	64
Keine 12 Apostel – Great Ocean Road	72
Berge, Täler, Fallgruben – Grampians	80
Nachmittag mit Kängurus – Flinders Ranges	86
Ganz unten – Coober Pedy	94
Traumwelt – Uluru	102
Who the fuck is? – Alice Springs	105
Tiefer Einschnitt – West MacDonnell Ranges	108
Roadkill Café – Darwin	116
Springende Krokodile – Top End	126
Murmeln des Teufels – Outback	133
Dschungelcamp – Paluma Range	140
Tote Kasuare – Mission Beach	148
Luxusleben – Cairns	152
Schneeweiß – Whitsundays	162
Quallenfreie Zone – Agnes Water & Town of 1770	167
Abtauchen – Lady Musgrave Island	174
Sand und Meer – Fraser Coast	179
Farbenfeuerwerk – Lennox Head	184
Koala und Känguru – Diamond Head	190
Goodbye Australia – Abschied	195

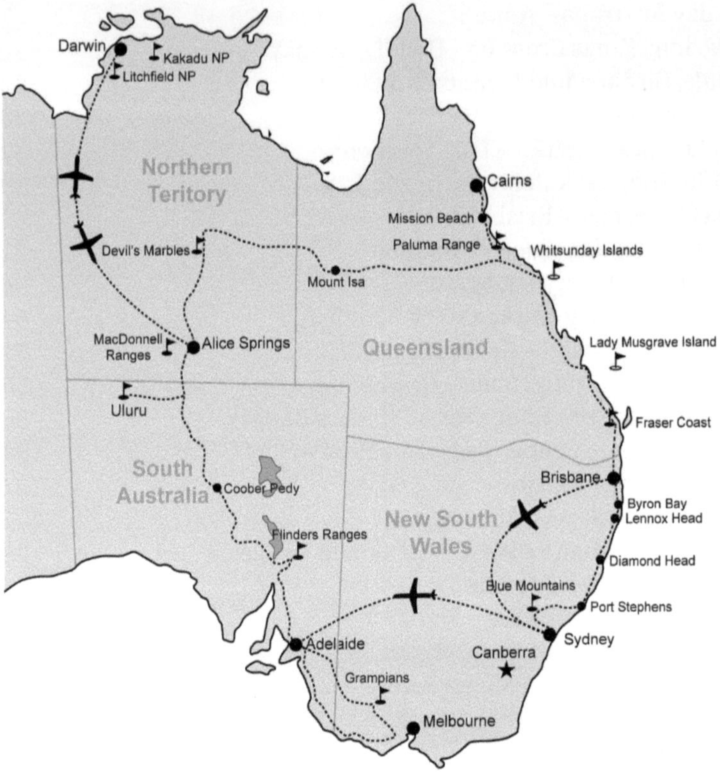
Darwin
Kakadu NP
Litchfield NP
Northern
Teritory
Cairns
Mission Beach
Paluma Range
Whitsunday Islands
Devil's Marbles
Mount Isa
MacDonnell
Ranges
Alice Springs
Queensland
Lady Musgrave Island
Uluru
Fraser Coast
South
Australia
Coober Pedy
Brisbane
Byron Bay
Lennox Head
New South
Wales
Flinders Ranges
Diamond Head
Blue Mountains
Port Stephens
Adelaide
Sydney
Canberra
Grampians
Melbourne

in NZ
IT'S NONE OF MY BUSINESS
410 GTD
WHAT YOU THINK OF ME

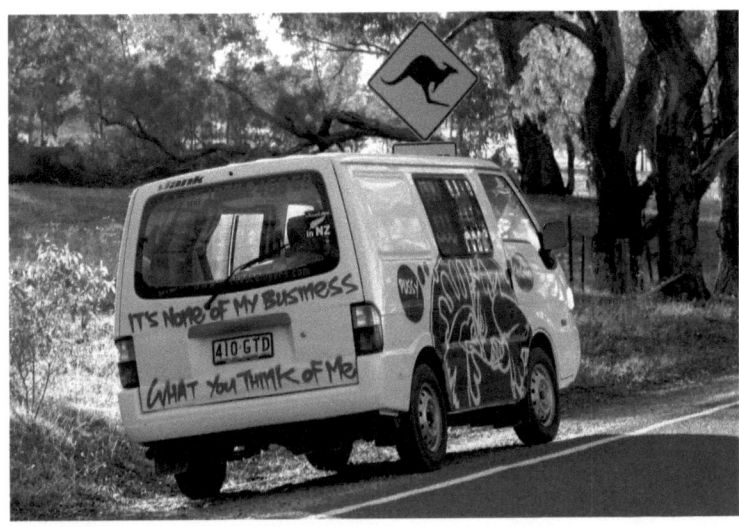

G'day Australia – Ankunft

Seine Sicht:
Als Kinder schwärmten meine Schwester Conny und ich von Australien. Rotbraune Kängurus sprangen in unseren Träumen elegant durch die unendlichen Weiten unseres Kinderzimmers, knuffige Koalas klammerten sich wie Teddys an Zimmerpflanzen, und quietschgelbe Fische schwammen in einem imaginären türkisblauen Aquarium. Es ging stets ein romantischer Zauber von dem Land aus, in dem sich das Wasser falsch herum in den Abfluss ergießt und meiner Logik nach alles auf dem Kopf stehen musste. Wir hängten uns sogar ein Poster vom magischen roten Berg und eine Landkarte an die Wand und fragten uns nachts nach Namen von Städten, Flüssen und Wüsten ab. Insgeheim hofften wir, jemals so weit reisen zu können.

Natürlich beneidete ich Conny, die sich sofort mit 18 diesen Lebenstraum erfüllte, doch ich wollte meine Tour anders angehen. Wenn ich schon in das kontinentgroße Land fliegen würde, bräuchte ich Geld und vor allem Zeit. Beides habe ich nun.

Der Kontoauszugsdrucker hatte eine akzeptable vierstellige Zahl ausgespuckt und im Gegensatz zu meiner Bekannten Nina, die mit mir auf Reisen geht, konnte ich zehn Wochen Urlaub am Stück über zwei Jahre hinweg sammeln. Okay, ich hätte auch kündigen können, aber das wäre nicht meine Art zu leben. Dennoch werde ich das dröge Arbeitsleben am allerwenigsten vermissen.

In Singapur verbringen wir zwei entspannte Tage und Nächte mit unseren Freunden Jörn und Maria, die hier gerade ihren Asienurlaub beenden, bevor wir uns in entgegengesetzte Richtungen verabschieden: sie zurück in die bitterkalte deutsche Heimat und wir „Down Under" ins Abenteuerland.

Am Flughafen legen wir die Tickets zusammen mit Ninas Vielfliegerkarte auf den Tresen. Die „Holzklasse" von Qantas ist überbucht, doch ihr Plastikteil leuchtet golden, sodass wir Sitze im Businessbereich bekommen. Für mich ist es das erste Mal, dass ich so privilegiert fliege – viel besser hätte die Reise nicht beginnen können. In den Seitentaschen des gepolsterten Sessels finde ich neben Hochglanzmagazinen zwei scheinbar vergessene 0,2-Liter-Flaschen Rotwein. Eine drehe ich schon vor dem Start auf und lächele überglücklich zu Nina hinüber. Sie schüttelt mit dem Kopf, kurbelt ihren Sitz in eine bequemere Position und schläft unmittelbar ein.

Mich jedoch füllen die Stewardessen mit Exportbier und vorzüglichem Wein aus echten Gläsern regelrecht ab. Nachdem ich diverse Filme geschaut, unzählige Spiele getestet und den Rest der Nacht „Midnight Oil" gehört habe, beginnen wir mit dem Landeanflug. Leicht beschwipst stolpere ich zum Einreiseschalter, wo man mich nicht mal nach dem elektronischen Visum fragt, sondern lediglich herzlich in Australien willkommen heißt. Auf einmal werde ich ganz melancholisch und meine Augen füllen sich mit Tränen. „Schwesterherz!", könnte ich schreien. „Ich habe es jetzt auch endlich geschafft!" Das Überschreiten der berühmten „blauen Linie" am anderen Ende der Welt symbolisiert für mich das größtmögliche Freiheitsgefühl, welches ich jemals im Leben verspürt habe!

Ihre Sicht:
Australien war nicht gerade meine erste Wahl für eine Auszeit. Nein, ich habe nichts Schlechtes über das Land gehört – aber eben auch keine Sachen, die mich vor Vorfreude schier ausflippen ließen. Wenn ich schon meine Karriere durch diese Reise aufs Spiel setze, wäre ich lieber nach Neuseeland geflogen. Dort gibt es hohe Berge, schneebedeckte Vulkankegel, reißende Flüsse, grüne Hügel, bläulich schimmernde Gletscher, niedliche Pinguine und monströse Wale. Außerdem locken die „Kiwis" mit tropisch anmutenden Badebuchten und malerischen Sandstränden. Alle, die schon einmal dort waren, schwärmen von diesem Land. Australien steht demgegenüber für menschenleere, trockene Wüsten, unerträgliche Hitze, für von Erosion zerfurchte Böden und vor allem für äußerst giftiges Viehzeug. Außerdem soll sich dort überall dieses Backpacker-Gesindel herumtreiben – menschliches Strandgut, das mir mit seinem dämlichen Gequatsche augenblicklich die Laune verderben wird. Doch ich hatte es Herrn Schmidt in die Hand versprochen und nun stehe ich auch zu meinem Wort. Zwar kennen wir uns bisher eigentlich nur von der Donnerstagsrunde, ein paar Partys und Konzerten, doch im letzten Jahr buchte ich – nach all seinen kindlichen Betteleien – dann doch die Flüge. Er ist nicht unbedingt mein Typ, aber als Reisepartner bestimmt ganz passabel.

Dass ich mir, zusätzlich zum regulären Urlaub, einen Monat unbezahlten nehmen muss und Nicole, die dusslige Kuh, welche mich in der Zeit vertritt, sicher sämtliche Projekte in den Sand setzen wird, nervt allerdings. Ich habe sogar ein bisschen Angst, dass mir mein Boss bei der Rückkehr sagt: „Vielen Dank, nun brauchen wir Sie auch nicht mehr." Doch das wird schon nicht geschehen. Ich habe das Handy und meinen Laptop dabei, sodass ich mich jederzeit ins Firmennetz einklinken kann. Es wird einfach so sein, als wäre ich nie weg gewesen, und zeitgleich verbringe ich zwei entspannte Monate in der strahlenden Sonne am Meer.

Ich kenne Singapur durch zwei Geschäftsreisen recht gut und so führe ich Michael, Maria und Jörn ein wenig herum. Da man sich dort fast überall in vollklimatisierten Gebäuden aufhalten und sogar europäisch essen kann, mag ich diese Stadt. Wieder einmal stelle ich fest, dass unsere Freunde extrem angenehme Zeitgenossen sind und ich freue mich schon jetzt darauf, mit ihr in der Heimat mal wieder zu shoppen und mit Jörn auf eine Motorradtour zu gehen.

Auf dem Weiterflug bekommen wir ein Upgrade und sie belasten mir nicht mal die Job-Meilenkarte. Es dauert allerdings keine 20 Sekunden und Herr Schmidt benimmt sich wie der letzte Idiot. Schon vor dem Take-Off säuft er Rotwein direkt aus der Pulle und sein erstes Bier bestellt er in etwa 800 Metern Flughöhe. Ich bin kaputt, versuche zu schlafen und träume von der Arbeit. Als ich erwache, daddelt er sinnlose Spiele – mittlerweile ist der Kerl bei Weißwein angelangt – und lacht sich schlapp, wenn bei Tetris die untere Ebene wegbricht. Am Terminal in Sydney habe ich das Gefühl, dass er rattentütenzu ist, und als wir nach endloser Wartezeit an der Passkontrolle und beim Zoll dieses Land endlich betreten dürfen, würde ich am liebsten wieder umkehren. „G'day", ruft ein Beamter und ich murmele: „Na schönen guten Tag auch!"

Darling, Kings Cross und Bondi – Sydney

Seine Sicht:
Während sich Nina eine Karte für ihr Handy besorgt und Geld zieht, komme ich vor dem Flughafengebäude mit Steffi ins Gespräch. Sie hat sich eine Deutschlandfahne um die Hüfte gebunden, auf der all ihre Freunde vor der Abreise unterschrieben hatten. Leider kann sie erst um 15 Uhr in ihrem Hostel in Kings Cross einchecken und weiß nicht, was sie bis dahin machen soll. Jetzt ist es 8 Uhr. Am liebsten würde ich sie mitnehmen. Doch Nina hat längst entschieden, dass wir nicht im Kultstadtteil übernachten, sondern zum Ankommen in ein „vernünftiges" Hotel fahren. Dann soll sie das auch organisieren – vorgebucht haben wir nämlich nichts. Ich mache ihr zudem klar, dass ich maximal bereit bin, einen Anteil von 50 AU$ für das Zimmer zu zahlen. Sie akzeptiert es, wenngleich sie großkotzig ruft: „Na du bist mir ja ein Pfennigfuchser."

Mit dem Handy am Ohr schaut sie abfällig zu Steffi herüber und deutet mit genervtem Nicken an, dass ich meinen Rucksack schultern soll. Wie ein Trottel folge ich ihrem monströsen lilafarbenen Rollkoffer zum Taxistand. Sie ruft dem Fahrer zu: „Fahr mal in ein schönes Hotel in die Innenstadt." So zumindest deute ich es, denn mein Englisch ist nicht gerade brillant.

Obwohl ich ordentlich geplättet bin, ahne ich, dass Sydney eine wunderbare Stadt ist. Auf dem Stadtplan am Flughafen waren die bebauten Flächen hellrosa, die Parks grün und das Meer milchig blau eingezeichnet gewesen. Bei strahlendem Sonnenschein fahren wir durch eine grün–blaue Landschaft entlang weniger rosafarbener Sprenkel.

Der Chauffeur hat beschlossen, dass das „Novotel" am Darling Harbour für meine anspruchsvolle Begleiterin genau das Richtige sei. Sie verrät mir nicht, wie teuer das Zimmer ist, sondern zischt: „Ich bekomme dann noch 150 Aussie-Dollar für die drei Nächte von dir." Wie immer, wenn ich irgendwo ankomme, bin ich extrem aufgekratzt und werde von einer inneren Unruhe angetrieben, doch Nina will schlafen. Zumindest kann ich sie überzeugen, auf der Terrasse des Restaurants ein erstes einheimisches Bier zu testen. Das frisch gezapfte „Victoria Bitter" schmeckt wie der erste Eindruck von diesem Fleckchen Erde – fantastisch.

Ich bestaune mit offenem Mund den traumhaften Blick über den Stadthafen und die in der Sonne glitzernde Skyline. „Genau hinter uns muss das Outback liegen", rufe ich Nina zu und deute über den Hotelkomplex hinweg. Im Reiseführer erfahre ich, dass das ehemalige Industrie-Viertel „Darling Harbour" erst vor der Olympiade 2000 umgebaut wurde und nunmehr zu den schönsten Ecken der Stadt gehört. Schon einmal dabei, lese ich ihr ein paar Fakten über Sydney vor. Allein hier könnten wir sicherlich zwei Wochen verbringen. Sie scheint, mir nur mit einem Ohr zuzuhören, und geht recht bald aufs Zimmer. Wenig später folge ich, schlafe unmittelbar ein und träume von der Frau neben mir im Bett. Nina war meine allererste Wahl, als es darum ging, eine Reisebegleitung zu finden. Wir sind zwar nur gute Freunde, doch schon seit Jahren finde ich sie anziehend und mache mir nun gewisse Hoffnungen, sie in Australien endlich zu erobern, zumal sie momentan in keiner festen Beziehung steckt.

Ich weiß nicht, ob dieser Schlaf vorteilhaft war, um ein Jetlag zu verhindern, aber danach bin ich ausgeruht und kann es kaum noch erwarten loszulaufen. Nina trägt ein eng anliegendes gelb-geblümtes ärmelloses Kleid, in dem sie fantastisch unschuldig aussieht. Wir überqueren eine alte Drehbrücke, die zum Fischmarkt führt, bevor es zurück in die Innenstadt geht. Sie will schon nach knapp 200 Metern in die über uns ratternde Einschienenbahn steigen, doch ich überzeuge sie, dass wir zu Fuß wesentlich mehr vom Charme der Stadt mitbekommen. Ihr zuliebe stoppen wir sogar an einem Restaurant und so gestärkt, können wir den Weg zu den ultimativen Highlights in Angriff nehmen. Als ihr Telefon klingelt, befinden wir uns am Fuße einer gigantischen Brücke. Sie verschwindet hinter einer dicken Betonsäule.

Es ist die (!) Brücke und im Lichte der langsam versinkenden Sonne rührt mich der Anblick der stählernen „Harbour Bridge" und des gegenüber gelegenen Opernhauses mit seinem markanten eierschalenförmigen Dach zutiefst. Obwohl ich die Bauwerke schon hunderte Male auf Fotos gesehen habe, läuft mir ein kühler Schauer über den Rücken. Sie sind – neben dem Uluru – die unverkennbaren Wahrzeichen des Landes. Soeben wurde mir Australien einfach vor den Latz geknallt. Als Nina endlich unter einer Laterne neben mich tritt, nehme ich sie wie eine Schwester in die Arme. Von einem Touristen lassen wir uns mit breitem Grinsen und Victory-Fingern fotografieren. ‚Unsere Beziehung zum Verrücktwerden freundschaftlich', denke ich, als sie einfach weiterläuft.

Im angrenzenden historischen Stadtteil „The Rocks" entdecken wir den „Löwenbräu-Keller". Nina findet es zwar vollkommen abartig, dort hineinzugehen, macht aber auch keinen besseren Vorschlag. Alle paar Minuten brülle ich: „O'zapft is", und spüre dabei gleichzeitig, dass es schleunigst an der Zeit ist, Deutschland zu vergessen. Mit einem Taxi fahren wir zurück ins Hotel, relaxen bei einem Schlummifix-Wein an der Bar und besprechen die nächsten Tage. In der Nacht würde ich mich gern ankuscheln, doch Nina weist mich wirsch ab und erklärt mir irgendwelche Regeln, die ich auf dieser Tour gefälligst einzuhalten hätte. Außerdem möchte sie noch ein paar Seiten lesen.

Obwohl ich kein Frühstücker bin, esse ich am nächsten Morgen, als ob ich seit Tagen nichts bekommen hätte. Für Nina, die olle Business-Tante, mag die exquisite Auswahl ja normal sein, doch ich finde das Buffet unfassbar vielfältig. Etliche exotische Früchte habe ich noch nie zuvor gesehen.

Mit der U-Bahn fahren wir nach „Kings Cross", um den Camper für die nächsten Wochen zu mieten. Gefiel mir die Stadt entlang des natürlichen Hafens mit ihrer Mischung verschiedener Baustile bisher schon sehr gut, empfinde ich nun ein Gefühl des Angekommenseins. Stundenlang könnte ich durch das Viertel mit den Künstler- und Eckkneipen, Inn-Restaurants und Stehimbissen, heruntergekommenen Hostels und dekadenten Boutiquehotels, Tabakläden, Wettbüros, anrüchigen Stipplokalen und teuren Etablissements laufen. Auf Höhe eines Touristenbüros bietet mir Nina an, dass sie sich auch allein um den Wagen kümmern könne, falls ich mich noch umschauen wolle. Dankend nehme ich an und hole mir einen Caffè Latte, wobei sie mich erst beim fünften Mal verstehen. Hinter mir ruft ein Kerl: „Grandee Latteej" und bekommt seinen Deckelbecher unverzüglich. Da hätte ich mir wohl lieber einen „Flat White", „Long Black" oder „Cappuccino" bestellen sollen. Mit meinem Heißgetränk laufe ich die Darlinghurst Road hinunter, um auf der Victoria Street gemächlich zurückzuschlendern.

Als ich den Laden betrete, hockt meine Freundin vor einem Computer und surft im Internet. Neben ihr liegen ausgedruckte Papiere. Geschockt rufe ich: „Was soll denn der Scheiß?" Nina hatte keinen Camper, sondern ein stinknormales Auto gemietet und das auch nur für zwei Wochen. Sie blickt kurz vom Bildschirm auf und erklärt mir beiläufig, dass dies ein Special-Offer gewesen wäre. Den Wagen könnten wir in Brisbane wieder abgeben und uns dort einen Wohnwagen mieten, um ins Outback zu fahren.

Natürlich weiß ich, dass die mondäne Großstadtfrau im Vorfeld nicht gerade begeistert war, auf einsamen australischen Campingplätzen herumzustehen, aber dass sie diese Entscheidung allein getroffen hatte, ärgert mich maßlos. Irgendwie fährt diese Reise schon jetzt gegen den Baum. „Mann Nina, log dich endlich aus", schnauze ich. Sie schnappt die Unterlagen, zahlt und folgt mir vor die Tür. In der Fensterscheibe sehe ich, dass sie spöttisch in sich hineinlächelt.

Letztendlich umgarnt sie mich in einem Netz aus Schmeicheleien, dass der Preis unschlagbar gewesen wäre und ich die ersten zwei Wochen in einem bequemen PKW und gemütlichen Hotels sicherlich auch genießen werde. Dennoch bin ich sauer. Den Rest des Tages werden wir heute erstmal so verbringen, wie ich das für richtig erachte.

Mit der U-Bahn geht es zur „Bondi Junction", wo wir in den Bus nach „Bondi Beach" umsteigen. Schon in der Metro stehen braungebrannte Typen mit unter den Arm geklemmten Surfbrettern neben mir und als ich den berühmten Strand zum ersten Mal erblicke, übertrifft er all meine Erwartungen. Nein, der Sand ist nicht weißer, das Meer nicht blauer und das Tosen der Wellen nicht bombastischer als erträumt. Es ist die Atmosphäre. Die Leute surfen, schwimmen, radeln, skaten, joggen, spielen, essen, trinken, flanieren, shoppen und in fast jedem Gesicht sieht man ein entspanntes Lächeln. Plötzlich befinden wir uns in einem verzauberten Dorf der Glückseligkeit innerhalb der Stadtgrenzen von Sydney.

Während Nina umständlich ihr Badehandtuch ausbreitet, renne ich schreiend in die Fluten. Auf dem Weg quietscht der warme Sand unter meinen Füßen und obwohl die Brandung heftig ist, lasse ich mich von den überraschend kühlen Wellen minutenlang umherwirbeln. Schon nach wenigen Minuten ist der Ärger des Tages vergessen. Allerdings hat mich im Wasser etwas in den Finger gepiekst, was jetzt höllisch brennt. Ich massiere die Stelle und beobachte die Surfer eines Anfängerkurses, von denen sich die meisten ziemlich dämlich anstellen. Zwei Mädels aus der Schule kommen schreiend herausgerannt und lassen sich mit einer Flüssigkeit behandeln. Haie werden es wohl nicht gewesen sein, obwohl die vor Bondi – trotz Unterwassernetzen –

manchmal auftauchen sollen. Scheinbar sind auch sie von irgendetwas gestochen worden.

Nina geht hinüber und erkundigt sich, was los ist. Danach macht sie mir klar, dass sie heute nicht mehr ins Wasser geht, da sie keinen Bock auf Begegnungen mit derart fiesen Quallen hat. „Und ich nicht auf gekochte Krebse", murmele ich und deute auf ihre verbrannten Oberschenkel. Der 20iger UV-Faktor ist wohl ein bisschen zu schwach für meine blonde Begleiterin. Bevor wir in einem schattigen Café einkehren, lasse ich mir vom Bademeister mit der albernen rotgelben Kappe den schlimmen Finger mit Essiglösung beträufeln.

Am Nachmittag laufen wir rechter Hand die raue Klippenküste empor. Schon auf der ersten Anhöhe verschlägt mir der Ausblick den Atem. Der kilometerlange „Bondi Beach" breitet sich nun unter uns aus. Das Wasser ist kristallklar und die Surfer vollführen riskante Manöver, um nicht auf den nahe gelegenen Felsen zu zerschellen. Außerdem befindet sich auf der Landzunge ein hellblau schimmerndes Schwimmbad, welches sich malerisch von den dunkleren Tönen des Meeres abhebt. Hinter den immens hohen Schaumkronen im Süden kann ich mir sogar Eisschollen, auf denen tollpatschige Pinguine herumwatscheln, vorstellen.

Ihre Langsamkeit ist allerdings zum Verrücktwerden, was womöglich an den Mini-Füßen liegt, die eher Hufen gleichen. In Tippelschritten erreichen wir irgendwann dennoch die Traumbucht von „Tamarama". Auf einer Wanderkarte sind die kommenden Strände – wie „Bronte" und „Clovelly" – verzeichnet, die wir bei diesem Tempo nicht mehr sehen werden. Doch während ich eine Runde schwimme – an einigen Stellen spüre ich einen erheblichen Sog –, kann sie sich erholen, sodass wir erst an einem steilen Hang, an dem ein Friedhof empor klettert, umkehren. Was für ein fantastischer Küstenabschnitt!

Tiefenentspannt fahren wir zurück zum Darling Harbour. Da die Sonne gerade hinter der Skyline verschwindet, rennen wir zum Hafen und springen ohne Tickets auf eine Fähre, die zum Circular Quay tuckert. Dort wurde am 26.01.1788 die erste Siedlung des Landes gegründet. Die Ankunft der „First Fleet" wird bis heute als „Australia Day" gefeiert, obwohl an jenem Tag mehr Strafgefangene als Matrosen im jetzigen Sydney landeten. Willkommen in der Stadt der Diebe.

Ich mache Fotos von Nina in der Abenddämmerung unter der berühmten Brücke mit Blick auf die Sydney Opera, welche die

Australier angeblich Auster nennen. Doch auf keinem einzigen Bild sieht sie glücklich aus. Dafür zeige ich meine Grübchen, als wir am Kai unseren ersten wahrhaftigen Aborigine sehen. Die Klänge, welche aus seinem kunstvoll bemalten Didgeridoo ertönen, erinnern mich an die ersten surrenden Töne in „The dead heart" von „Midnight Oil". Ich werfe dem beeindruckend anders aussehenden Mann all mein Kleingeld in seine Holzschale und lächle dümmlich vor Glück.

Da wir nicht im „Löwenbräu", sondern bei einem Italiener landen, entkrampfen sich auch Ninas Mundwinkel wieder. Wir bestellen Pizza – Nina Salami und ich Känguru-Krokodil-Belag. Sie rümpft die Nase und nuschelt: „Mann, bist du eklig", aber ich finde, dass dies zusammen mit Fassbier eine ausgezeichnete Wahl ist. Im Fernsehen läuft Aussie Rules Football und ich habe das Gefühl, Zeuge eines außerordentlich rasanten Spiels zu sein, was allerdings auch am euphorisch brüllenden Kommentator liegen kann.

Endlich reden wir sogar miteinander und selbst Nina sieht irgendwann ein, dass wir auf dieser Reise die Entscheidungen gemeinsam treffen sollten. Als Entschädigung für den heutigen Streit nehmen wir uns vor, den anderen am nächsten Tag mit einer schönen Idee zu überraschen. Noch vor dem Zubettgehen überlege ich fieberhaft, was uns beiden gleichermaßen Spaß machen könnte. Mir fällt erst einmal nichts ein.

Ihre Sicht:
Herr Schmidt, alias Micha, hat ja schon in Deutschland Geld getauscht, doch sicher bekomme ich am Automaten einen viel besseren Kurs. Auch die Prepaid-SIM-Karte mit einem Guthaben von 150 AU$ kaufe ich ganz „easy" an einem Vodafone-Stand. Auf dem Weg nach draußen teste ich, ob das mit der Auslandsvorwahl funktioniert und rufe bei meiner Kollegin Simone an. Leicht verschlafen teilt sie mir mit, dass in der Firma seit Tagen das pure Chaos herrscht und Nicole, das Riesen-Rindvieh, extrem viel Scheiße gebaut hat. Na das geht ja gut los!

Am Ausgang steht mein Reisebegleiter für die nächsten zwei Monate und quatscht mit einer bekloppten Tussi, die sich eine schwarz-rot-goldene Fahne um die Fettpolster geschwungen hat. Ich gebe ihm ein Zeichen und per Taxi fahren wir nach Downtown. Schmidt wäre am liebsten ins Backpacker-Viertel gefahren, doch ich habe keinen Bock auf „Assihausen", sodass uns der Fahrer freundlicherweise an einem „Novotel" am Stadthafen hinauslässt.

Ich hab mich damit einverstanden erklärt, dass wir seine Budgetgrenze bei Hotels einhalten werden und ich dann eben mehr bezahle. Das Zimmer kostet 220 AU$ die Nacht, doch es ist mir egal, da mein Kontostand wahrscheinlich zehnmal so hoch ist wie seiner. Außerdem haben sie Internetanschluss im Zimmer – da zücke ich die Visakarte doch sehr gerne.

Nach einer Dusche schmeiße ich den Laptop an, um zu sehen, ob alles funktioniert, bevor ich hinunter zu Herrn Schmidt gehe. Der sitzt auf dem Balkon des Frühstücksrestaurants und hat zwei große Bier vor sich stehen. „Zum Ankommen!", ruft er mir freudestrahlend zu. Wie peinlich: Nebenan sitzen herausgeputzte Touristen und trinken Kaffee, während er um 9 Uhr Alkohol säuft. Einige blicken angeekelt zu uns herüber, als mein überdrehter Kumpel irgendeinen Scheiß aus dem Reiseführer vorliest. Ich höre, dass Australien 21,5 Mal so groß wie Deutschland ist, und hoffe innerlich, dass er nicht alles davon sehen will. Als ich mich verabschiede, hat er bereits seinen dritten „Schooner" intus.

Am Schreibtisch in unserem Zimmer lese ich E-Mails und ärgere mich, dass Nicole scheinbar nichts von dem verstanden hat, was ich ihr bei der Übergabe erklärte. Dumme Kuh! Gefühlte 2,4 Sekunden später kommt meine Reisebegleitung ins Zimmer getorkelt, wirft sich in seinen verschwitzten Klamotten aufs Bett und pennt sofort schnarchend ein. Dummer Ochse! Dann ein Furz. Dieses Schwein! ‚Herzlich willkommen', denke ich mir, ‚in einem tierisch guten Langzeiturlaub!'

Kaum zu glauben, dass Herr Schmidt gegen 16 Uhr – nach zwei Tagen – zum ersten Mal fast nüchtern wirkt. Ich trotte ihm mit bleischweren Beinen ins Hochhausghetto von Sydney hinterher, obwohl ich viel lieber Bus oder Monorail gefahren wäre. Da wir seit dem Morgen nichts gegessen haben, melde ich Hunger an. Er will zu einem Koreaner. Mir hätte eine Pizza oder ein Baguette auf die Hand vollkommen gereicht – aber es muss ja unbedingt ein Asiat sein, obwohl er weiß, dass ich deren Küche nicht mag. Unvermittelt könnte ich heulen.

Auf dem langen Weg zur Brücke klingelt mein Handy. Simone! Sie brüllt ins Telefon, dass die Gelder für das US-Projekt gestrichen wurden. Zu meiner Niedergeschlagenheit mischt sich Wut, denn momentan kann ich nichts für sie tun. Noch heute werde ich Hübner – diesem Penner – eine E-Mail schreiben, die sich gewaschen hat.

Fast hätte ich durch das Gespräch den Sonnenuntergang an den für Herrn Schmidt so wichtigen Sehenswürdigkeiten – einer rostigen Eisenbrücke und einer weißen Asbestbeton-Oper – verpasst. Als er mich mit Bauerntrottelblick anlächelt, denke ich genervt, dass wir jetzt ja nur noch zu diesem roten Stein im Inland fliegen müssen. Dann haben wir alles in Australien gesehen und können uns für den Rest der Zeit an den Strand knallen.

Richtiggehend sauer werde ich, als er mich in den „Löwenbräu-Keller" schleppt. Was für ein Touristenscheiß! Die Bedienungen sehen wie billige Karikaturen des Hofbräuhauses aus, sprechen Deutsch und drinnen spielen sie Volksmusik. Echt widerlich. Okay, doch erstmal nicht zurück in die Heimat! Das Bier schmeckt nicht besser als Australisches – ist jedoch doppelt so teuer, was ihm nichts auszumachen scheint. Ich ignoriere sein Gebrabbel, bis wir endlich ins Hotel fahren. Bei zwei Gläsern Rotwein bereite ich innerlich den Text an Hübner vor.

Im Zimmer habe ich das Gefühl, dass er mich am liebsten angrabschen würde, und greife mir sicherheitshalber den Reiseführer. Angestrengt blättere ich darin herum, bis es mir zu blöd wird. Ich mache meinem Bettnachbarn klar, dass wir auf diesem Trip nur in einem „Double room" schlafen können, wenn er die Finger von mir lässt.

Als er endlich pennt, fahre ich den Rechner hoch. Die Worte an meinen Boss wähle ich zwar mit Bedacht, aber es soll schon klar werden, dass er Budgets für Projekte nicht einfach canceln kann, nur weil ich 20 000 Kilometer entfernt am Arsch der Welt hocke. Ewig wälze ich mich im Bett herum und gegen vier Uhr wache ich wieder auf und starre fast zwei Stunden lang an die kahle Decke. Obwohl ich schon etliche Überseetrips hinter mir habe, ist dies der beschissenste Jetlag meines Lebens. Scheißtag!

Als mich Herr Schmidt zum Frühstück weckt, fühle ich mich wie erschlagen. Doch im Gegensatz zu mir ist er prächtig gelaunt. Er labert ohne Punkt und Komma, dass Sydney eine zauberhafte Mischung aus New York, London und Nizza wäre, und unterbricht sich nur, wenn er mal wieder zum Buffet rammelt. Ich weiß nicht, ob er jemals an diesen Orten gewesen ist, denn nichts davon stimmt. Auch nicht, dass „Kings Cross" wie Sankt Pauli oder Kreuzberg aussieht. Dorthin müssen wir nämlich mit einer schlecht belüfteten U-Bahn fahren, um diesen bescheuerten Camper zu mieten. In Wahrheit befinden wir uns im Assi-Viertel von Sydney. Überall quatschen uns verrückte Penner, dunkelhäutige Dealer, verlotterte Junkies und uralte Nutten an und fragen, ob wir Drogen hätten, welche kaufen oder einfach nur ficken wollen. Er versteht nur die Hälfte und findet all die räudigen Spelunken, Dreamgirl-Schuppen und Pferderennwettläden auch noch urig. Ich bin daher froh, dass er allein herumirren will und biete ihm an, mich in der Zwischenzeit um den Wagen zu kümmern.

Nun geht es ans Eingemachte! Schon nach zwei Tagen weiß ich, was ich nicht will: mit einem beengten Camper durch Australien zu eiern, Herrn Schmidt, den Traumtänzer, dabei rund um die Uhr um mich zu haben und vor allem, von jeglicher Kommunikation abgeschnitten zu sein. Momentan brennt auf Arbeit die Luft, da brauche ich vernünftige Hotels mit Internetzugang und Mobilfunkempfang und kein enges Blechmobil, in dem er womöglich versucht, mir an die Titten zu fassen. Innerhalb weniger Minuten buche ich einen Mittelklassewagen für zwei Wochen – länger traue ich mich dann doch nicht – und mache dem Typen klar, dass er mir noch einen Ausdruck mit der Hälfte des Preises ausfertigen soll, da ich mir das Auto mit einem Freund teile. Das Büro ist gleichzeitig ein Internetcafe. Ich logge mich ein und lege den Zettel mit dem „Special Price" neben das Mousepad. Irgendwann erscheint Schmidt.

Natürlich weiß ich, dass ich fast einen Schritt zu weit gegangen bin, denn er bricht innerlich regelrecht zusammen. Deutlich erkenne ich in seinem entsetzten Blick, wie sich sein großer Traum, Australien in einem stickigen Camper zu erkunden, soeben in Luft aufgelöst hat. Er muss sich ziemlich zusammenreißen, doch ich weiß ja, dass er megascharf auf mich ist. Da wird er schon nachgeben. Damit, dass ich „als Strafe" den Rest des Tages nach seinen Vorstellungen verbringen muss, kann ich leben, denn an den Strand will ich ja auch.

Allerdings würde ich die ultracoolen Kerle mit ihren speerförmigen Boards in der Metro am liebsten anschreien, dass sie sich mal ein T-Shirt überziehen sollen. Im extrem vollgestopften Bus piekst mir dann so ein Arschloch auch noch mit der Spitze seines Bretts ins Bein und fragt ganz dreist: „Hauwsegoing?", oder so ähnlich. „How is it going?", soll das wohl heißen. Es scheinen neben „Mate" und „Cheers" die meistgenutzten Worte der Australier zu sein und ich musste bisher immer überlegen, was ich darauf antworten soll. „Fuck off!", brülle ich und genieße seine kleinlaute Entschuldigung.

Endlich sind wir am weltberühmten Bondi Beach. Wie ein Vollhorst betont Micha das „i", wobei doch jeder weiß, dass es „Bondei" ausgesprochen wird. Der halbmondförmige Strand mit den felsigen Landzungen zu beiden Seiten und die angeblich historischen, pastellfarbenen Art déco-Gebäude im Hintergrund hauen mich nicht sonderlich vom Hocker. Ich bemerke allerdings sofort, dass ich mir neue Flip-Flops, einen neuen Bikini und vor allem einen neuen Mitreisenden suchen muss. Bondi scheint eine Flaniermeile für braungebrannte Tussis mit Insekten-Sonnenbrillen, smarte Waschbrettbauch-Surfer mit silbrigen Nasen und Selbstdarsteller zu sein. Einige üppige Dekolleté-Weibchen tragen gefütterte „Australia Boots" in zwei Nummern zu groß. In meinen Klamotten komme ich mir lächerlich deutsch vor. Niemand beachtet mich.

Als Herr Schmidt längst versucht, ein Surfbrett direkt vor die Birne zu bekommen, liege ich im Sand und schreibe Simone eine SMS: „Rate mal, wo ich gerade bin? Ätsch, am Bondi Beach! Bis bald N." Sie schreibt mir prompt zurück, wie neidisch sie sei, aber auch, dass Hübner wohl sauer auf mich wäre. Noch während ich grübele, ob das ein gutes oder schlechtes Zeichen ist, kommt meine kalkweiße Reisebegleitung zurück und gibt zynische Kommentare zur Anfänger-Surfergruppe ab. „Mann, sind die blöd", betont er dabei mehrfach. Auf Nachfrage erfahre ich, dass der Kerl selbst noch nie auf so einem Brett gestanden hat. Hut ab!

Plötzlich rennen zwei Bikini-Püppchen laut kreischend aus dem Wasser. Sie kriegen sich kaum wieder ein und schreien wie am Spieß. Da mich interessiert, was los ist, gehe ich hinüber zum knackigen Typen vom Surf Livesaving Club. Sie wären mit den Tentakeln einer „Blue Bottle"-Quallenart in Berührung gekommen, erklärt mir der rot-gelb gekleidete Typ freundlich. Das wäre kein Problem, aber beim „Box Jellyfish", den es (angeblich) nur im Norden gibt, kann so etwas im schlimmsten Fall auch tödlich enden, nuschelt er und behandelt die jammernden Mädels mit einer Essiglösung. „Von was? Blauflaschen-Haie?", ruft Herr Schmidt, der mal wieder nur Bahnhof versteht. „Mich kriegst du hier jedenfalls nicht ins Wasser", rufe ich. Er geht hinüber und zeigt dem Kerl mit den knallengen Badeshorts den

Stinkefinger, denke ich zunächst, aber anscheinend lässt er sich nur etwas von dem Liquid geben. Trotzdem peinlich. Zeit, sich in ein Eiscafé zu verdrücken.

Wie der Name schon sagt, gibt es dort Eis und Kaffee. Er trinkt Bier. Prost Mahlzeit! Leicht beschwipst beschließt er, dass wir auf einem steilen Weg entlang borstiger Klippen in Richtung imaginäres Ziel laufen sollten. Schlafwandlerisch stapfe ich ihm hinterher. Okay, die Aussicht und die nun folgenden Strände sind gar nicht mal so Kacke, doch leider scheint mein Mitreisender übersehen zu haben, dass ich im Gegensatz zu ihm in Espandrillos und ohne Basecap unterwegs bin. Mein Schädel glüht wie eine rote Peperoni und die Sonne kribbelt auf der Haut. Während er ins blaue quallenverseuchte Meer springt, zähle ich die Blasen an meinen Füßen und warte auf eine SMS von Simone. Ich will ja wissen, warum Hübner jetzt stinkig ist.

Endlich geht es zurück. Doch statt im Hotel gemütlich ein kühles Gläschen Weißwein zu trinken, springen wir ohne Tickets auf eine Fähre, um die „obligatorische" Fahrt unter der Brücke zum Sunset nicht zu verpassen. Während er unzählige Fotos schießt, denke ich bei jedem Fahrgast, dass es der Schaffner ist, der uns sogleich mit australischem Akzent fragt, warum wir schwarzfahren. Es fragt niemand. Am Circular Quay sehen wir erstmals einen verdrossen dreinblickenden Ureinwohner Australiens. Der schwarze, breitnasige Kerl, welcher mit angeschwollenen Adern auf der Stirn am Hafen sitzt und mit wulstigen Lippen in eine zwei Meter lange, bemalte Baumrinde bläst, gehört zu dem ganzen Touri-Scheiß einfach dazu. Es sieht fast so aus, als ob er zur Belustigung der Leute engagiert wurde, um „früher" zu spielen. Noch gestern hab ich gelesen, dass die stolzen Aborigines bei Ankunft der ersten Siedler diese nicht mal mit dem Arsch angeschaut hatten und allen Dingen, die diese zum Tausch anboten, keinen Wert beigemessen hatten. Und heute? Unser Herr Schmidt wirft dem Mann mit dem verfilzten Haar frohgelaunt glänzende Münzen zu.

Wenigstens darf ich in „The Rocks" endlich etwas Vernünftiges essen: Salamipizza. Er muss wieder herumspinnen und die heimische Tierwelt verspeisen. Wahrscheinlich sind Krokodile und Kängurus in Australien nur Hundefutter, doch er wählt sie als Belag. Nach einer unerwartet heftigen Attacke, in der er einige meiner – durchaus ernst gemeinten – Worte nachäfft, stimme ich übellaunig zu, dass wir uns morgen jeder eine Tour ausdenken.

Ich bekomme den Nachmittag und bin schon jetzt total genervt.

Am Abend setze ich mich mit dem Laptop allein an die Bar. Sie haben dort W-LAN und ausgezeichneten Weißwein. Um es möglichst schnell hinter mich zu bringen, suche ich eine deutschsprachige Tour, da Herr Schmidt ja scheinbar überhaupt kein Englisch versteht. Ich finde einen Anbieter, der gediegene Bootstouren organisiert, und sofort buche ich die Mini-Kreuzfahrt. Ein frohgelaunter Mann nennt mir den Bootsnamen, den Anleger im Darling Harbour und notiert sich meine Handynummer. Endlich kann ich mich mit den E-Mails meiner Kollegen beschäftigen. Ich könnte kotzen: Hübner tobt noch immer wegen meiner angeblich so dreisten Antwort, in der Abteilung herrscht das pure Chaos und Nicole hat schon vier Mal in dieser Woche geheult. Na, dann wollen wir mal in die Tasten hauen ...

Haie, Giraffen und Spinnen – Sydney

Seine Sicht
Zum Glück hab ich mir ein paar Flyer aus dem Foyer mitgenommen. Bei fast allen Touristen-Attraktionen bekäme man 20% Rabatt, wenn man den Schnipsel vom Handzettel mitbringt. Die Aborigines-Tour und der Stadtrundgang fallen aus, da Laufen ja anscheinend nicht so ihr Ding ist. Demnach streiche ich sämtliche sportlichen Aktivitäten wie Radeln, Paddeln und natürlich auch Surfen. Auf Segeln habe ich keine Lust und obwohl ich eigentlich „Abenteuer" gebucht habe, kann ich mich auch nicht für den „BridgeClimb" erwärmen. Mit meiner Höhenangst könnte ich den 134 Meter hohen Stahlbogen niemals, nur an einem dünnen Halteseil befestigt, überqueren. Die Fahrt auf den Sydney Tower und besonders das dortige Bungeejumping sind somit ebenfalls riskante Extremtouren und für „meinen Vormittag" gestorben.

Sie atmet ein wenig auf, dass wir nach kurzem Fußmarsch um den Stadthafen das Ziel erreicht haben. Im „Sydney Aquarium" und in der nebenan befindlichen „Wildlife World" möchte ich ihr zeigen, wie sehenswert die australische Unterwasser- und Tierwelt ist. Ich liebe das Meer und so kann ich mich gar nicht an der Artenvielfalt der hiesigen Meeresbewohner sattsehen. In einem Glastunnel können wir unter doppelflossigen Haien mit messerscharfen Zähnen und gewaltigen Rochen, die an den Scheiben zu kleben scheinen, hindurchlaufen. In anderen Becken dümpeln Pinguine über glitschige Steine und nebenan treiben dickbäuchige Seekühe umher. Auch das nachgebildete Great Barrier Reef mit den farbenprächtigen Korallenbänken, tiefblauen Seesternen und kunterbunten Fischschwärmen ist faszinierend. Ich habe zwar den Eindruck, dass Nina all die todbringenden Stachelrochen, nesselnden Würfelquallen, fiesen Steinfische und beineverschlingenden Haie ziemlich suspekt sind, aber plötzlich fragt sie: „Wollen wir eigentlich auch mal tauchen gehen?" Überrascht drehe ich mich um und denke, dass man mit ihr ja vielleicht doch etwas anfangen kann.

Meine Euphorie wird deutlich getrübt, als wir in der nebenan befindlichen „Wildlife World" nach der Besichtigung der „Niedlichkeitstiere" wie Koala, Wombat und Känguru in einer Art Dunkelkammer landen, wo all die giftigen Viecher umherkrabbeln, für die Australien eben auch bekannt ist. Okay, Riesenkakerlaken, Würmer, Skorpione und Schlangen sind nicht jedermanns Sache, aber dass Nina eine regelrechte Spinnenphobie hat, wusste ich nicht. Als sie erfährt, dass man der giftigen Rotrückenspinne und der noch viel gefährlicheren Trichternetzspinne auch in Sydney erstaunlich oft begegnen kann, flippt sie regelrecht aus und möchte das Gebäude, die Stadt und dieses Land auf der Stelle verlassen. Ich verstehe es nicht. Sie hätte doch wissen müssen, dass in Australien etliche Tiere leben, die einen umbringen können. Allerdings wüsste sie dann auch, dass unsere Chancen, zu Tode gepiekst zu werden, nicht sonderlich groß sind. So etwas geschieht äußerst selten und immer nur „anderen" Touristen.

Das Aquarium war eine gute Idee, doch mein Ausflug endet in einem Desaster, nur weil wir ein paar achtbeinige Krabbler hinter dicken Glasscheiben begutachtet haben. Am Hafen gehen wir in ein Café. Ich brauche ein Bier und Nina trinkt teuren Rotwein auf Kosten des Vormittags-Einladers, bevor sie aufs Klo verschwindet. Als ihr Telefon zum dritten Mal klingelt, hole ich es aus der Handtasche und sehe, dass es eine australische Nummer ist. Ich gehe heran und ein Typ fragt auf Deutsch: „Wo bleibt ihr denn? Alle warten schon auf euch!" Er erklärt mir, wo seine Yacht liegt. Der Witz dabei: Die noble „Blue Sky" ankert genau gegenüber. Ich winke entschuldigend hinüber, während Nina von der Toilette kommt. „Da hast du mir ja schön die Überraschung versaut", schnauzt sie und zieht eine Schnute. Dass Kapitän Klaus auch ohne uns abgelegt hätte, scheint sie dabei nicht sonderlich zu interessieren.

Kaum sind wir an Bord, rasen wir im Affenzahn durch den Stadthafen und unter der Bogenbrücke hindurch in Richtung offenes Meer. Das hätte mir Nina doch mal sagen sollen, dann hätte ich eine „Antikotz-Tablette" genommen. Ihr scheint das Schaukeln und Springen von Welle zu Welle zu gefallen und auch das gereichte Sektgläschen balanciert sie gekonnt im Wiegeschritt übers Deck. Mit uns sind noch zwei deutsche Paare mittleren Alters an Bord, mit denen ich die Giraffenhälse im „Taronga Zoo" zur einen und die bärtigen Palmen des „Royal Botanic Gardens" zur anderen Seite der Bucht bestaune. Wir brettern am „Fort Denison" vorbei, bevor Klaus endlich vom Gas geht und eine Bucht ansteuert. In der lieblichen „Shark Bay" könne man gefahrlos schnorcheln und schwimmen, erklärt er, was Nina ignoriert. Sie liegt im Bikini auf den Planken, nippt am blubbernden Freigetränk und hört Musik. Als ich aus dem recht unspektakulären Unterwasserzoo an Bord zurückkehre, haben Klaus und ein

Crewmitglied ein Häppchenbuffet aufgebaut und die Kühlbox mit Flaschenbier steht bereit. „Cooler Ausflug", proste ich Nina zu, bevor sie sich die Kopfhörer wieder in die Ohren stöpselt.

Auf der zweiten Etappe fahren wir an einer alten Gefängnisinsel vorbei und treiben dann gemächlich, entlang riesiger Villen, durch malerische Wasserstraßen. Es sieht ein bisschen wie im Spreewald „in breit" aus und zeugt einmal mehr von der traumhaften Lage der Stadt. Leute auf weißen Yachten und Kinder in Minisegelbooten kreuzen unseren Weg. Wie die am Ufer angelnden Männer winken sie uns zu. Als das Bier alle ist, gesellt sich Nina zu unserer Truppe und fragt nach Bier!

Sie beschließt, am „Woolloomooloo Wharf" auszusteigen und ruft trotzig: „Damit ich auch mal was trinken kann", obwohl sie schon anderthalb Pullen Sekt intus hat. In einem alten Speichergebäude bestellt sie das bisher teuerste Bier unserer Reise, aber danach sehe ich endlich einmal deutlich ausgeprägte Lachfältchen und eine gewisse Unbekümmertheit auf ihrem Gesicht! Wir laufen durch einen Stadtteil, der den lustigen Namen des Anlegers hat, bevor wir über etliche Treppen und einen Hügel wieder im Szeneviertel Kings Cross landen. Im erstbesten Restaurant wird zu meiner Überraschung Prager Küche und Bier serviert. Das gefällt sogar Nina und so schaufelt sie sich genüsslich eine Portion Gulasch mit Knödeln rein. Dazu bechert sie tiefgoldene Staropramen und zwei große Becherovka. Danach ist das Fräulein „leicht" beschwipst und brüllt mit niedlichem Schluckauf „Woolloomooloo, I love you" durch den Laden, was die anderen Gäste durchaus amüsant finden.

Ich würde gerne noch durchs Nachtleben ziehen, aber sie zerrt mich torkelnd und mit stark gerötetem Gesicht in ein Taxi. Im Zimmer bedanke ich mich für den tollen Ausflug. Sie umarmt mich ungewöhnlich lang und lallt mir etwas sehr Anzügliches ins Ohr. ‚Nicht im betrunkenen Zustand. Nicht mit ihr!', denke ich auf dem Weg ins Bad.

Schon auf dem Rückweg habe ich es mir anders überlegt, doch sie ist eingeschlafen. Behutsam schiebe ich Ninas grünes Schlafshirt nach oben und betrachte erregt ihre vollen, leicht zur Seite fallenden Brüste. Dann hake ich den Daumen in den Elastikbund ihres Slips, um auch dieses Geheimnis zu lüften.

Genau in dem Moment schreckt sie hoch, lässt ihr schmales Kinn auf meinen Bauch fallen und beginnt sich zu übergeben. Und kaum zu glauben: Kurz darauf dreht sie sich um und schläft einfach röchelnd weiter. Während ich mein T-Shirt auswasche, lächele ich in mich hinein und denke: ‚Was für ein überaus erotisches erstes Mal!'

Ihre Sicht
Dass mich Herr Schmidt in den Morgenstunden ins Aquarium schleift, finde ich okay. Es liegt gleich um die Ecke und meine Füße sind eh im Eimer. Was soll ich sagen? Ich war schon in vielen dieser Dinger, aber was sie dort präsentieren, ist gar nicht mal so übel, zumal man weiß, dass die Viecher in Australien wirklich alle herumschwimmen. Mein Begleiter denkt sicherlich, dass ich mit dem Meer nichts anfangen kann, doch das stimmt nicht. Solange ich keine gallertartigen, hochgiftigen Quallen um mich herum weiß, kann ich mich sehr wohl damit arrangieren. Mehr noch: Immer, wenn ich bis dato irgendwo schnorcheln war, hat mich das tiefenentspannt. Vor kurzem habe ich sogar einen Tauchschein gemacht und gemerkt, dass dieses schwerelose Gleiten im Zeitlupentempo genau mein Ding ist. Am Riff im Norden hätte ich endlich einmal Zeit, dies auch auszukosten. Einem Schwarm blau-gelber Segeldoktor-Fische in 10 Metern Tiefe in einem „Unterwasser-Streichelzoo" zu begegnen, hätte schon was.

Wahrscheinlich gab es darauf Rabatt, denn Herr Schmidt zerrt mich noch in die benachbarte Wildlife-World. Eigentlich hätte „Seaworld" ausgereicht. Zunächst falsch gedacht, denn die zur Schau gestellten schläfrigen Koalabären sind zum Knuddeln süß und riechen wie ein angelutschter Eukalyptusbonbon. Auch den Schmetterlingen, Vögeln und diversen Beuteltieren kann ich etwas abgewinnen. Doch wir müssen ja unbedingt ins Gruselkabinett. Nein, ich habe keine Angst vor Schlangen, Heuschrecken oder Skorpionen. Vor einigen Tieren ekele ich mich lediglich. Aber ich hasse Spinnen!!! Egal ob groß oder klein, pelzig oder glatt, rot, schwarz, langbeinig oder stummelfüßig – die Viecher verursachen sofort Schweißausbrüche und Herzrasen. Es ist auch nicht so, dass ich lediglich Schiss vor giftigen Exemplaren habe. Nein, ich kreische schon, wenn sich in Deutschland eine Mini-Spinne hinterhältig abseilt. Sobald wir nur eine dieser Tarantulas auf der Reise zu Gesicht bekommen, fliege ich zurück! Ich werde unsere Zimmer jetzt immer genauestens inspizieren und vor allem in keinem muffigen Wohnmobil durch die Pampa fahren. Ende der Ansage!

Endlich kann ich frische Luft schnappen! Obwohl ich seine Sauferei zur Mittagszeit vollkommen abartig finde, bestelle ich mir in einem Lokal am Hafen ein Glas Rotwein, bevor ich zur Toilette gehe und dort unter dem Klodeckel nach dem Rechten schaue. Als ich zurückkehre, sehe ich, dass Schmidt mein Handy ans Ohr hält. Der Typ vom Boot ist dran. Dennoch brülle ich: „Fass das Ding nie wieder an!"

Die weiße Yacht gefällt mir und wir werden sogar mit einem Gläschen Champagner begrüßt. „Pling" – eine neue SMS. Mein Chef entschuldigt sich bei mir, dass er sich im Ton vergriffen hat. Er würde mich und mein kompetentes Fachwissen vermissen. Der Tag ist gerettet! Im Bikini liege ich auf dem Bug der „Blue Sky" und genieße die sanfte Meeresbrise. Giraffen eines Zoos recken die Hälse, als wir vorbeirauschen, und ich frage mich, ob es ihnen gerade genauso gut geht. Zum ersten Mal seit meiner Ankunft fühle ich mich richtig wohl.

Alle außer mir und der Crew gehen ins Wasser. Ich beobachte amüsiert, wie Herr Schmidt einer älteren Frau die Taucherbrille fast vom Kopf reißt, da er „nun ja auch mal schnorcheln will". Kapitän Klaus fragt, warum ich mich nicht abkühlen möchte. „Shark Bay" wäre mit Haifischnetzen gesichert und glibberige Quallen gäbe es auch (so gut wie) keine hier. Ich mache ihm klar, dass ich den Tag einfach an Deck in der Sonne genießen möchte. Er grinst und schenkt mir aus der klobigen Flasche, in der eine Säule voller Bläschen aufsteigt, nach und sagt: „Der Gast ist die Königin."

Wir plaudern ein wenig und so erfahre ich, dass er vor vielen Jahren ausgewandert ist, um in der schönsten Stadt der Welt zu leben. Auch wenn ich mich nach dem Lunch aufs Vordeck verziehe und nicht mitbekomme, was er den anderen erzählt, ahne ich, was er meint. In den noblen Häusern am Wasser könnte sogar ich mir vorstellen, alt zu werden – oder „alt zu sein". So würde sich das momentan wahrscheinlich eher anfühlen.

Die brütende Hitze macht durstig, doch mein Freund hat mit den anderen Touristen bereits sämtliche Biere ausgesoffen, sodass ich für uns beschließe, am schicken Anleger des Woolloomooloo-Wharf auszusteigen. Was für ein Name, die Aussies haben sie ja nicht mehr alle! An der exklusiven ehemaligen Werft gibt es das goldgelbe Getränk in der XL-Variante – zum XXL-Preis. Scheiß drauf, das Leben ist schön.

Nach einem Aufstieg landen wir wieder im Backpackerkiez

„KC", den er ja so toll findet, da es hier räudige Säufer, Penner und Nutten gibt und nicht alles so geleckt wie in der Innenstadt aussieht. Dies ignorierend, verschlinge ich das Essen im „Prague" und trinke vielleicht ein Bierchen oder ein Verdauungsschnäpschen zu viel. Woran ich das merke? Irgendwie finde ich den Herrn Schmidt mit seinen tiefschwarzen Haaren und den braunen Rehäuglein plötzlich ganz niedlich und könnte mir vorstellen, mit ihm Dinge anzustellen, die ich am nächsten Tag bitterlich bereuen würde.

Wie wir zurück ins Hotel gekommen sind, weiß ich nicht mehr. Filmriss! Nur an ein Wort mit acht „O's" kann ich mich am nächsten Morgen noch erinnern: Woolloomooloo!

Blau in den Bergen – Blue Mountains

Seine Sicht:
Natürlich kommen wir am Morgen nicht aus dem Knick, denn Nina geht es überhaupt nicht gut. Als ich sie umarmen will, schiebt sie mich zur Seite, ich spüre aber durchaus eine streitlustige Zuneigung. Obwohl sie mich fragt, warum mein nasses T-Shirt im Bad hängt, erzähle ich ihr lieber nicht, dass sie sich darauf übergeben hat. Zur Strafe muss sie trotz Kopfweh im Linksverkehr fahren. Ob es an ihrer goldenen Kreditkarte liegt, weiß ich nicht, denn wir werden schon wieder hochgestuft und erhalten ein viel schickeres, geräumigeres Auto ohne Aufpreis.

Nina ist damit einverstanden, dass wir heute lediglich 120 Kilometer zurücklegen, um in die „blauen Berge" zu gelangen. Sie erwähnt dabei beiläufig, dass sie Mittelgebirge stinklangweilig findet. Dennoch kutschiert sie uns mühelos durch die Innenstadt und findet dank meiner Navigationskünste auch die richtige Straße gen Westen.

Auf der Hälfte des Strecke wirbt ein Schild damit, das „Featherdale Wildlife Reserve" zu besichtigen. Sie rollt mit den Augen, sodass man nur noch das Weiße sieht, doch für 18 Aussie-Dollar können wir erstmals Koalas, Emus und Kängurus in halbwegs natürlicher Umgebung sehen. Nina beschäftigt sich im Zoo allerdings mehr damit, aufgeregte Touristen mit Hightech-Ausrüstungen dabei abzulichten, wie sie einander von einem Gehege zum nächsten schubsen. Gut, auch ich hoffe, dass wir diesen Tieren einmal in freier Wildbahn begegnen, aber so wie wir momentan unterwegs sind, habe ich da größere Zweifel. Ich glaube nicht mehr so richtig daran, dass die Frau an meiner Seite in Brisbane in einen Camper umsteigen wird, denn wir waren bisher noch niemals einer Meinung!

Nach einer weiteren Autostunde erreichen wir Katoobma. Nina ist nicht gerade glücklich mit der Wahl der Unterkunft, doch das urige „Cecile-Guesthouse" versprüht in meinen Augen mehr Charme als das gesichtslose Novotel in Sydney. Der Ort ist ein guter Ausgangspunkt für die Besichtigung des Weltnaturerbes „Blue Mountains". Vom so genannten „Echo Point" haben wir einen dramatischen Blick auf das zerklüftete Tal, welches in schieferblauen Dunst gehüllt ist. Auf Schildern steht, dass hunderttausende Eukalyptusbäume des Nationalparks über ihre Blätter feines Öl ausatmen, welches die Farbe des Nebels erklärt. Statt mit der Schweizer Seilbahn zu gondeln, entscheiden wir uns für eine Buschwanderung auf angelegten Wegen. Recht schnell erreichen wir das Highlight der Bergregion: die „Three Sisters". Überlieferungen zufolge soll ein Zauberer drei unzüchtige Schwestern zu Stein erstarrt haben lassen. Da der Magier vorzeitig abtrat, konnte er sie leider nicht mehr zurückverwandeln, was uns nun die Gelegenheit bietet, die beeindruckenden Drillingsfelsen zu bewundern. Ich klettere ein paar Meter am schroffen Gestein empor, damit meine Begleiterin ein paar Angeberfotos von mir machen kann.

Danach laufen wir auf einem schmalen Pfad durch undurchdringlich wirkende Wälder, in denen Zikaden laut schrillen, doch schon nach wenigen Metern merke ich, dass Nina wieder einmal die falschen Schuhe an und keine Lust mehr hat. Die Aborigines sind hier jahrtausendelang auf Traumpfaden entlang gewandert, doch Madam hat Hunger und möchte sich nicht verlaufen. Zumindest sehen wir noch einen kakaduartigen Vogel in den Bäumen sitzen und entdecken unzählige kleine Wasserfälle.

Mittlerweile habe ich kapiert, dass Nina, wenn es längere Zeit nichts zu essen gibt, noch schlechtere Laune bekommt und zu knurren beginnt. Somit rennen wir fast zum griechischen Restaurant im Ort. Die Gerichte sind in Ordnung – die Preise jedoch eine Unverschämtheit. Wenn wir so weitermachen, bin ich in drei Wochen pleite. Langsam sollten wir mal anfangen, uns selbst zu verpflegen. Der Rotwein aus dem Spätverkauf ist ein Anfang. Auch wenn sie im holzvertäfelten Raucherraum ununterbrochen auf ihrem Handy herumdrückt und SMS durch die Weltgeschichte sendet, kann ich mich dort entspannen und lasse den Tag noch einmal Revue passieren. Annäherungsversuche wird es heute mit Sicherheit keine mehr geben.

Ihre Sicht:
Ein kleiner Kater ist gar kein Ausdruck – ich fühle mich wie ausgekotzt. Im Bad hängen ein Shirt und eine Unterhose zum Trocknen und ich frage mich leicht angeekelt, ob er gestern womöglich heimlich an sich herumgespielt hat. Zwei Aspirin später sind wir beim Autoverleiher. Herr Schmidt kann angeblich seinen Führerschein nicht finden, sodass wir ihn nicht als Fahrer eintragen können. Eigentlich ist mir das ganz recht, da ich jedes Mal, wenn ich in Deutschland bei ihm auf dem Beifahrersitz saß, beschloss, dass dies das letzte Mal war.

Er freut sich wie ein Honigkuchenpferd, dass wir ein Upgrade bekommen, wobei ich einen Mitsubishi Magna nicht so bezeichnen würde. Linksverkehr macht mir nichts aus, sodass wir die Stadt und die ausgedehnten Vororte mit den flachen Häusern recht bald hinter uns lassen. Gerade als es gemütlich wird, bekniet mich Herr Schmidt mit einem Bitte-Bitte-Gesicht, ein „Wildlife Reserve" zu besichtigen. Wer jetzt denkt, dass die australische Tierwelt dort in weitläufigen Gehegen umherspaziert, sei eines Besseren belehrt. Wir sehen etliche Spezies, die in winzigen Käfigen gefangen gehalten und von schrillen Frauen umringt werden, die beim Nachvornebeugen ihre Hinternfalten zeigen. Unangenehme Opas mit Schnurrbärten und gigantischen Teleobjektiven knipsen die armen Kreaturen in einem wahren Blitzlichtgewitter. Lediglich die Koalas bekommen von dem Elend recht wenig mit, da die Schlafmützen den Großteil des Tages tatsächlich schnarchend verbringen. Dennoch bildet sich eine erstaunlich lange Schlange vor dem Gehege der Minibären zum so genannten „Koala-Cuddling". Alle anderen stehen vor den hüfthohen Zäunen der mückenverstochenen Kängurus und Wollabies, um sie mit Futter vollzustopfen. Ein Erlebnis!

In Katoomba, ein „nobler" Erholungsort der Syndeysiders, schleppt mich Herr Schmidt in ein „edles" traditionelles Holzhotel, das seine besten 100 Jahre schon lange hinter sich hat. Damals scheinen die Menschen zudem kleiner gewesen zu sein, stelle ich in unserem Zimmer fest.

Den Rest des Tages verbringen wir größtenteils damit, in den „einmalig" schönen Bergen „gigantische" Wasserfälle zu suchen. Zu dieser Jahreszeit scheinen sie allerdings „leer" zu sein – es tröpfelt dort lediglich wie bei einem nicht ganz zugedrehten Wasserhahn. An gut markierten Lookouts versuche ich verzweifelt, zwischen all den kreischenden Koreanern und Chinesen einen Platz zu finden, um auch mal einen Blick ins „spektakuläre" Tal zu werfen.

Ich finde die „dampfenden" Wälder der Blue Mountains kein bisschen „blau" – es sieht eher aus wie im Pfälzer Wald bei Nieselregen. Mein Reisebegleiter klettert derweil an den Wänden der „Three Sisters" empor, was natürlich ausdrücklich verboten ist. Das findet er lustig, weil er total bescheuert ist! Danach versucht er im undurchdringlichen Gestrüpp voranzukommen und fällt dabei fast eine steile Canyonwand hinab. Arschkalt ist es mittlerweile auch!

Das „beste" Restaurant des Ortes mit seinen lächerlichen

grauen Säulen aus Styropor ist der wahrscheinlich schlechteste Grieche von ganz Australien. Lediglich der Ouzo schmeckt. Mit den zwei Flaschen Rotwein aus dem Minimarket um die Ecke schaffe ich es dann wenigstens, mich heute wieder halbwegs „blue" zu bekommen. Im verqualmten Salon unseres Hotels hängt ein Bild mit Aborigine-Kunst an der Wand, welches drei nackte, jubelnde Strichfiguren zeigt. Ich texte per SMS an Simone, was mein Chef gestern geschrieben hat. „Hübner vermisst mich in der Heimat" – jubele auch ich! Nackt bin ich dabei nicht und dicke Federbetten bewahren mich im „Zwergen-Zimmer" davor zu erfrieren. Ich bräuchte mal Urlaub!

Frühstückskapitän – Port Stephens

Seine Sicht:
Im Auto stelle ich nach ca. 60 Kilometern fest, dass ich den Reiseführer liegengelassen habe, sage aber nichts. Unser heutiges Ziel werden wir auch mit der detailgenauen Straßenkarte finden und außerdem liegen in jedem kleinen Kaff zahlreiche Flyer der Fremdenverkehrsbüros herum, sodass wir gar nicht „geführt" reisen müssen.

Die Region um Port Stephens, ein gut 20 Kilometer lang ins Land reichender Naturhafen, hatte (das stand noch im Buch) mit kristallklarem Schnorchelwasser, traumhaften Badebuchten und hohen Wanderdünen gelockt. Zudem könne man dort auf Delfin- und Walbeobachtungen gehen. Da ist dann hoffentlich auch etwas für meine anspruchsvolle Reisepartnerin dabei. Wir steuern das kleine Hafenstädtchen Nelson Bay an, welches genau am Ende der Halbinsel liegt. In einem Motel mit Pool finden wir ein Zimmer und am Nachmittag schaffen wir es sogar noch, die umwerfend schöne „Finger Bay" zu erkunden. Erstmals geht sogar Nina in Australien baden und kann danach das – durch eine Neoprenhülle geschützte – Bier im Sonnenschein genießen. Die lustigen Bierkühler hatte ich im Alkoholladen entdeckt. Natürlich kaufte ich auch gleich einen Karton „Stubbys" (Bierchen im praktischen 24er-Pack), um auf der sicheren Seite zu sein.

Nicht zum ersten Mal stelle ich fest, dass das blonde Mädchen an meiner Seite, obwohl sie sich nur ungern bewegt, eine beeindruckend gute Figur hat. Am „One Mile Beach" kann ich beim Sonnenuntergang diskret auf ihre prallen Bikini-Brüste, schmalen Hüften und den extra elegant geschwungenen Hintern schauen.

Da die Preise auf den Restaurantschildern eher abschreckend wirken, überzeuge ich Nina, in einen Supermarkt zu gehen. Genau genommen, heißt das: Ich kaufe ein, während sie im Internetcafé sitzt und sich zu guter Letzt nebenan eine Pizza zum Mitnehmen bestellt. Es ist mir egal, denn die italienische Wurst, der französische Käse und das australische Vegemite („The taste of Australia") schmecken köstlich auf frisch gebackenem Brot. Nina schaut neidisch auf all die Leckereien – probiert aber nur ein Stück Käse und eine Messerspitze der salzigen Paste zum exzellenten Rotwein. Später bittet sie mich, ihr den Rücken zu massieren. Leider darf ich sie dabei nicht wenden, aber zumindest leuchten ihre graublauen Augen danach.

Am Morgen holt sie zwei Caffè Latte in großen Bechern und wir genießen die Reste des Abendbrots. Gegen 10 Uhr geht es zum Anleger, da wir für 18 AU$ eine Delfintour gebucht haben. Warum die Region „Blue Water Paradise" genannt wird, ahne ich schon nach wenigen hundert Metern, und auch die versprochenen „Bottle Nose" Delfine begleiten schnatternd unsere Yacht. So nah bin ich den niedlichen Tümmlern noch nie im Leben gekommen und strahle vor Glück. Auch meine Freundin lässt ihre goldenen Haare im Wind flattern und lächelt. Sie amüsiert sich während der Fahrt besonders über einen – von ihr so getauften – „Frühstückskapitän", aber ich bekomme von seinen Aktionen recht wenig mit, da ich die gesamte Fahrt am Bug stehe und vergeblich nach Walen Ausschau halte.

Ähnlich schön verläuft der Nachmittag. In „Anna Bay" erklimmen wir die beigefarbenen, bis zu 40 Meter hohen Wanderdünen, welche auch die längsten der südlichen Hemisphäre sein sollen. Der angrenzende „Stockton Beach" ist der Surfstrand der Halbinsel, doch da mir die Schaumkronen etwas zu hoch erscheinen, frage ich nur halbherzig nach einem Brett. Der Typ vom Verleih rät mir, es erstmal mit einem Bodyboard aus Styropor zu versuchen. Laut schreiend, rase ich mit dem „Stullenbrett" auf dröhnenden Wellen dem Strand entgegen. Danach bin ich auf Rücken und Waden sonnenverbrannt und richtig heiß aufs Surfen.

Am Abend entdecken wir eine Imbissbude in der Nähe des Leuchtturms, an der auch Nina ordentlich zuschlägt. Ich wusste gar nicht, wie viel Fisch und Schalentiere man, angeekelt schauend, verschlingen kann. An den Kiosk hätten wir sogar eigenen Alkohol mitbringen können, da sie dort – wie in vielen kleineren Restaurants – keine Lizenz zum Ausschank haben. Wie dumm: das Bier liegt im Motel-Kühlschrank. Doch ich habe nun Durst und überzeuge sie, in die Hafenkneipe ums Eck zu marschieren. Die dortigen Trinker, Penner, Seeleute und Fischer sind fast alle volltrunken und – obwohl ich nur sehr wenige Worte verstehe – herzerwärmend freundlich. Mein Nachbar an der Bar rühmt sich sogar damit, Deutsch zu können und ruft dann voller Stolz: „Schnaps for me and my friend!" Also mir gefällt es in dem Laden.

Auf dem Weg in Richtung Norden fahre ich zum ersten Mal eine längere Strecke. Und was ist die Konsequenz? Nina meckert! Mal fahre ich ihr zu schnell, dann zu langsam, manchmal zu ruckelig und ganz oft zu weit in der Mitte der Fahrbahn, was mir selbst immer erst beim schrillen Hupen der schlingernden LKWs bewusst wird. Schließlich schreit sie mich an und greift mir sogar ins Lenkrad, als ich rechtsherum in einen Kreisverkehr einbiege. Dabei ist das Linksfahren noch das geringste Problem. Mich irritiert eher, dass auch Blinker und Schaltknüppel auf der falschen Seite liegen, was dazu führt, dass ich öfter den Scheibenwischer beim Abbiegen anschalte, oder mit Fensterkurbel versuche, einen Gang einzulegen.

Nach einer Besichtigung des Palmen-Städtchens Port Macquarie, auf dessen vorgelagerten Sandbänken große Pelikane nisten, und einer ewig langen Guckerei auf einspurigen Straßen habe ich am Nachmittag bei Coffs Harbour keine Lust mehr, den Chauffeur zu spielen und mich dabei unentwegt anschnauzen zu lassen. Zufällig halte ich an einem Parkplatz, der nur deshalb so überfüllt ist, weil dort eine angemalte Banane aus Eisen und Beton in den knallblauen Himmel ragt. Nina lauscht bei Touristen und erklärt mir, dass die „Big Banana" fast schon ein australisches Heiligtum ist. An dieser Stelle entstand 1964 die Vorliebe der Australier für „Big Things", die mittlerweile im ganzen Land verstreut sind. Die bedeutende Sehenswürdigkeit reicht Nina indes nicht aus, um hier zu übernachten, sodass sie noch sage und schreibe 10 Kilometer fährt, um dann im „Pelican Beach Resort" zu halten. Fix und fertig springe ich in den 30-Meter-Pool und entspanne im Whirly meine müden Glieder. Nach einem Buffetessen und zwei Gläsern Rotwein auf dem Balkon gesteht mir Nina, dass ich gar nicht mal „sooo Scheiße" gefahren wäre.

Ihre Sicht:
Es geht zurück ans Meer! Alles andere ist mir scheißegal und so überlasse ich Herrn Schmidt die Entscheidung, an welchen Strand er mich navigiert. Die Halbinsel scheint zumindest abseits der üblichen Backpackerroute zu liegen und auch mit dem familiär wirkenden Nelson Bay kann ich einigermaßen leben. Was es hier für Highlights zu bestaunen gibt, können wir leider nicht mehr nachschlagen, da mein toller Mitfahrer den Reiseführer verschlampt hat. Schon bei der Suche nach einer Unterkunft in „seiner Preisklasse" entdecke ich, dass es im Ort zumindest zwei Internetcafés gibt. Das Motel ist okay, wobei ich nicht in den schlierigen, nierenförmigen Pool springen werde.

Die nahe gelegenen Strände sind menschenleer und das

glasklare Wasser ist warm, sodass ich endlich auch einmal schwimmen kann. Als ich zurückkomme, drückt mir mein liebenswürdiger Begleiter ein „Tooheys New" samt „Stubbie Holder" in die Hand, damit ich mir den salzigen Mund ausspülen kann. Erst am nächsten Strand entdecke ich, dass im Kofferraum noch 22 weitere Biere dieser Marke liegen. Wofür der so sein Geld ausgibt! Am Abend sind ihm die Restaurants nämlich alle viel zu teuer. Er möchte lieber im überwucherten Vorgarten des Motels Delikatessen aus dem Supermarkt verspeisen. Ich akzeptiere dies, da ich, während er einkauft, beim Italiener eine Pizza bestellen und im Internetcafé die E-Mails von der Arbeit checken kann. ‚Mann, da geht ja momentan alles drunter und drüber', stelle ich erschreckt fest.

Obwohl ich das Vegemite (eine ekelhaft nach Maggi schmeckenden Paste) nur aus Anstand mal probiere, bin ich danach extrem durstig. Zum Glück haben wir ja Getränke. Bier! Kurz vor dem Einschlafen stelle ich fest, dass der Kerl doch zu etwas nützlich sein kann. Behutsam verreibt er die After-Sun-Lotion auf meinem Rücken und massiert mich danach. Das macht er richtig gut. Im sicheren Hafen unserer Freundschaft falle ich in einen traumlosen Schlaf.

Am Morgen sehe ich im Internetcafé, dass mir mehrere Kollegen geschrieben und etliche Fragen gestellt haben. Bei der Gelegenheit nehme ich zwei „Coffee to go" und frische Brötchen fürs Frühstück mit. Herr Schmidt denkt, ich wäre extra deswegen losgefahren. Dann geht es zur Flipper-Tour. Die Fahrt auf einem vollgestopften Boot – es läuft fast ununterbrochen „Weather with you" von „Crowded House" – war natürlich nicht meine Idee. Dennoch ist die Touristen-Verarsche lustig, da wir einen „Frühstückskapitän" an Bord haben. Dies ist ein etwa 25 Jahre alter Typ mit indischen Wurzeln, der ein weiß-blaues Kapitänsmützchen trägt, sich ein lauwarmes Bierchen nach dem anderen einklinkt und dafür von seiner kichernden Freundin angehimmelt wird. Ein echter Hingucker, denn das, was Schmidti an den letzten beiden Abenden an Bieren insgesamt getrunken hat, kippt sich der Idiot zwischen 10.30 und 13.30 Uhr hinter die Binde – ganz großer Sport.

Er wird dabei immer lauter und beschließt, dass es großen Spaß machen müsse, sich in das – aus dem Boot herabgelassene – Netz wie ein Ochse fallen zu lassen, um von diesem in

Heldenpose mitgeschleift zu werden. Zum Totlachen, denn die Suffnase hat wohl nicht bedacht, dass auch hier fiese Quallen im Meer herumdümpeln. Er verätzt sich dabei einige empfindliche Körperteile so sehr, dass er minutenlang wie ein zwölfjähriges Mädchen mit offenem Oberschenkelhalsbruch kreischt. Wir müssen seinetwegen fast wieder umkehren, doch der echte Kapitän behandelt und tröstet das Häufchen ozeanischen Elends in seiner Kajüte, bis es weitergehen kann. Dumme Menschen mit saudummen Ideen – aber verdammt lustig. Ach so: Ein paar Delfine, sogar eine Mutter mit Baby und etliche Touristenboote, die um die verängstigten Tiere kreisen, sehen wir auch.

Wieder an Land, fahren wir zu kilometerlangen, afrikanisch anmutenden Sanddünen, die sich hinter dem Meer erheben. In ihnen kommt man sich vor, als stünde man in der Sahara. Allerdings ist es dort ähnlich heiß. Herr Schmidt läuft die gelbockerfarbene Wand – im Gegensatz zu mir – mühelos bis zum Kamm hinauf und sieht dort oben – mit dem aquamarinblauen Ozean im Hintergrund, der in einen taubenfarbenen Himmel übergeht – aus, als befände er sich in einem Landschaftsgemälde. Seine Naturkinderaugen leuchten und die zerzausten schwarzen Haare flattern im Wind, als er die Arme für ein Foto ausbreitet. Auch seinen Fünftagebart finde ich verwegen süß, aber das werde ich ihm wohl kaum auf die Nase binden und behaupte sicherheitshalber das Gegenteil.

Leider haben wir keinen 4-Wheel-Drive, sodass wir den Strand nicht befahren können, sondern wie bescheuerte deutsche Touristen zu Fuß, dort wo der Sand fest und gerippt ist, zum Stockton Beach laufen müssen. Die Wellen sind dort um Einiges höher als in den geschützten Buchten von gestern. Er versucht, sie trotzdem mit einem leicht ramponierten Bodyboard zu bezwingen, und stellt sich dabei gar nicht so blöd an. Als ich es dann auch mal probiere, vollführe ich zur Belustigung der Einheimischen etliche ungewollte Überschläge. Die Strömung reißt mir fast die Beine weg und, wieder an Land, habe ich ein wenig Angst, dass er sich übernimmt. Doch er taucht immer wieder im Spülwasser auf.

Am Abend essen wir erstmals frischen Fisch und Scampis. Um ihn zu ärgern, schaue ich die ganze Zeit, als ob das Zeug an der BYO-Imbissbude ungenießbar wäre (obwohl es fantastisch schmeckt). BYO heißt „bring your own" und bezieht sich auf den Alkohol, den wir nicht dabei haben. Doch da Herr Schmidt ja scheinbar nicht ohne auskommt, schleppt er mich in eine räudige Hinterwäldler-Kneipe mit Pokies (Spielautomaten) an den sperrholzverkleideten Wänden. Wilde Kreaturen lassen an einer langen Bar hunderte Liter Bier in sich hineinlaufen und scheinen noch nie eine blonde Frau gesehen zu haben. Mehrmals versuchen sie rüde, mit mir ins Gespräch zu kommen. Doch ihr Englisch ist kaum zu verstehen, außer das lang gezogene „Cheers maaaate!" und „Your shout!", was wohl bedeuten soll, dass wir die nächste Runde bezahlen sollen. Mein Begleiter lässt sich sogar überreden und versucht, sein Trinktempo dem der verrückten Seebären anzupassen. Es gelingt ihm nicht.

Ich finde es gut, dass Schmidti – auch ohne beim Autovermieter eingetragen zu sein – am Morgen eine längere Strecke fährt. Dennoch kann ich nicht wie geplant wegdösen, da er es permanent schafft, auf der rechten Spur zu landen, und dadurch frontal auf monströse LKWs und Busse zusteuert. Beim vierten Kreisverkehr muss ich ihn regelrecht anschreien, endlich einmal linksherum in diesen einzubiegen. Mein Herz! Außerdem will er ständig irgendwelche verlotterten Tramper, die traurig schauend am Straßenrand herumstehen, mitnehmen. Doch auf wildfremde Typen, die mir womöglich den Laptop klauen, habe ich wahrlich keine Lust.

Deshalb bin ich froh, dass er an einer „Monsterbanane" (ein Highlight für Aussies und Ossis) das Fahren wieder mir überlässt, wobei ich schon nach wenigen Kilometern an einem Hotel stoppe. „Genug rumgegurkt für heute!", rufe ich meinem verdutzten Freund zu. Das Hotel wirbt mit einem 99 AU$ Special. „Genau dein Budget, Herr Schmidt". Somit kann ich in der herrlichen Nachmittagssonne wenigstens noch zwei Stunden im Pool plantschen und riesige Leguane dabei beobachten, wie sie über die nassen Fliesen tapsen. Nach dieser anstrengenden Strecke habe ich abends nicht mal mehr Lust zu telefonieren und schaue nur noch kurz ins Internet. ‚So ein Mist, ich muss ja verdammt viele E-Mails beantworten', denke ich genervt. Mitten in der Nacht rollt er plötzlich auf meine Seite und schmiegt sich an mich. Nach einem Moment des Unbehagens sehe ich, dass er schläft. ‚Wie weich und warm sein Körper ist', stelle ich überrascht fest. Ich lausche dem rhythmischen Atem und stoße ihn nicht wieder weg.

Bahn frei, Kartoffelbrei – Byron Bay

Seine Sicht:
Nina möchte am nächsten Halt ein paar Tage verweilen. Dass wir in Byron Bay landen, ist eigentlich Zufall. Mit Reiseführer hätte sie unter Umständen anders entschieden, denn schon bei der Fahrt durchs Städtchen laufen uns viele ultralässige Backpacker in Markenklamotten über den Weg. Die meisten sind halbnackt und oftmals lässt sich ein Blick in die Poritze nicht vermeiden. Darauf steht sie ja besonders! Mich animieren die vielen Läden und das Ambiente eher dazu, nun endlich einmal surfen zu gehen. Meine wohlhabende Begleitung mietet uns ein Appartement mit Terrasse, offener Küche, Wohncouch, Plasma-TV, zwei Schlafzimmern und einem Gemeinschaftspool im Garten. Eine Traumunterkunft! Ihr scheint jedoch lediglich der W-LAN-Anschluss wichtig zu sein, doch wie abgemacht, zahle ich nur 50 AU$ pro Nacht.

Auf einer Kommode liegen Flyer von Surfschulen. Ich leihe mir ihr Handy und buche einen Tageskurs beim Anbieter „Kool Katz" für 39 AU$. Nach einer ersten Strandbesichtigung (Wahnsinn, was die Jungs auf ihren Brettern vollführen) kaufen wir im Supermarkt Essen und im Liquor-Store Getränke für die nächsten Tage.

Ein völlig verplanter Kerl, der ein bisschen wie Gérard Depardieu aussieht, holt mich am nächsten Morgen mit einem Minibus ab. Um Australien, seine Menschen und ihr Lebensgefühl zu begreifen, gebe es nur eine Möglichkeit: „Surf Baby – Surf!", erklärt er mir schief lächelnd. Unterwegs laden wir noch seinen Kiffer-Kumpel „Wolle Petri" ein, der sich freut, dass wir heute „nur" zu zehnt sind und bei „dem" Wind richtig gute Bedingungen vorfinden werden. Ein bisschen bezweifele ich schon jetzt, dass die billigste Surfschule auch zu den besten der Stadt gehört. Zumindest verstehe ich mich mit dem Typen und den zwei süßen Mädchen aus Halle an der Saale, die später zusteigen, auf Anhieb blendend.

An einer 30 Kilometer entfernten Flussmündung bekommen wir klitschnasse, stinkende Wetsuits von „Gérard" und „Wolle" gereicht. Da es trotz feinen Nieselregens warm ist, entscheiden sich alle Jungs, ohne Neoprenanzüge zu surfen. Nur Antje, Bianca und ich (das dritte Mädchen) schlüpfen in die Strampelanzüge. Eine weise Entscheidung, denn nach ein paar Trockenübungen paddeln wir mit den kastenförmigen Styroporteilen los und ein Finne macht gleich zu Beginn Bekanntschaft mit den Tentakeln einer Qualle. Dummerweise nesseln sie ihn genau an seinem besten Stück. Er schreit wie von Sinnen, während sich die Mädchen – mit den Gummifellen am Körper – angrinsen. Von Wolle erfahren wir, dass Hoden in Australien „Knacker" genannt werden. Aua!

Die Wellen rollen vom Meer kommend, wie künstlich erzeugt, schnurrgerade hunderte Meter den Fluss „bergauf" ins Land hinein. Schon beim ersten Versuch – noch mit Anschieben – stehe ich etwa 30 Meter auf der riesigen Bohle. Daniel, der andere Deutsche, staunt nicht schlecht, bis er es selbst probiert und auf Anhieb 40 Meter abreitet. „Dib-Dob" (wahrscheinlich „Tip-Top") schreit er mir zu. Wir klatschen uns wie alte Hasen ab und strahlen. Nur 20 Meter wurden uns vorher vom Chef garantiert.

Bereits nach wenigen Minuten machen wir unter Rufen wie „Bahn frei, Kartoffelbrei" den Anfängern unser Wellenrecht klar. Die Girls aus Sachsen-Anhalt rufen während der Fahrt: „Hupen naus, iss Sommer!", obwohl ich es erst beim zweiten Mal verstehe und vergeblich darauf warte. Nach drei Stunden surfe ich mit 200 Metern die Welle meines Lebens. Ich fühle mich frei und wild und verlängere sofort um zwei Tage beim „coolen Kätzchen". Die anderen Deutschen hatten sowieso den 3-Tage-Kurs gebucht.

Bei einem Nachmittagsbier in der Stadt überbieten wir uns mit Heldengeschichten. Ganz nebenbei stelle ich fest, dass Daniel und Antje im selben Dilemma zu stecken scheinen wie Nina und ich. Sie sind befreundet, mögen sich irgendwie, aber so richtig ist der Funke noch nicht übergesprungen. Bianca zwinkert mir derweil auffällig oft zu und fragt mich, ob ich am Abend mit in ihren Geburtstag reinfeiern möchte.

Im Appartement liegt Nina vor der Glotze, schaut „Friends" und lackiert sich die Nägel. Sie hatte sich eine komplette DVD-Staffel aus der Heimat mitgebracht. Ohne groß zu fragen, wie es war, erzählt sie mir von ihrem „Arbeitsscheiß" und den Anweisungen, die sie per E-Mail versandt hat. Interesse heuchelnd, höre ich zu, obwohl ich es nicht mehr hören kann, und gönne mir später ein kurzes Schläfchen. Danach hockt sie schon wieder vor dem Rechner und möchte in Ruhe gelassen werden. Es scheint ihr nichts auszumachen, dass ich in die Stadt düse, um meine neuen Bekannten zu treffen.

Im gut gefüllten „Beach Hotel" steckt mich die positive Stimmung sofort an. Wie gerne wäre ich mit so einer Truppe unterwegs! Außerdem scheine ich heute eine undefinierbare Ausstrahlung zu haben, denn auf dem Weg zum Klo kneift mir eine Frau frivol in den Hintern, die Kellnerin flirtet mit mir und auch Bianca lässt meinen Kopf beim Geburtstagsküsschen gar nicht mehr los. Sie versucht mir sogar die Zunge in den Hals zu schieben, doch ich erkläre ihr, dass es da eigentlich noch jemanden gibt. „Schau mir ma in de Oochen!", flüstert sie. Mittlerweile verstehe ich den Dialekt einigermaßen und weiß, dass damit ihre grünen, mandelförmigen Augen gemeint sind. ‚Sie sieht ja schon sehr verführerisch aus und mit Nina läuft ja eh nichts', denke ich auf dem Heimweg.

Schon am zweiten Tag haben wir die Surfersprache von Gérard und Wolle verinnerlicht. „Duck" rufe ich Daniel zu, was in etwa das Gleiche bedeutet wie „Buoy", also jemand, der in der „Lineup" sitzt und nie die „Guts" hat, eine Welle zu nehmen. „Shark Biscuit", brüllt er zurück. Ich antworte mit „Decoy", was einem verschärften „Duck" entspricht. Er schreit mir „Asshole" entgegen. So werden auch hier draußen krasse Anfänger und Arschlöscher genannt. Wir überlegen, wann wir den ersten „Twenty-Footer" nehmen werden, rufen „Kamikaze" und paddeln los. Dann hört man nur noch: „Duck", „Buoy", „Decoy" und „Asshole". Laut kreischend, reiten wir die Mörderwellen zunächst als „Floater" auf dem Kamm und rasen dann durch eine glasige „Tube", bevor wir springen. Oder so ähnlich...

Diesmal ist Nina bei meiner Ankunft ansprechbar. Sie hat nichts dagegen, dass meine Freunde heute zum Abendessen in unsere „Surfervilla" kommen. Während sie, mit Fotoapparat bewaffnet, zum Strand läuft, kaufe ich im „Coles" ein. Die Auswahl an frischem Fleisch, Gambas, Krebsen, Fisch und Muscheln ist gigantisch. Ich hätte jedoch nicht mit knurrendem Magen herkommen sollen, denn der Wagen ist schnell randvoll. Im Liquor-Shop packe ich noch zwei 24er-Kisten Stubbys und sechs Flaschen Rotwein ein.

Pünktlich um 8 Uhr erscheinen Antje, Bianca und Daniel und zu meiner Erleichterung ist auch Nina ganz gut drauf. Wir quatschen, lachen, singen deutsche Lieder und tanzen ausgelassen in allen möglichen Konstellationen. Als sich die Gespräche mal wieder um den Surfkurs und die nächste Mörderwelle drehen, verabschiedet sich Nina wankend ins Bett. Sie hatte ordentlich Gin Tonic und Wein durchlaufen lassen. Die anderen wollen jedoch keineswegs schon gehen. Antje und Daniel liegen eng umschlungen auf der Couch und stehen kurz davor, den entscheidenden Schritt zu wagen. Bianca blinzelt mir zu und fragt, ob sie mir die Fotos auf ihrer Digitalkamera zeigen kann – im anderen Zimmer natürlich. Schon nach zwei Bildern legt sie den Apparat zur Seite und ruft: „Hupen naus, iss Sommer!" Diesmal lässt sie Taten folgen und zieht sich – wie selbstverständlich – das T-Shirt samt BH über den Kopf.

Lange rote Haare bedecken ihre hoch aufgerichteten dunklen Brustwarzen. Ich giere nach etwas Greifbarem und streiche sie zur Seite. Dann umfasse ich den zierlichen Hals und beginne, sie, mich dabei abwärts begebend, zu küssen. Ganz langsam schlängelt sie ihre langen Beine um meinen Körper bis sie sich – den Kopf weit nach hinten geworfen – auf mich setzt. Die Erektion in der Jeans beginnt zu schmerzen und ich überlege, wo ich um diese Uhrzeit noch Kondome herbekomme. Doch plötzlich sehe ich den ringförmigen Gummi zwischen ihren Fingern. Sie beugt sich vor, schaut mich mit katzenhaften Augen an und flüstert: „Wollen wir?"

Genau in diesem Moment öffnet sich die Tür und nur Sekunden später steht Nina mit entsetztem Blick im Raum. Unsere Klamotten liegen im ganzen Zimmer verstreut. Mit hochrotem Kopf brüllt sie: „Verpiss dich, du dumme Schlampe". Bianca ist genauso überrascht wie ich, zieht sich eilig an und rennt kopfschüttelnd hinaus. Ohne Nina eines Blickes zu würdigen, stolpere ich hinterher. Auch Antje und Daniel stehen schon abmarschbereit da. Ich bin stinksauer. Mit 1,8 Promille im Kopf fahre ich die drei mit dem Auto nach Hause und entschuldige mich auf dem Weg etliche Male. Bianca nimmt den Zwischenfall locker. Sie legt mir während der Fahrt die Hand auf den Schoß und haucht mir ins Ohr: „Wollen wir das bei mir nicht fortsetzen?" ‚Bei ihr' ist ein Backpacker-Hostel, wo sie zu sechst (mit vier bereits schlafenden Mädchen) in einem muffigen „Dorm" hausen. Nicht nur deshalb ist mir die Lust längst vergangen. Ich fahre zurück und rufe Nina, die apathisch vor einer Pulle Rotwein hockt, zu: „Wir reden morgen!", bevor ich ins Bett verschwinde.

Am letzten Kurstag bedanken sich die drei Sachsen-Anhalter für den lustigen Abend. Es hört sich ehrlich an und über meine

Mitbewohnerin verlieren sie kein Wort. Heute surfen wir erstmals im offenen Meer und mit Daniel stelle ich überrascht fest, dass wir es dort nicht einmal schaffen, bei einem „Two-Footer" aufs Brett zu springen, geschweige denn, darauf stehen zu bleiben. Wir schlucken etliche Liter Salzwasser, nehmen den Profis, die uns „Duck" und „Asshole" zurufen, die Wellen weg und liegen um 11 Uhr völlig geplättet am Strand. Die Mädels aus Halle rufen aus der Ferne „Bahn frei, Kartoffelbrei" und stürzen mit wogenden Hüften auf uns zu. Ich kann meine Oberarme kaum mehr bewegen, um Bianca von mir runterzuschubsen. Dann ein Abschiedskuss.

Als ich die Wohnung betrete, ist Nina nicht da. Ich mache mir ein Bauernfrühstück mit Schrimps und da es auf unserer Terrasse nach Erbrochenem riecht, schalte ich den Fernseher ein. Es läuft ein Bericht über die größte amerikanische Surfer-Legende Kelly Slater. Ganz allmählich ahne ich, dass ich wohl Jahre in Australien wohnen müsste, um dieses Lebensgefühl zu verinnerlichen. Dafür habe ich in den letzten Tagen etwas anderes begriffen!

Ihre Sicht:
Herr Schmidt wundert sich, warum ich nichts dagegen habe, in Byron Bay zu bleiben. Ich habe ihm nicht erzählt, dass die raffgierige Ziege Beatrice aus unserem Marketing schon mal hier gewesen war und unzählige Angeberfotos davon im Büro herumgeschickt hatte. Keine Ahnung, wie viele Delfine, Buckelwale, Yoga-Lehrer, Kiffer und Surfer sie während der Zeit abgeknutscht hatte; jedenfalls ist es seither ein Ort, den jeder in unserer Firma kennt.

Da ich wenigstens mal drei Nächte irgendwo bleiben will, suchen wir eine Weile, bis wir ein geeignetes Apartment gefunden haben. Es ist zwar etwas teurer, aber ich stehe zu meinem Wort und bezahle lieber ein paar Dollar mehr, als womöglich in einem verkeimten Youth Hostel zu landen, wo mir irgendwelche Schnarchnasen das Essen und den Weißwein aus dem Kühlschrank klauen. Mein Kerl meldet sich sofort bei einem Surfkurs an. Die Welt wird also ab morgen einen erstklassigen Wellenreiter mehr in ihren Reihen begrüßen können.

Schon bei unserer ersten Strand- und Ortsbesichtigung kann ich erahnen, dass dies tatsächlich ein Aussteigerstädtchen zu sein scheint, allerdings weniger mit zugekifften Rastamännern als einer Mischung aus gut gebauten Surfboys, den dazugehörigen Insektensonnenbrillen-Tussies und einer nicht zu überhörenden Backpackermeute mit dämlichen Arschritzen-Hosen. Ihr Zeltplatz ist zwar 500 Meter von unserer Terrasse entfernt, dennoch kann man das dumme Volk abends grölen hören. Wir halten mit unserer Stereoanlage dagegen und bei einsetzendem Starkregen genieße ich die Vorstellung, wie sie nebenan gerade wegschwimmen.

Mein Freund ist schon weg, sodass ich den Tag endlich einmal so gestalten kann, wie ich es will: gemütlich mit dem morgendlichen Kaffee auf der Terrasse sitzen und E-Mails checken. Nachdem ich meinen Eltern geschrieben habe, fange ich an, die unzähligen Fragen meiner Kolleginnen und Kollegen zu beantworten. Noch immer scheint dort Chaos zu herrschen, denn selbst Friedhelm aus der EDV will von mir etwas wissen, sodass ich fast vier Stunden durchackere. Nicole, die dusslige Kuh, findet sich noch immer nicht zurecht, obwohl ich ihr die Arbeitsabläufe fast „aufgemalt" habe, und sogar Sabinchen muss ich in den Hintern treten, da sie einen Fehler bei dem Angebot an die Schweden gemacht hat. Hübner setze ich bei allen E-Mails cc, damit er sieht, dass ich in Australien nicht nur in der Sonne brutzle. Bei vielen Korrespondenzen schreibe ich dennoch als P.S.: „Ach so, ich bin übrigens gerade in Byron Bay!" Die werden vor Neid erblassen, zumal sie nicht wissen, dass der Himmel gerade wolkenverhangen ist. Eigentlich richtiges Niesel-Mistwetter. In den Nachrichten berichten sie zudem, dass dies die Vorboten eines gewaltigen Zyklons wären, der in den nächsten Tagen an der Ostküste erwartet wird. Da wird sich mein Begleiter ja freuen!

Der kommt irgendwann wieder und erzählt mit leuchtenden Augen, dass er im Surfen ganz neue Maßstäbe gesetzt und gleich mal um zwei Tage verlängert hat. Ich berichte kurz, was bei mir so passiert ist, und während er sich hinlegt, beginnt mein Feierabend: Extrem-Couchen, gemächlich zum Kühlschrank pilgern und mit einer Flasche Rotwein eine Folge von „Friends" glotzen, während der Laptop nebenbei läuft. Daran möchte ich auch nichts ändern, als er mich fragt, ob ich mit in die Stadt zu seinen „neuen Freunden" kommen will. Im TV zeigen sie später, dass Coffs Harbour, wo wir vor einigen Tagen noch durchgefahren waren, überschwemmt wurde. Nördlich von Brisbane ist man nun sogar in Katastrophen-Alarmbereitschaft.

Und täglich grüßt das Murmeltier, denn auch der nächste Morgen verläuft so wie der vorherige. Kaffee, Computer, Scheißwetter. Dennoch raffe ich mich gegen Mittag auf und versuche, den ollen Fluss bei Ballina, wo Herr Schmidt seine surferischen Glanztaten vollbringt, zu finden, was mir leider misslingt. Hinter fast jeder Kurve entdecke ich dafür eine neue Landschaft: endlose Strände, dichter Regenwald, sanfte Grashügel, Kaffee- und Obstplantagen und rauschende Wasserfälle. In der Nähe des Leuchtturms halte ich und genieße den fantastischen Ausblick auf die Gischtfahnen des Meeres. Ein Typ mit Zinksalbe auf den Wangen spricht mich an und erzählt, dass ich mich hier am östlichsten Punkt Australiens befinde. „Ossi-Aussies" rasen mit Brettern dem Strand entgegen.

Da ich meine digitale Spiegelreflexkamera nun schon einmal dabei habe, laufe ich die Klippen hinab und mache spektakuläre Fotos von den „richtigen" Surfern. Echt krass, wie die sich mit den kurzen Kunststoff- oder langen Holzbrettern in die haushohen, blaubäuchigen Wellenlippen stürzen und grazil die schaumweißen Kronen wie an Berggraten entlang gleiten. Einige verschwinden wild entschlossen in diesen Tunneln, die ich bisher nur aus Werbespots kannte. Zu meiner Überraschung tauchen sie jedes Mal am Ende der gläsernen Wasserröhre wieder auf. Es sind sogar einige Frauen dabei. Respekt!

Die salzige Luft hat mir gut getan und als mein Freund am Nachmittag in Surfermontur eintrifft und aufgeregt von Königswellen, die er geritten sei, und aggressiven Haien, denen er auf den „Kopp kloppen" musste, erzählt, wird mir ganz warm ums Herz. Ich lasse es mir zwar nicht anmerken, aber dass er für den Abend noch Gäste eingeladen hat, stört mich. Ich wäre heute lieber mit ihm allein. ‚Nicht, dass ich mich noch in den Trottel mit den Kulleraugen verliebe', denke ich leicht irritiert, zumal er später in dem knallengen weißen T-Shirt auf Bluejeans zum Anknabbern süß aussieht.

Die beiden Mädels und der Typ aus Ostdeutschland – Sachsen glaube ich – erscheinen pünktlich. Herr Schmidt nennt den Kerl, warum auch immer, „Duck" und „Boy", während er ihn mit „Governor" und „Asshole" anspricht. Mit einem Bier in der Hand stehen sie um den Grill, rufen ununterbrochen: „No worries" und beölen sich dabei. Das A- und B-Hörnchen helfen mir bei der Salat- und Gin-Tonic-Zubereitung. Es verwirrt mich, dass die Gänse recht hübsch sind und nicht mal sonderlich tussig daherkommen. Besonders B. redet von „dem Michael" nur in den allerhöchsten Tönen. Ich trinke mein Glas in einem Zug aus und erkläre ihr, dass er nicht auf rothaarige Landeier stehe. Sie grinst mich süß-säuerlich an und erwidert: „Und er scheinbar nicht auf Frauen, die immer nur am Kleechen sind." (Was auch immer das ist).

Der Umschwärmte hatte im Supermarkt in der Delikatessenabteilung geshoppt, denn was er brutzelt und dann „Surf & Turf" nennt, schmeckt köstlich. Der Abend ist lustig, doch immer wieder beginnen die vier, wie eine verschworene Gemeinschaft über ihre hohlen Surfabenteuer zu labern, während ich mir einen Rotwein nach dem anderen hinter die Binde kippe. Irgendwann bin ich so abgefüllt, dass ich den Weibern am liebsten die Pulle über den Schädel ziehen würde, und beschließe daher, schlafen zu gehen. Ich frage ihn leicht lallend, ob er mitkommt, doch er schüttelt beinahe abweisend den Kopf und wendet sich wieder den albernen Eulen zu. Wie demütigend!

‚Oh Mann, ist mir schlecht.' Draußen hab ich eben bereits in die Blumenrabatte gekotzt und im Bett muss ich einen Fuß auf den Boden stellen, um zu vermeiden, dass dies noch einmal geschieht. Irgendwann halte ich es nicht mehr aus und renne hinaus aufs Klo. Auf der Couch liegt ein knutschendes Sachsenpärchen. Plötzlich bin ich stocknüchtern und hellwach. Ich frage, wo der „Michael" abgeblieben ist, und erkläre ihnen, dass sie nun langsam mal die Biege machen sollen. ‚Bitte nicht', denke ich, als ich das Zimmer nebenan betrete. Doch! Die blöde Sau sitzt halbnackt mit ineinander verschlungenen Beinen auf meinem Freund, während er ihr gerade die kleinen Titten abzuschlecken scheint. „Verpiss dich, du dumme Schlampe!", schreie ich und schmeiße ihr zornig den berryfarbenen BH entgegen. Ich rase vor Wut, ahne aber gleichzeitig, dass ich mich gerade total lächerlich mache.

Er rennt wortlos an mir vorbei und nur wenige Augenblicke später bin ich allein in der riesigen Wohnung und beginne zu heulen. Alles kommt plötzlich hoch: der Stress mit den Kollegen, die Frage nach dem Sinn dieser Reise und die aufkommenden Gefühle gegenüber meinem Mitreisenden. Mein Schutzschild beginnt zu bröckeln. Als er zurückkehrt und sagt, dass wir morgen mal reden müssen, weiß auch ich, dass es allerhöchste Zeit dafür wird.

Die ersten Stunden des nächsten Tages sind die beschissensten meines bisherigen Lebens. Mir ist furchtbar übel und ich habe einen Schädel, der gleich zu explodieren scheint. Mehrere Leute fragen per E-Mail, warum ich in Australien nicht abschalten kann, und sogar mein Chef schreibt mir einen langen Text, in dem er mir klarmacht, dass er mich nicht um diese Reise beneidet. Natürlich würden sie mich in der Firma vermissen, natürlich hätte ich in den letzten Jahren gute Arbeit geleistet, aber ich wäre scheinbar nicht einmal für kurze Zeit in der Lage, den Traum von Freiheit und Glück zu leben. Falls das tatsächlich so wäre, sollte ich lieber die Zelte abbrechen und zurück nach Deutschland kommen. Es pocht hinter den Schläfen und wieder schießen mir Tränen in die Augen. Opfer zu sein, liegt mir nicht sonderlich im Blut. Ich bräuchte jetzt jemanden, der mich fest in die Arme nimmt.

Im TV erfahre ich zudem, dass momentan dringend davon abgeraten wird, Brisbane in irgendeine Richtung – vor allem gen Norden – zu verlassen, da der zu erwartende Zyklon einer der gewaltigsten dieses Jahrhunderts sein könnte. Herr Schmidt wird mich erschlagen, wenn er erfährt, dass wir nun wahrscheinlich doch nicht in einen Camper umsteigen können. Etwas an unserer Beziehung hat sich verändert. Ich empfinde eine ungeahnte Zuneigung für ihn, doch vielleicht habe ich ihn ja längst verloren.

Am Nachmittag laufe ich vom Belongil Beach bis zum Cape Byron, was sicherlich fünf Kilometer sind, und setze mich auf dem Rückweg ganz allein auf einen Hocker in das mit gut gelaunten Menschen gefüllte „Balcony". Und wen treffe ich auf dem Gang zur Toilette? Richtig, das Flittchen mit den roten Haaren und Mini-Titten, die mich sogleich nach „Michi" fragt. Am liebsten würde ich ihr eine scheuern, aber ich versuche, mir die hämmernde Wut nicht anmerken zu lassen. Ich ignoriere den Hohlkörper und laufe stattdessen zum Ausgang.

Auf dem Heimweg geht es mir deutlich besser, denn ich weiß: Ab morgen habe ich den „Michi" wieder ganz allein für mich. Er schläft schon tief und fest und sieht dabei unfassbar niedlich aus. Plötzlich habe ich etwas begriffen!

Das Unwetter – Brisbane

Seine Sicht:
Bei strömendem Regen fahren wir schweigend in Richtung Norden. Als wir an „Surfers Paradise" vorbeikommen, bin ich froh, dass wir die letzten drei Tage nicht hier verbracht haben. Der Ort soll mit einem Mix aus Bars, Discos und Strandabgehänge die Party-Hochburg der Gold Coast sein, haben mir die Hallenser erzählt. In meinen Augen hat er – architektonisch gesehen – eher den Charme von Halle-Neustadt und auch sonst wäre mir das zu viel lautes Gedöns, Show und Posing von halbnackten Beknackten. Der breite Strand ist im Gegensatz zur Promenade heute fast menschenleer.

Da wir den Wagen erst morgen abgeben müssen und Brisbane nicht am Meer liegt, steuere ich ein Kaff namens Cleveland an, welches recht beschaulich wirkt, jedoch bei Dauerregen ungeeignet ist, dort den restlichen Tag zu verbringen. Dennoch fahre ich bis zum Leuchtturm. Nina bittet mich auszusteigen, damit wir reden können. Ein kalter, stürmischer Wind weht uns fast die mit Büschen bewachsenen Klippen hinab. Innerhalb von fünf Minuten sind wir bis auf die Knochen nass, aber es lohnt sich. Ich schütte meine Seele mal so richtig aus und danach ist alles gesagt!

Zumindest von meiner Seite, denn Nina hat eigentlich nur leise gewimmert, während ihr die Wimperntusche über das vom Meerdunst benetzte Gesicht lief, und fast darum gebettelt, diese Reise gemeinsam fortzusetzen. Sie würde ab jetzt auf Vorschläge eingehen und sich vor allem auf dieses Land einlassen. Das hab ich nicht erwartet, auch nicht, dass sie mich im Auto sachte trocken rubbelt, meinen Hals packt und minutenlang küsst. Vielleicht bin ich deshalb nicht mal richtig sauer, als ich erfahre, dass halb Queensland einen zerstörungswütigen Zyklon erwartet und wir aus Brisbane eigentlich gar nicht mehr wegkommen.

In der drittgrößten Stadt des Landes erkenne ich ihren Willen zur Veränderung, denn wir buchen ein Doppelzimmer im „YMCA George Hostel" im Zentrum und das Internet wird diesmal nur genutzt, um zu schauen, ob wir einen günstigen Flug zurück nach Sydney bekommen. Es gelingt. Schon morgen werden wir eintreffen und uns eben dort nach einem Camper umschauen, um erstmal die Südküste zu erkunden. Als ich eine Zigarette rauche und durch die leicht beschlagenen Scheiben schaue, kommt es mir vor, als ob gerade Bianca auf dem TV-Bildschirm erschienen war. Das kann ja kaum sein, doch die offenherzige Rothaarige hatte scheinbar mehr Eindruck hinterlassen, als ich dachte. Ich spreche Nina lieber nicht darauf an.

Trotz des Regens gefällt mir die Stadt am Fluss. In der Innenstadt gibt es etliche urige Kneipen und so genannte Food Courts, wo man günstig asiatisch essen kann. Sogar auf einen Bummel durch die Shoppingmeile lasse ich mich ein und kaufe mir modernere Badeshorts und Schlappen, die laut Nina hier angeblich „Thongs" genannt werden. Im „Pig N'Whistle" trinken wir ein Nachmittagsbier, bevor wir in einer kurzen Trockenperiode einen Spaziergang durch den Botanischen Garten machen und dabei etwa 500 Pflanzen sehen, die es in Deutschland nicht gibt. Man könnte in Brisbane auch interessante Flusskreuzfahrten unternehmen oder die gigantische „Story-Bridge" erklimmen, aber eben nicht bei diesem Wetter. Am Abend landen wir in einer Rugbykneipe, in der bei Indie-Livemusik fantastische Stimmung herrscht. Während der „Flatrate" werden zum Zapfbier sogar kostenlos Rostbratwürste gereicht. Wir tanzen, singen, schmusen und im Bett kuscheln wir uns erstmals wie zwei Koalas aneinander – und wachen am nächsten Morgen mit unsicherem Lächeln wieder auf. Der „Airtrain" bringt uns zum Flughafen. Nun soll also ein neuer Abschnitt unserer Reise beginnen. Vielleicht können wir endlich miteinander klarkommen. Nina strahlt gute Laune aus, so als ob bei ihr jemand den Schalter umgelegt hat, und scheint sich tatsächlich auf das Abenteuer zu freuen. Ich bin gespannt!

Ihre Sicht:
Auf der Strecke nach Brisbane schüttet es unaufhörlich. Die Wischer rasen auf der schnellsten Einstellung über die Scheibe und trotzdem kann ich nicht nur wegen meiner verheulten Augen kaum etwas sehen. Wir scheinen uns längst in den angekündigten Unwettern zu befinden und in einigen Senken habe ich regelrecht Schiss, dass der Wagen absäuft oder einfach weggespült wird. Mein schweigsamer Beifahrer steuert einen kleinen Fischerort an, sieht aber recht schnell ein, dass wir dort überhaupt nichts unternehmen können. Am Leuchtturm habe ich endlich den Mut, ihn auf die letzten Tage anzusprechen. Als wir aus dem Auto steigen, öffnet der Himmel so richtig seine Schleusen. Augenblicklich kleben unsere Klamotten auf dem Körper. Wir müssen uns gegen den Wind stemmen, aber er redet einfach

drauflos: „Nina, ich glaube, du weißt, dass ich mir diese Reise anders vorgestellt habe. Okay, vielleicht dachte ich zu Beginn noch, dass ich bei dir landen könnte, doch das ist mir mittlerweile egal. Ich habe das Gefühl, dass du dich überhaupt nicht auf dieses Land, seine Menschen und andere Touristen einlassen willst. Rund um die Uhr beschäftigst du dich mit deinem Arbeitsscheiß, meckerst ständig und verdirbst mir damit die Laune. Vielleicht ist dir schon mal aufgefallen, dass ich keinen Computer, kein Handy und keine DVD-Staffel mit dabei habe. Das hier ist nicht nur Urlaub – es ist eine Auszeit! Ich will in einem Camper in abgelegenen Gegenden stehen und mit dir die Sterne des Kreuzes des Südens zählen – möchte Weite, Einsamkeit und Freiheit spüren. Ganz ehrlich, falls das mit dir nicht möglich ist, reise ich allein oder mit anderen Leuten weiter. Hast du eigentlich Angst vorm Glücklichsein? Du musst dich entscheiden, ob wir ab Brisbane getrennte Wege gehen."

Er räuspert sich kurz: „Und noch eine Sache: Hör bitte endlich mit dem bescheuerten ‚Herr-Schmidt-Gequatsche' auf! Du kennst meinen Namen, oder, Frau Metzer?"

Das war mal 'ne Ansage, und augenblicklich kullern mir frische Tränen über die Wangen. Was soll ich darauf antworten? Dass er in fast allen Dingen Recht hat? Dass ich mich bis jetzt vollkommen daneben benommen habe? Ja! Als wir uns halbnackt mit Handtüchern trockenreiben, gestehe ich, dass ich mich ein wenig in ihn verguckt habe. Ich nehme all meinen Mut zusammen, umfasse seinen Nacken und ziehe ihn herüber. „Auf einen Neuanfang", flüstere ich. Dann berühren sich unsere Lippen.

‚Eine neue Liebe ist wie ein neues Leben', stelle ich in Brisbane sofort fest, da wir – auf seinen Wunsch hin – in einem „Youth Hostel" landen, in dem man nicht mal die Fenster öffnen kann. Wenigstens hat er keine Lust auf 10-Mann-Schlafsäle. Während ich im Foyer mit schlechtem Gewissen im Internet nach Flugverbindungen suche und ein „Jetstar"-Schnäppchen nach Sydney sofort per Visakarte buche, höre ich Nachrichten im laufenden TV. Nein, nicht die sich anbahnende Naturkatastrophe ist die Hauptmeldung des Tages.

Die 23-jährige deutsche Backpackerin Maja (sie ähnelt Frau B. aus Sachsen ein wenig) wurde in Melbourne am Geldautomaten von zwei Männern gezwungen, das gerade abgehobene Geld rauszurücken. Der jungen Frau ist jedoch nichts weiter passiert, denn die Gangster waren wohl recht zuvorkommend. In anderen

Teilen der Welt gehört so etwas ja zum Alltag. Nicht so in Australien! Die Bestohlene ist mit der Geschichte nicht nur „Top1" in den Nachrichten, sie bekommt sogar eine eigene Pressekonferenz, die in voller Länge ausgestrahlt wird. Und so weiß jetzt das ganze Land, dass die liebe Maja schon seit zwei Monaten durch das Land tingelt und trotz des Zwischenfalls die Reise sehr gerne fortsetzen möchte. Na, wenn das keine guten Nachrichten sind!

Ich weiß nicht, ob Futtern und Shoppen auf seiner Liste des Australien-Kennenlernens ganz oben stehen oder ob er mir einen Gefallen tun möchte, denn ich finde den Nachmittag, trotz Regenjacken-Wetters, ausgesprochen schön. Lediglich die haarige Spinne, die auf einem Bretterholzweg durch die Mangroven des Botanischen Gartens plötzlich achtbeinig über uns baumelt, gemahnt mich daran, dass ich mich noch immer in einem sehr gefährlichen Land befinde. In einer Kneipe mit Biergarten versacken wir, bis ich Micha zum Knutschen ins Hotel schleife. Wie sehr mir diese Intimität und Wärme gefehlt hat! Doch die Gelegenheit zu mehr lässt er ungenutzt verstreichen. Erst kurz vor dem Einschlafen denke ich das erste Mal seit Stunden an meine Firma. Ein Wendepunkt?

Nutten, Säufer, Spieler – Sydney

Seine Sicht:
Da ich heute „Bestimmer" sein darf, geht es vom Flughafen mit der Bahn ins St. Pauli von Sydney. Unser Hostel in einem viktorianischen Gebäude in Kings Cross liegt direkt neben dem Puff, doch die Leute am Empfang sind freundlich und vor allem ist das Zimmer mit 50 AU$ unschlagbar günstig. Nina begutachtet zwar leicht schockiert die fleckigen Bettlaken und den schwarzen Schimmel an der Decke, aber das ist ja nur eine Zwischenstation. Oder? Wir Idioten hätten gleich mal in Brisbane recherchieren sollen, wo wir einen bezahlbaren Camper für die nächsten Wochen herbekommen. In Sydney nämlich nicht! Hier ist alles ausgebucht oder viel zu teuer. Okay, wir könnten auch einen Wagen kaufen und ihn später wieder verscherbeln, aber das ist mir zu unsicher.

Somit verbringen wir einen kompletten Tag im Internetcafé, um letztendlich völlig resigniert ein Gefährt bei einem Anbieter namens „Wicked", das auf dem Foto wie ein angemalter Hippi-VW-Bus aussieht, in Adelaide zu reservieren. Diese Stadt liegt in Südaustralien und ist etwa 1 400 Kilometer entfernt. Zum Glück sind Flugzeuge hier ein gängiges Fortbewegungsmittel, sodass wir billige Tickets buchen können und uns einreden, dadurch noch Geld zu sparen. Den Camper können wir nämlich auf dem Rückweg in der Filiale von Sydney wieder abgeben.

Erleichtert gehen wir in unserem Lieblingslokal „Gulasch-Knödel" essen und dann in eine Sportsbar, in der man live Pferde- und Hundewetten platzieren kann, was Nina sichtlich Spaß zu machen scheint. Da ich dreimal den Vorquoten vertraue, die an eine Wand gepinnt sind, und natürlich verliere, gehe ich in den Nachbarraum und schaue „Footy".

Australien ist eine bemerkenswerte Sportnation. Es gibt auf der Erde wahrscheinlich kein anderes Land, welches, bezogen auf seine Einwohnerzahl (ca. 22 Millionen), so viele Spitzenathleten in verschiedensten Sportarten hervorgebracht hat. Bei Sommer-Olympiaden holen sie stets etliche Medaillen und selbst Gold im Snowboard errangen sie schon. Dabei gibt es in Down Under nicht einmal nennenswerte Berge oder so etwas wie einen richtigen Winter! Sie haben verdammt gute Schwimmer, Ruderer, Radfahrer und Läufer, aber auch in Disziplinen wie Rugby, Netball, Cricket und Surfen gehören sie zu den Besten der Welt. Allmählich erlernen sie sogar das weltweit wichtigste

Spiel. Eine Fußball-WM in Australien wäre mit Sicherheit ein emotionales Highlight.

Dennoch klingt es fast unglaublich, dass, bei all diesen Erfolgen, die talentiertesten Jungs der Nation beim „Aussie Rules" in unserer Wahrnehmung beinahe verloren gehen. Das nur in „Down Under" professionell gespielte Australian Rules Football, auch „Footy" genannt, ist eine komisch anmutende Mischung aus Fußball, Handball und Rugby. Sie ist die beliebteste Sportart des Landes und mit einem Schnitt von über 30 000 Zuschauern pro Spiel gehört die AFL zu den populärsten Sportligen der Welt.

In einem prall gefüllten elliptischen Stadion rennen zwei bunt gekleidete Mannschaften mit ärmellosen Trikots aufgeregt einem ovalen Ball hinterher, den sie per Hand und Fuß versuchen, in Richtung des gegnerischen Spielfeldes zu bugsieren und zwischen zwei der vier Stangen zu schießen. Erst nach mehreren Partien habe ich halbwegs den Sinn des Spiels und den Unterschied zwischen „Goal" und „Behind" begriffen (was mit den verschiedenen Stangen zu tun hat). Die Stimmung ist auch bei dieser Partie prächtig.

Durch einige unqualifizierte Bemerkungen meines Mädchens lernen wir ein paar Einheimische kennen, die uns in den benachbarten Stadtteil Darlinghurst mitschleppen. In einem Pub, der sich im Erdgeschoss eines Hotels befindet, versacken wir standesgemäß. Auf dem Heimweg drückt mich eine uralte Nutte in einer Seitenstraße an die Wand und fragt mit hängender Zigarette zwischen den stark geschminkten Lippen: „Willst du ficken?" Will ich nicht. Nicht sie! Nina hat mich das leider noch immer nicht gefragt.

Meine Reisebegleiterin war bisher – ganz ohne Show – bemerkenswert gut gelaunt und jammert auch nicht, dass wir unser Frühstück selbst organisieren müssen. Mit „Coffee-To-Go" und einem Baguette von „Subways" treffen wir allerdings genau ihren Geschmack. Gemütlich schlendern wir durch ihren Lieblingskiez Woolloomooloo, vorbei an einem Schwimmbad, durch den botanischen Garten zum Opernhaus. Eine öffentliche Fähre bringt uns in einer halben Stunde hinüber nach Manly. Der Stadtteil im Norden wirkt einladend und beeindruckt mit lang gezogenen Stränden. Braungebrannte Damen zeigen die allerneueste Bademode und coole Jungs elegante Surfposen. Ein relaxter Ort, um einfach mal dem Nichtstun zu frönen.

Nina ruft bei Nick, den wir gestern getroffen haben, an, da er ganz in der Nähe von Manly wohnt. Er lädt uns spontan in sein Haus nach Balgowlah zum Essen ein. Zusammen mit seiner Frau Latifa futtern wir fantastischen Barramundi und Knoblauchgarnelen mit Blattspinat, bestaunen ehrfürchtig die großen Giftklauen einer Trichternetz-Spinne in seinem Terrarium und fahren nach zwei guten Flaschen Rotwein per Taxi zurück in die City. Mitten in der Nacht überqueren wir die kolossale Harbour Bridge und sehen links unter uns die aufgeblähten Segel der beleuchteten Oper. Ein grandioser Abschied von Sydney, zumal mir Nina genau in diesem Moment das lang ersehnte, unmoralische Angebot macht.

Ihre Sicht:
Nein, es ist nicht so, dass ich den Hebel jetzt einfach umlegen und hocherfreut durch das wundervolle Australien reisen kann. Aus Spargründen fahren wir ins Asozialen-Viertel von Sydney und buchen ein verdrecktes Rattenloch in einem Hostel mit dem verheißungsvollen Namen „Original Backpackers", wo mir sogleich ein faustgroßer schwarzer Käfer auf den Kopf fällt. Sobald wir die Straße betreten, quatschen uns Nutten, Dealer, Abhängige und lärmende Säufer an. Erbärmlich aussehende Penner belagern uns regelrecht. Im gesamten Land hatten wir zuvor keinen einzigen bettelnden Menschen gesehen, doch hier pfeifen die Leute auf den äußeren Schein. Zumindest fährt die Polizei relativ häufig Streife. Falls sie mich fragen sollten, ob ich womöglich Drogen deale oder welche kaufen wolle, kann ich wenigstens wahrheitsgemäß sagen: „Nein, ich wohne hier!" Zwischen all den Gestrandeten laufen schicke Businessleute, Touristen und Studenten umher. Eine komische Gegend.

Obwohl wir einen kompletten Tag damit verbringen, das Wohnmobil zu organisieren, und dieses nach etlichen Stunden schließlich in einer vollkommen anderen Stadt buchen, bin ich froh, dass wir Kings Cross dann wieder verlassen können. Momentan wäre wohl eine wichtige Reisezeit der Australier und unseren überteuerter „Kult-Camper" können wir demnach erst in vier Tagen bei „Wicked" in Adelaide abholen – wohin wir erstmal fliegen müssen. Zum Glück bekommen wir günstige Tickets, sodass wir nur noch einen Tag mit unseren „Stamm-Nutten" und „Lieblings-Gammlern" in einem Viertel verbringen müssen, über dem ein leichter Uringestank liegt.

Ich lächle zurück, als er stolz mit den Buchungsunterlagen wedelt, und folge ihm – mangels Alternativen – zum Tschechen und danach in einen Pub. In einem trinkhallenartigen Raum mit Pokies an den Wänden werden auf etlichen TV-Screens verschiedenste Sportarten, vor allem Pferde- und Hunderennen, live übertragen. Doch damit nicht genug – im Nachbarraum gibt es Bildschirme, welche die Quoten in Echtzeit anzeigen, und an einem Schalter kann man Wetten platzieren. Die Hunde von Herrn Schmidt (offiziell „Micha") verlieren sämtliche Rennen, doch ich habe mit meiner Nummer 4 mehr Glück und gewinne zwei Mal hintereinander – zusammen über 100 Aussie Dollar. Er freut sich, dass ich mich freue.

Obwohl man gerade am Bondi Beach in Cafés den Eindruck gewinnen könnte, dass Sydney nur aus salzwassergetränkten Jungs und drahtigen Mädels mit modischen Tops und Radlerhosen besteht, sieht man hier andere Menschen. Fette Leute mit aufgequollenen Gesichtern, 50-Liter-Bierbäuchen und ungesunder Gesichtsfarbe stehen saufend vor der Wettannahme und gehen ihrer Lieblingsbeschäftigung nach. Nachdem wir schon an anderen Orten unzählige solcher TAB's (Wettbüros) gesehen haben, glaube ich mittlerweile, dass der eigentliche Volkssport der Australier das Glücksspiel ist.

Das Beobachten der süchtigen Menschen macht süchtig, doch ich kann mich losreißen und gehe in die Kneipe nebenan, die einem Aufnahmestudio der ARD gleicht – so viele Monitore hängen an den Wänden. Vor einem Big Screen lasse ich Kommentare zum „Aussie Rules" los, was bei einigen Leuten nur Kopfschütteln verursacht. Mit drei lustigen Australiern – ein Nick baggert mich ziemlich unverfroren an – verbringen wir einen ausgelassenen Abend in einer urigen Bar. Micha scheint die Flirterei offensichtlich nicht zu bemerken, was mich nervt. Auf dem Heimweg in unsere Backpackerhöhle legt er mir freundschaftlich den Arm um die Hüften und sagt: „Ich freue mich auf die Zeit mit dir in der Wildnis." ‚Momentan würde ich mich über etwas ganz anderes freuen', denke ich enttäuscht, aber er muss dann auch den ersten Schritt wagen.

Der morgendliche Spaziergang zum Circular Quay wäre völlig ausreichend gewesen, doch er schleppt mich auf einen alten Kutter, der uns per Tagesticket zu einem „tollen" Strand bringen soll. Ich ergebe mich meinem Schicksal. Wieder einmal sehen wir den

„Kleiderbügel" und die „Auster", aber irgendwann hat man die olle Brücke mit den übergroßen Nieten und das schalenförmige Opernhaus auch oft genug bestaunt. Das Brandenburger Tor schaut man sich ja auch nicht vier Mal an einem Wochenende an!

Manly könnte tatsächlich „toll" sein, wenn heute nicht Sonntag wäre und sich Mutter, Vater und kreischendes Kind-Kind-Kind durch die Tinnef- und Imbissbudenstraße zum marmorierten Sandstrand schieben würden. Ziemlich weit abseits finden wir dennoch ein ruhiges Plätzchen, wo ich kurz wegnicke. Danach bin ich ungehalten und mit seinem Essensvorschlag (Döner) überhaupt nicht einverstanden. Schließlich schlage ich vor, bei Nick anzurufen, der großkotzig verkündet hat, dass wir gerne einmal vorbeikommen können. Im Gegensatz zu den Amis scheinen die Aussies so etwas ernst zu meinen, denn er bettelt am Telefon fast, dass wir zum Dinner erscheinen.

Freudestrahlend empfängt er uns in seinem protzigen, weißen Haus, an dem lange Muschel-Schnüre vor der Tür hängen. Doch zu meiner Enttäuschung ist er nicht allein. Seine „geliebte" Frau werkelt bereits in der Küche. Latifa mag meinen Freund auf Anhieb, nur weil Micha ihr Essen über den grünen Klee lobt und großer „Midnight Oil"-Fan ist. Eifersüchtig kann ich ihn hier leider nicht machen. Der dazu notwendige Mann hat eh verkackt, da sich Nick eine gruselige, lackschwarze und vor allem hochgiftige „Sydney funnel web spider", die er mit einem Glas in seinem Garten (!) gefangen hat, im Terrarium hält. Nach der Begutachtung ihrer kräftigen, fleischigen Beine und meiner Überreaktion würdigt er mich keines Blickes mehr. Dafür stelle ich gerührt fest, dass Michas Koala-Knopfaugen ununterbrochen vor Glück strahlen. Der süße Kerl scheint fast immer gute Laune zu haben. Das steckt an. Da ich jedoch allmählich das Gefühl habe, dass er ein bisschen zu schüchtern ist, lege ich ihm auf der Heimfahrt, gerade als wir „seine" Brücke überqueren, die Hand auf den Schoß und frage mit gespielter Unbefangenheit: „Wann willst du mich eigentlich endlich mal vögeln?"

Straßenbahncity – Adelaide
Seine Sicht:
Was für eine Nacht! Wir haben uns geliebt, ohne miteinander zu schlafen. Ein nicht enden wollendes Vorspiel, denn bereits nach wenigen Augenblicken bemerkten wir atemlos, dass keiner von uns Kondome dabei hat. Doch zu diesem Zeitpunkt spielte das längst keine Rolle mehr. Mit feuchten Lippen, warmen Brüsten und gierigen Händen führte sie mich zu einem außergewöhnlichen Höhepunkt. Bevor sie einschlief, hatte sie mir zudem das bezauberndste Lächeln dieser Reise geschenkt.

Müde frühstücken wir in der Victoria Street. Ich habe nie gelernt, über Gefühle zu reden, und verberge meine Unsicherheit hinter einem langgezogenen Gähnen. Endlich kommt der Backpackerbus, welcher uns zum Flughafen bringt. Dieser braucht jedoch ewig und wir verpassen den Flieger von „Virgin Blue" nur deshalb nicht, weil er Verspätung hat. Somit kommen wir erst sehr spät in Adelaide an und zu unserer Überraschung ist die Reservierung im „Annies Place" nicht angekommen. Die erste Nacht in Südaustraliens Hauptstadt verbringen wir somit in einem heruntergekommenen Hotel an einer lauten Straße. Ich bin kaputt und möchte nur noch schlafen. Auch die jammernde Nina sollte das große Bett lieber genießen. Ab übermorgen ist es vorbei mit „comfort sleeping".

Als Entschädigung bekommen wir am nächsten Tag vom „Annies" ein Apartment, welches wir mit einem sympathischen Schweizer Pärchen teilen. Es hat zwei große Zimmer mit Terrasse und eine gemütliche Wohnküche. Die Eidgenossen kommen gerade von einer Tour aus dem Süden zurück und haben etliche Tipps für uns parat.
    Als wir losgehen, möchte ich im Internet noch kurz checken, wo wir den Camper morgen abholen müssen, doch Nina braucht etwas länger und so lese ich die E-Mails von Freunden, Arbeitskollegen und meiner Familie. Bevor wir uns in den Busch verabschieden, muss ich ihnen unbedingt noch einmal schreiben.
    Adelaide wirkt eher wie eine überdimensionale Kleinstadt, denn nur im eigentlichen Kern, der von großen Alleen in Nord-, Ost-, Süd- und Westtraverse begrenzt wird, spielt sich das Leben ab. Auf breiten Straßen kann man an historischen Gebäuden und modernen Hochhäusern entlang flanieren. Ringsherum gibt es

botanische Gärten und Parks. Obwohl es eine Millionenstadt ist, hat die „City of Adelaide" nur wenige tausend Einwohner. Alle anderen wohnen an grünen Hügeln, malerischen Flüssen oder direkt am Meer. Ein riesiges Einzugsgebiet. Überraschenderweise ist diese Stadt auch für bedeutende Kunst- und Musikfestivals bekannt.

Das hab ich bei den Schweizern gelesen, denn einen Reiseführer besitzen wir noch immer nicht und im Buchladen können wir keinen über Australien finden! Auf dem Weg zum Strand in den Vorort Glenelg – in Adelaide rattert man dort gemächlich mit einer kreischenden Straßenbahn hin – ist Nina kaum ansprechbar, doch ich bohre, bis sie den Mund aufmacht. In der Heimat wäre wohl irgendetwas geschehen. Natürlich vermute ich sofort, dass sie einen Rückfall hat und es sich um Mist in ihrem Job dreht.

Der Sandstrand ist lang, breit und lediglich von ein paar unschönen 70er-Jahre-Bauten im Hinterland entstellt. Das Meer wabert ruhig – und angeblich quallenfrei – dahin, sodass ich endlich einmal länger schwimmen kann. Falsch gedacht! Das Wasser ist eiswürfelkalt und scheint auf direktem Weg aus der Antarktis angespült zu werden.

Als ich zitternd herauseile, traue ich meinen Augen nicht. Direkt neben mir, nur zehn Meter vom Ufer entfernt, schwimmt ein riesiger grauer Delfin. Seine elastische Haut schimmert in den Sonnenkringeln des blauen Meeres und er scheint mich gar nicht wahrzunehmen. Augenblicklich werden Glückshormone freigesetzt. Ich winke Nina heran, damit auch sie das einmalige Schauspiel erleben kann. Sie kommt mir entgegen. Doch in ihrem Gesicht ist kein Ausdruck freudiger Überraschung zu sehen. Ihre roten Wangen sind tränennass. Als sie mich fest an sich drückt, wird ihr kompletter Körper von einem Schluchzen geschüttelt. Erst nach vielen Minuten verstehe ich, was sie mir mit bebender Brust sagen will: Jörn, unser Freund, den wir noch in Singapur getroffen hatten, ist in der Heimat bei einem Motorradunfall tödlich verunglückt. Die Nachricht trifft mich wie ein Fußball, der mit voller Wucht auf die Nase knallt. Augenblicklich kullern auch mir salzige Rinnsale über die Wangen – und das alles in einem Moment, wo ich kurz zuvor noch so glücklich war!

Der Versuch, Nina zu trösten, misslingt. Den Kopf tief in das Handtuch gebohrt, liegt sie im Sand und wimmert. Doch plötzlich springt sie auf und spurtet ins Meer. Als sie hüfthoch im Wasser steht, sehe ich, wie etwas im hohen Bogen über den zweiten Wellenkamm fliegt. Dann kehrt sie um, läuft an mir vorbei und ruft: „Jetzt beginnt eine völlig andere Reise!" Sorgenvoll recke ich den Hals, bis sie nach einer Stunde endlich zurückkehrt. Schweigend fahren wir zurück in die City of Adelaide. In der Rundle Street lassen wir uns in einem Pub volllaufen, aber auch danach geht es uns nicht viel besser. Jörn ist der erste Mensch, der uns in so jungen Jahren verlassen hat. Auf dem Weg ins Hotel kann ich Nina gerade so davon abhalten, in eine Rauferei mit einem sturzbetrunkenen Aborigine zu geraten. Der muskulöse Zwei-Meter-Hüne hat sie vor dem Liquor-Shop angegrabscht. In ihren rot unterlaufenen Augen sehe ich ein Funkeln und ahne, dass sie ihm, ohne mit der Wimper zu zucken, eine Weinflasche auf den Kopf dreschen würde, und zerre sie weiter.

Für die Schweizer müssen wir aussehen, als ob wir uns soeben extrem gestritten haben. Dennoch laden sie uns zu Käsefondue, Schnaps und Rotwein aus dem Barossa Valley ein. Nach einigem Zögern leisten wir ihnen Gesellschaft und erzählen, was geschehen ist. Ihr Trost und Beistand hilft. Erst im Bett frage ich Nina: „Was hast du vorhin eigentlich ins Meer geworfen?" Bei der Antwort sehe ich zum ersten Mal seit Stunden ein trauriges Lächeln auf ihrem aschfahlen Gesicht.

Da wir den Camper erst gegen Mittag abholen können, habe ich Zeit, eine Rundmail zu schreiben, um uns für ein paar Tage abzumelden, da es im „Busch" sicherlich keine Internetcafés geben wird. Denise maile ich, dass sie alle, die zur Beerdigung kommen werden, von uns umarmen soll. Jörns Freundin Maria kann ich erst schreiben, wenn ich dazu emotional in der Lage bin.

Um 12 Uhr erreichen wir eine heruntergekommene Garage, in der uns zwei Freaks mit einer selbst gedrehten Kippe im Maul mürrisch begrüßen. Sie deuten auf eine Art VW-Bus-Verschnitt (es ist ein Mazda), der für die nächsten Wochen unser Wohnzimmer werden soll. Normalerweise ist es ja Nina, die nörgelt, aber auch ich sehe sofort, dass sie den Wagen weder außen noch innen gereinigt haben. Selbst die Bettwäsche ist verdreckt und müffelt. Das Ding besitzt weder Kühlschrank noch Herd und beim Einstellen des Rückspiegels hat Nina selbigen sofort in der Hand. Das Problem wird schulterzuckend mit Kreppband behoben. Der Zettel, auf dem man markieren soll, an welchen Stellen der Wagen Kratzer, Beulen oder Steinschläge hat, ist recht bald ein wirres Blatt mit kleinen blauen Kreuzen.

Wenigstens sieht der Wagen cool aus. Auf der einen Seite ist – schwarz auf weiß – ein Staubsauger im Kampf gegen einen Ventilator aufgesprüht, die einander mit den Worten „You suck" und „Blow me" beschimpfen. Die andere Seite zeigt einen zornigen Hahn und eine wilde Katze mit Gedankenblasen „Pussy" und „Chicken". „Is none of my business what you think of me", könnte man meinen. Das steht hinten auf dem Camper. Wir fallen damit sicherlich nur unwesentlich auf.

Leider funktionieren unsere Kreditkarten beim Bezahlen nicht und auch am Automaten bekommen wir kein Geld. In der Bank sagt man uns, dass sie gesperrt seien. Horror! Letztendlich spuckt ein Gerät drei Straßen weiter auf Ninas EC-Karte 1 500 AU$ aus und – Gott sei Dank – funktioniert an dem Teil auch meine Visa-Karte plötzlich wieder.

Erst als wir den Vertrag unterschreiben und ich mir von Nina die wichtigsten Passagen übersetzen lasse, erfahre ich, dass wir nochmals 10 AU$ pro Tag blechen sollen, falls wir mit dem Ding ins Outback fahren wollen. Dieses beginnt in Australien, sobald man sich 200 Kilometer vom Meer entfernt hat. „Das ist doch Oberscheiße!", brülle ich, da wir den Tarif für die komplette Zeit buchen müssten. Die knapp 600 Dollar haben wir sowieso nicht zusätzlich in bar. „Uns passiert schon nichts", ruft Nina, als wir um die Ecke gebogen sind.

Nachdem wir den Wagen an einer Tankstelle halbwegs fahrtüchtig gemacht, die platten Reifen aufgepumpt, Kühlwasser nachgefüllt und eine Straßenkarte gekauft haben, können wir zumindest erst einmal die Stadt verlassen und durchatmen.

Ihre Sicht:

Wow! In einem Tempo, dass selbst mich überraschte, rissen wir uns im Zimmer die Kleider vom Leib und fielen übereinander her. Ich war abartig heiß und hätte mich gerne schon nach wenigen Sekunden auf ihn gesetzt, doch daraus wurde leider nichts, denn wir hatten nichts dabei, was wir über seine Erektion ziehen konnten. Meine Hormone spielten verrückt, denn fast hätte ich es ohne gemacht. Doch ich brüllte die Instinkte nieder, besann mich eines Besseren und beobachtete lieber, wie sein Körper vulkangleich explodierte. Dann kümmerte er sich mit flinker Zunge und zärtlichen Händen um meine Bedürfnisse. Ich bastelte mir dabei schmutzige Phantasien zusammen, was ich demnächst alles mit ihm anstellen werde. Zum Glück hauen wir heute ab, denn ich hatte wohl ziemlich lautstark phantasiert. Was für ein Orgasmus!

Der nächste Tag beginnt bescheuert, da der Shuttlebus, welcher uns zum Flughafen bringen soll, an jedem zweiten Backpackerhostel der Gegend hält, um die Bekloppten einzeln einzusammeln. Wir rennen zum Check-in, um dort gesagt zu bekommen, dass der Flieger erst zwei Stunden später startet.

Aus der Luft sieht Adelaide wie eine amerikanische No-Name-Stadt aus. Man fliegt über hunderte kleine Vororte, bis – wie aus dem Nichts – das winzige, rechteckig angelegte Business-Zentrum auftaucht. Zehn Sekunden später wieder Dorfambiente. Vor dem Terminal gibt es zwei Einweiser, die einem zeigen, wie man die Taxis richtig besteigt. Soviel zu den ABM in Australien. Wegen der späten Ankunft haben wir zum ersten Mal ein Hostel reserviert, doch die kostenpflichtige Internetbuchung ist bei denen natürlich nie angekommen und ausgebucht sind sie nun auch. Somit verbringen wir die Nacht in einem Stadtteil mit dem Charme von Braunschweig Hauptbahnhof in einer heruntergewirtschafteten Absteige, wo das Thema „extremer Schweißgeruch in unbelüfteten Zimmern" noch groß geschrieben wird. Diverse Insekten brennen sich im grellen Licht der Lampe zischend zu Tode und das Sushi-Zeugs, was Micha anschleppt, stinkt eigentlich auch wie Sau. Nur er duftet sehr gut. Schade, dass er sofort einschläft, aber wenigstens kann ich mich an seinen Körper wie an einen schmiegsamen Koala ankuscheln und irgendwann selbst wegdösen.

Am nächsten Tag wechseln wir in ein Apartment. Leider müssen wir noch einen Tag in dieser Stadt verbringen, bis wir das Wohnmobil endlich abholen können. Auf einem Flyer hab ich gelesen, dass sich Adelaide auch „Festival City" und „Church-City" nennt, doch diesen Titel erhält man in Australien wahrscheinlich schon mit zwei Bierfesten im Jahr und drei Kirchen, die älter als 100 Jahre sind.

Micha will in ein Internetcafé. Ich bin schon wieder hibbelig und staune dann, dass ich nur zwei Nachrichten aus dem Büro vorfinde. Zum ersten Mal spüre ich gleichzeitig Erleichterung und Scham. Simone berichtet zwar, was wieder alles schief gegangen ist und dass ich an allen Ecken und Enden fehle, doch ich ahne, dass mich dort momentan niemand vermisst. Erstmals schreibt auch Nicole. Sie regt sich wortreich darüber auf, dass ich andauernd aus der Ferne lästern und alle gegen sie aufhetzen würde – anstatt sie in Ruhe ihre Arbeit verrichten zu lassen. Sie hat ja eigentlich recht, denke ich mit glühendem Schädel und sende ihr ein paar besänftigende Zeilen.

Die Mails von Freunden schaue ich nur kurz durch, doch bei Denise bleibe ich hängen. In der Heimat sei wohl etwas passiert, was sie mir nicht schreiben kann, damit wir die Reise – und das Leben – weiterhin genießen können. Na toll! Ich antworte ihr, dass sie mir umgehend eine SMS mit den Details aufs Handy schicken soll!

Zu den Highlights in Adelaide gehört eine Fahrt mit der Straßenbahn, worauf sie hier megastolz sind, nur weil das Ding atemberaubend langsam zum Strand tuckert. Der ist weder schön noch hässlich, doch wir sind ja eh nur zum Sonnenbaden gekommen. Micha geht schwimmen und gerade, als er von dannen watschelt, piept das Telefon. Eine SMS: „Du willst es ja unbedingt wissen! Jörn ist bei einem Motorradunfall tödlich verunglückt. Passt auf euch auf! D."

Mein Herz beginnt zu rasen und ich drehe das Telefon in den Schatten, um zu sehen, ob ich mich nicht verlesen habe. Keine Chance! Ich fühle mich, als hätte mir jemand einen Kinnhaken aus heiterem Himmel verpasst und gleichzeitig mit der anderen Faust auf den Solarplexus gedroschen. Augenblicklich schießen mir Tränen in die Augen. Plötzlich sehe ich Jörn bei unserer Verabschiedung in Singapur vor mir stehen, denke an die gemeinsame Reise nach Laos mit der anschließenden Silvesterparty in Bangkok, erinnere mich an sein spitzbübisches Lächeln und diese leuchtenden, lebensfrohen Augen. ‚Bitte nicht!'

Micha wedelt am Ufer aufgeregt mit den Armen. Ich kann ihn nur verschwommen erkennen, denn ein Meer aus Tränen bedeckt mein Gesicht. Wie ferngesteuert stehe ich auf, laufe hinüber und berichte, was ich gerade erfahren habe. Als wir zurückkehren und ich dieses bekackte Handy im Sand liegen sehe, packt mich die Wut. Ich nehme es und renne los. Das Wasser ist arschkalt, doch mir ist fürchterlich heiß. Mit einer Kraft, die ich nicht für möglich gehalten habe, feuere ich es zwanzig Meter weit in die Fluten. ‚Ich lebe nur einmal! Ab sofort werde ich mir das jeden Tag vor Augen führen. Acht lange Jahre habe ich mir nun den Arsch auf der Jagd nach Anerkennung abgearbeitet. Wenn ich mal sterbe, möchte ich das nicht bereuen. Soeben habe ich mein altes Leben weggeworfen', denke ich, als ich heulend am Ufer entlang laufe.

Es ist unglaublich: Alle Menschen an diesem Ort scheinen zu lachen und glücklich zu sein. Die Kinder mit ihren Boards und den Drachen, die Jungs mit Kricketschlägern und eiförmigen Footballs, die Frauen, die bei einer Flasche Weißwein im Café „Leute glotzen", die Familie beim Reitausflug auf Kamelen und die älteren Herrschaften beim Schlendern auf der Promenade. Nur ich bin vollkommen am Boden zerstört, fühle extremen Schmerz und tiefe Traurigkeit.

Zurück in Adelaide, steuern wir einen Pub mit Stühlen vor der Tür an und trinken in einem Tempo, das selbst die Bedienung verwirrt, da in dem Laden sicher öfter mal Leute auftauchen, die ordentlich Alk durchlaufen lassen. Richtiggehend erbost bin ich, als wir auf dem Rückweg vor einem Liquor-Shop in eine Schlägerei zwischen völlig besoffenen Aborigines geraten. Als ich dazwischen gehen will, kommt ein böse aussehender Hüne auf mich zu und greift mir grinsend an den Hintern. Ich frage ihn ganz ruhig, auf welchem Traumpfad er eigentlich gerade unterwegs ist und ob er eine auf die Fresse haben will. Doch Herr Schmidt überzeugt mich, das Weite zu suchen. „Irgendwo habe ich mal gelesen, dass man bei ihnen nie genau weiß, was passiert, wenn sie betrunken sind", nuschelt er besorgt. Erst drei Ecken weiter begreife ich, dass der tiefschwarze Mann wahrscheinlich gerade genauso verloren und ohnmächtig in dieser Großstadt, die einmal die Heimat seiner Urväter war, herumtorkelt wie ich.

Dass es dennoch ein halbwegs versöhnliches Ende dieses Horrortages gibt, ist den Schweizern in unserer Wohnküche zu verdanken, da sie mich mit ihren Reisestorys ein wenig ablenken. Bevor mir tief in der Nacht endlich die Augen zufallen, ist mein letzter Gedanke: ‚Du hättest ja wenigstens die SIM-Karte aus dem Handy nehmen können.'

Ich staune, dass ich nach diesem Schock überhaupt schlafen konnte, doch das flaue Gefühl in der Magengrube ist nicht verschwunden. In der Stadt finde ich nach langem Suchen eine Beileidskarte. Mit zittrigen Händen schreibe ich Maria: „Sei tapfer. Wir werden immer für dich da sein. Michael und Nina", und fange wieder an zu weinen.

Der Stress, der nun folgt, lässt mich das traurige Ereignis kurz vergessen. Micha ist genauso überrascht, als wir den Wagen das erste Mal erblicken. Man kann nicht wirklich sagen, dass dieses „Blow Me - Pussy Chicken"-Teil den Namen „Camper" verdient hat. Es ist ein umgebauter toastbrotförmiger Kleinbus, in dem wir wahrscheinlich übereinander liegen müssen. Wo man in dem ungelüfteten Wagen schläft, kann ich nicht erkennen, und die Bettwäsche müssen wir wohl auch erstmal in einen Waschsalon bringen. Im hinteren Bereich sind ein paar verbeulte Kochutensilien und ein kleiner Klapp-Campingkocher in einem zerkratzten Koffer zu bewundern. Und wo ist der Kühlschrank? So etwas hat das Ding nicht einmal. Eine herkömmliche Kühltasche ohne Aggregate wird uns als „Esky" angepriesen. Es ist ja nicht so heiß in Australien! „Mach dich mal locker, Kleine. Wir haben Abenteuer gebucht", ruft mein Freund schief lächelnd, während ich kapiere, dass ich überhaupt kein Campingtyp bin.

Die völlig bekifft wirkenden Verleiher können mit unseren Kreditkarten nichts anfangen und erst auf der dritten Bank bekomme ich Bargeld auf meine EC-Karte ausgespuckt. Die Vertragsunterzeichnung dauert dann noch ewig, da wir erst jetzt erfahren, dass wir mit dem Ding nicht einfach so ins Outback fahren können. Für die Zusatzversicherung (10 AU$ am Tag bei 1 000 Dollar Selbstbeteiligung) und einen „Kängurufänger" haben wir nicht genug Geld abgehoben und außerdem habe ich keine Lust, für die Schrottkarre noch mehr zu blechen. Falls es uns packt, fahren wir einfach so in die Wüste. Dort gibt es ja kaum Autos und keine Bäume – was soll uns da schon groß passieren?

Auf der Schadenskarte zeichne ich über das komplette Fahrzeug ein großes X. Die Verleiher schmunzeln verlegen und geben mir dann eine neue, wo wir all die Blech- und Glasschäden einzeln ankreuzen. Um 13 Uhr kann es endlich losgehen. An der Tankstelle bemerken wir, dass unser (nicht vorhandenes) rotes Lämpchen längst hätte leuchten müssen, denn Benzin haben sie auch keines eingefüllt. Zudem stelle ich fest, dass die Lenkung des Wagens, entgegen meinen Befürchtungen, doch in Ordnung ist. Das „schwebende" Fahrempfinden erklärt sich damit, dass auf einem Vorderreifen nur 0,9 und auf dem anderen 3,5 bar sind. Mit ausgeglichenem Luftdruck fahren wir auch geradeaus, ohne dass ich gegenlenken muss. Ich bin froh, Adelaide zu verlassen, habe aber mit diesem wackligen Gefährt ein ungutes Gefühl.

Blow me pussy chicken – Die Südküste
Seine Sicht
Wir fahren in Richtung Osten, immer der „Great Ocean Road" entgegen, da zumindest ich weiß, dass es die berühmteste Straße des Landes sein soll. Schweren Herzens verzichte ich auf „Kangaroo Island", da mir die Fährfahrt dorthin zu teuer erscheint. Die namensgebenden Viecher werden wir ja hoffentlich auch auf dem Festland antreffen.

Mit vollem Tank und prallen Reifen legen wir einen Zwischenstopp im Örtchen Hahndorf ein. Ich glaube nicht, dass die ersten deutschen Einwanderer dieses „Germany-Disneyland" erschaffen haben, denn mit unserer Heimat hat es recht wenig zu tun. In „Otto's Bakery" bekommen wir demnach keine Berliner Schrippen und im „Hahndorf Inn" schmeckt die „German Bratwurst" nicht wie die aus Nürnberg oder Thüringen. Dafür begaffen Busladungen voller Touristen die kitschigen „süddeutschen" Häuser mit den Blumenkästen vor den Türen und kaufen beim Fleischer etliche Dinge, die als deutsche Spezialitäten angepriesen sind. Okay, auch ich kann der großen Hahndorfer Mettwurst nicht widerstehen.

Wir überqueren den Murray River – den längsten Fluss Australiens hätten wir auch im Hausboot erkunden können – und beschließen, in Meningie unsere erste Nacht zu verbringen. Es ist schon spät und so passt es gut, dass der malerisch an einem See gelegene Zeltplatz mit Barbecue-Grill und großer Küche ausgestattet ist. Während ich erstmals mit dem Camper allein zum Einkaufen fahre, wäscht und trocknet Nina das fleckige Bettzeug.

Beim herrlichen Sonnenuntergang über fast spiegelglattem Wasser können wir mit einem kühlen Bier in der Hand endlich durchatmen. In den Bäumen kreischen grün-gelb-rote Wellensittiche und rosafarbene Kakadus, während auf dem See Pelikane, schwarze Schwäne und etliche Stelzvögel herumdümpeln. Leider müssen wir uns von dem Anblick recht bald wieder trennen, denn ohne Taschenlampe und Stromanschluss sollten wir beim letzten Tageslicht lieber unser Bett im Camper herrichten.

Ihr Rollkoffer und mein Rucksack landen auf den Vordersitzen, der Tisch im Mittelteil wird abgebaut, die dicken Sperrholzplatten ausgeklappt, die Bettdecken und Matratzen herausgeholt, der Tisch (jetzt als Bettunterlage) wieder eingesetzt, die frisch bezogenen Sachen darüber gelegt und siehe da – schon ist alles fertig. Bereits jetzt bezweifele ich stark, dass Nina diese Prozedur sechs Wochen lang durchhält, und vor allem, dass wir es mit diesem Mobil überhaupt bis nach Sydney zurück schaffen werden.

Am Grillplatz treffen wir ein älteres Pärchen aus Bayern, die uns in schwerfälligem Deutsch erklären, wie man richtig grillt, richtig campt, wo man in Australien richtig taucht und dass die bunten Wellensittiche Loris und die anderen Rosakakadus heißen. Das nervt und ich spüre, dass es manchmal ganz gut ist, nicht immer alles zu wissen. Nina amüsiert sich im Gegensatz zu mir prächtig – was vielleicht auch am übermäßigen Konsum des Rotweins aus deren 5-Liter-Pappe liegen kann. Mit immens viel Alkohol im Kopf scheint sie Jörns Tod vergessen zu können und signalisiert mir mit glasigen Augen, dass wir gehen können. Erst jetzt fällt mir auf, was ich im Minimarkt vergessen habe: Kondome – wie dumm! „Michi, was ist eigentlich auf die rechte Seite unsere Busses gesprayed?", fragt Nina leicht lallend. „Pussy – Chicken", antworte ich irritiert. „Nein, das steht links." „Okay, dann ‚You suck' und ‚Blow me!'", rufe ich hinüber. „Genau!", flüstert sie und verschwindet mit dem Kopf unter der Bettdecke.

Eigentlich konnte ich ganz gut schlafen und musste nicht einmal aufs Klo gehen. Da es bitterlich kalt war, hab ich einfach seitlich aus dem Bus gepinkelt.

Zunächst geht es in einen Nationalpark, wo wir feststellen, dass man dort für 4 AU$ (statt für 16 auf dem Camp) über Nacht hätte stehen dürfen. Lediglich eine Genehmigung mit Namen und dem Nummernschild hätten wir ausfüllen und zusammen mit dem Geld in einem Umschlag in eine metallene Box werfen müssen. Sogar ein Klohäuschen und zwei Holztische mit Bänken gibt es. Direkt am Meer, inmitten der Dünen, wäre es wesentlich romantischer gewesen. Egal, für uns ist es die erste Camper-Erfahrung, da muss man nicht alles am ersten Tag austesten.

Obwohl wir gar nicht weit fahren wollen, tuckern wir abwechselnd auf schnurgeraden Straßen, bevor wir die nächste halbwegs bewohnte Ortschaft erreichen. Kingston SE ist anscheinend eine Hochburg des Hummerfangs, da man direkt am Ortseingang auf einen orangefarbenen Riesenkrebs aus Stahl und Fiberglas stößt. „Larry the big lobster" ist mit 17 Metern Höhe eines der gewaltigsten „Großen Dinge", die es im Land zu bewundern gibt, und wiegt knapp vier Tonnen. Wir stellen den Camper, der nun wie ein Spielzeugauto wirkt, direkt davor ab und holen uns am Imbiss „Fish & Chips". Als wir zurückkommen, knipsen Touristen begeistert den Bus mit den komischen Sprüchen an den Wänden und dem apfelsinenfarbenen „Larry" im Hintergrund.

Etwa 50 Kilometer weiter, im verschlafenen Fischerdorf Robe, entscheiden wir zu bleiben. Der auf einer Halbinsel gelegene Ort hat mehrere Zeltplätze, doch die am Meer sind mir zu luxuriös. Dort stehen nur Monster-Busse mit Satellitenschüsseln auf den Dächern herum. Letztendlich finden wir ein Camp an einem etwas außerhalb gelegenen See.

Bevor wir uns in dem Kiefernwäldchen häuslich einrichten, fahren wir an einen langgezogenen Strand, der ganz gut zum Baden geeignet ist. Nina ist es hier zu stürmisch, sodass wir an die Ostküste fahren. Tosende Gischtwolken klatschen dort an scharf gezackte Felsen. Da ich nach der schweißtreibenden Fahrt unbedingt ins Wasser möchte, springe ich wagemutig in die schiefergrauen, kabbeligen Fluten.

Die Kälte verschlägt mir fast den Atem und bereits nach wenigen Sekunden spüre ich, dass schon das schäumende Weißwasser stark genug ist, mich brutal auf die Klippen zu schleudern. Zudem gibt es einen beunruhigenden Sog, der mich vom Ufer wegzieht. Ich kraule wie noch nie im Leben, bewege mich jedoch keinen Zentimeter zurück. ‚Scheiße, ich habe keine Kondition', denke ich, während atemlose Panik einsetzt. Mit wedelnden Armen und Geschrei versuche ich Nina klarzumachen, dass ich gleich absaufe. Sie winkt und lächelt mich mit fest geschlossenem Mund an. Langsam wird mir klar, dass meine einzige Chance darin besteht, mich mit der Strömung auf die vorgelagerte Felsnase treiben zu lassen, um nicht in Neuseeland zu landen. Wie im Wellenbad versuche ich, den richtigen Augenblick abzupassen, und tatsächlich werde ich hochgehoben und aufs Land geworfen. Mit letzter Kraft ziehe ich mich an schroffem Stein empor und humpele desorientiert auf der Landzunge zurück.

Nina ruft nach mir und scheint allmählich zu verstehen, dass dies keine Angeberaktion war. Mit der Hand vor dem Mund deutet sie auf meine blutverschmierte Brust. Zudem habe ich an der linken Fußsohle und am rechten Mittelfinger tiefe, klaffende Wunden. ‚Scheiße, auf solche Grenzerfahrungen kann ich echt verzichten', denke ich, denn hinter mir rasen die Wellen noch immer mit dem Tod an der Hand auf die Felsen zu, während Nina zum Camper rennt und ihr Kosmetikköfferchen holt.

Zum ersten Mal verstehe ich, warum es so groß ist, denn neben diversen unnützen Dingen hat sie auch Desinfektionsmittel, antibakterielle Salbe, Heftpflaster und Verbandszeug dabei und verschnürt mich halbwegs professionell.

Leider bin ich ein Mensch, den man fast als „Bluter" bezeichnen könnte. Aus vielen Wunden, die ich mir im bisherigen Leben zugezogen hatte, schoss der Saft noch nach einer Woche in Strömen heraus. Auch diesmal saue ich meine Hose und die Schuhe komplett ein. Der Wundverband um meinen Finger verfärbt sich schwarzrot, sodass wir die Mullbinden zwei Mal wechseln müssen. Im Wagen sorge ich auf dem Beifahrersitz demnach für Blutspuren, die auf einen scheußlichen Meuchelmord schließen lassen. Dümmlich grinsend, zeige ich Nina nicht, dass ich noch immer unter Schock stehe, und fahre mit ihr zum Supermarkt und Liquor-Shop. Diesmal kaufen wir auch die ganz große Weinpappe mit dem praktischen Schlauch im Inneren.

Als sie noch in eine Drogerie möchte, warte ich im Wagen. Sie schmeißt mir etwas zu und ruft: „Zur Aufmunterung, Kleiner!" Auf meinem Schoß liegt eine Familienpackung Kondome. Doch statt beim Kauf auf Größe und Qualität zu achten, hat sie die „lustige" Variante geholt: bunte Gummis, einige mit Mango- Erdbeer- und Eukalyptusgeschmack und diverse mit komisch anmutenden Noppen. Sie grinst mich durchtrieben an, startet den Wagen und parkt auf dem Zeltplatz direkt am Waldesrand. Trotz der Verletzungen besiege ich mein Mädchen im Tischtennis mit 21:0, bevor sie im zweiten Satz trotz Punktgewinns entnervt aufgibt.

Beim Duschen geht die Wunde am Fuß wieder auf und auch die Buletten muss Nina auf dem Elektrogrill wenden, da ich meine Hand nun nicht mehr bewegen möchte. Es beginnt zu nieseln und als wir eng umschlungen in den Betten liegen, erzählt sie ganz beiläufig, dass sie gerade ihre Tage bekommen hätte. Ihr Gesicht glüht und die Augen funkeln. ‚Sie ist unglaublich schön so ganz ohne Make-up und Schminke', denke ich. Doch ganz ehrlich, mir tut alles weh und ich bin froh, heute nicht mehr mir ihr schlafen „zu müssen".

Ihre Sicht
Recht schnell fahre ich mich ein und sobald wir die Stadt verlassen haben, ist es sowieso ein Kinderspiel, da kaum Autos unterwegs sind. Bereits nach wenigen Kilometern hat Micha Hunger

und manövriert mich daher ins „Hahndorf Inn". Vielleicht will er auch nur das ulkige Städtchen begutachten, denn die alte deutsche Siedlung ist ein echtes Highlight – zumindest für Australier und asiatische Touristen. Ich kenne keinen Ort in unserem Land, in dem exotische Blumen in mit Erde gefüllten Weinfässern gedeihen, keine deutsche Kleinstadt mit salonartigen Sandsteinhäusern, in denen „Cuckoo Clocks" verkauft werden, und keine zünftigen Gaststuben, die „German Hot Dogs" zum Verzehr anbieten. Was für ein Schwachsinn!

Gut, einige Back- und Wurstwaren, Bienenstich und Apfelrotkraut haben wir im restlichen Land bisher nicht gesehen, aber ich brauche sie auch nicht. Ich kaufe mir lediglich eine Packung „Ritter Sport" und zerre Micha zurück in den Wagen. Als wir an einem Schild „Unser Dorf soll schöner werden" vorbeifahren, gebe ich Vollgas!

Durch den Stress bei der Wagenübergabe, die abwechslungsreiche Landschaft und die Konzentration beim Fahren habe ich wenig an die gestrigen Ereignisse gedacht. Micha scheint das eh besser weggesteckt zu haben, zumindest spricht er mich kein einziges Mal darauf an. Doch auch ich habe mir vorgenommen, recht bald auf andere Gedanken zu kommen. Mein Laptop ist tief im Koffer verstaut und das Telefon liegt auf dem Meeresgrund. Denise hat mir mit der Nachricht von Jörns Tod irgendwie zugerufen: „Genieß das Leben, genieß den Augenblick!" Einen Versuch ist es allemal wert.

Mein Freund jammert fast ununterbrochen, dass wir mit dem Camper nicht zum Uluru fahren dürfen, doch falls wir uns weiterhin so gut verstehen, habe ich mir vorgenommen, ihm wenigstens einen Flug dorthin zu spendieren.

Der Zeltplatz in Meningie am Lake Albert ist geradezu perfekt für den ersten Halt, denn sie haben neben sauberen Klos und Duschen auch zwei Waschmaschinen und einen Trockner. Von der Camp-Leiterin bekomme ich Waschpulver und Weichspüler, sodass die Bettwäsche danach halbwegs benutzbar ist. Schmidti den Einkauf zu überlassen war jedoch keine so gute Idee, da die Tüten ausschließlich mit Grillfleisch und Dosenbier gefüllt zu sein scheinen, aber unten am See schmeckt das erste Pils dann doch ganz gut. Am Ufer wimmelt es nur so von majestätischen, bunten und pfeilschnellen Vögeln. Ich knipse mir die Seele aus dem Leib, um dann alle Fotos wieder zu löschen, da das alles im blutroten Sonnenuntergang noch dreimal besser aussieht.

Absolut fantastisch!

Als wir unser Bett herrichten, fällt mir zum allerersten Mal auf, dass ein Hartschalen-Rollkoffer für diese Art, zu reisen, eher unpraktisch ist, da ich ihn nun jeden Tag auf den Beifahrersitz hieven muss. Als endlich alles steht, gehen wir Arm in Arm zum BBQ, wo wir ein nettes Paar kennen lernen. Das scheint heute unser „deutscher Tag" zu sein, denn die beiden kommen aus der Nähe von München. Sie wissen eine Menge über Australien zu berichten, auch, dass wir uns im „Coorong National Park" inmitten einer Lagunenlandschaft und einzigartigen Tierwelt mit über 200 Wasservogelarten befinden. Schon ein paar Kilometer weiter sollen gigantische Sanddünen auf uns warten.

Mittlerweile haben mich die Leute mit deutscher Gründlichkeit aus Halbliterbechern mit Rotwein abgefüllt. Zudem ist es ziemlich frisch geworden. Zeit zu gehen. Als wir uns unter den Decken nackt aneinanderschmiegen, flüstere ich ihm ins Ohr, dass ich mich leicht „untervögelt" fühle. Plötzlich weiß ich wieder, warum man Männer nicht einkaufen gehen lassen sollte. Er hat vergessen, Kondome zu kaufen. Doch auch ohne „richtigen" Sex beschlagen die Scheiben nachts von innen. Meine Zunge fühlt sich bei ihm zu Hause und nur noch wenige Körperteile sind mir jetzt noch fremd. Vor dem Einschlafen säuselt er etwas von Liebe. Na, schauen wir mal!

Als ich mit saurem Geschmack im Mund aufwache und auf die Uhr sehe, stelle ich überrascht fest, dass ich zehn Stunden in diesem „Ding" gepennt habe. Das Frühstück ist jedoch verbesserungswürdig, denn es gibt trockenen Toast mit grober Mettwurst und Vegemite. Ich esse sogar Nutella, das er mir zuliebe gekauft hat, obwohl ich das Zeug gar nicht mag. Wenngleich wir heute nur eine kurze Strecke fahren wollen, werden es am Ende 200 Kilometer. Das liegt zum einen daran, dass wir von einem Naturhighlight ins nächste düsen und gar nicht merken, wie die Zeit vergeht, zum anderen gibt es in der dünn besiedelten Gegend nicht an jeder Ecke Zeltplätze. Zum „Reinkommen" möchte ich auf einen minimalen Komfort vorerst nicht verzichten.

Die Lagunenlandschaft mit ihren hunderten Pelikanen, grazilen Möwen und etlichen anderen Schwimmvögeln ist paradiesisch schön und bei meinem ersten, in freier Wildbahn gesichteten Emu schreie ich regelrecht auf, damit er hält. Nur die – auf den großen Schildern mit „NEXT 20 km" – angekündigten

Kängurus hopsen uns nicht ins Bild. Ein paar dieser Tiere sehen wir dann doch noch – mit blutig aufgerissenem Beutel – am Straßenrand liegen.

In Kingston SE werde ich einmal mehr daran erinnert, warum die Australier eine Macke haben. Der Ort hat nur deshalb eine gewisse Berühmtheit erlangt, weil es dort eine riesengroße, 15 Meter lange, 13 Meter breite und vor allem 17 Meter hohe Lobsterfigur namens „Larry" zu bewundern gibt. Als wäre der orangerote Monsterkrebs nicht schon ulkig genug, beobachten wir zig Touristen dabei, wie sie unseren „Blow me-Camper" fotografieren. Das Gefährt erregt vor allem in ländlichen Gegenden Aufmerksamkeit. Ich kann es nicht beschwören, aber ich bilde mir ein, dass sie den Wagen öfter als die olle Krabbe knipsen – immerhin, neben der „Riesen-Banane", eines der bekanntesten „Big Things" des Landes. Gleichzeitig scheint der Bus ein guter Grund zu sein, uns freundlich von der Seite anzuquatschen. Und wenn die Australier etwas wirklich gerne machen, dann ist das Reden. Wahrscheinlich liegt es daran, dass viele von ihnen kaum mehr als drei Nachbarn haben. Allerdings bemerke ich dabei, dass ich viel lockerer geworden bin, denn ich beantworte ihre Fragen gern und erspare es Micha so, mit Händen und Füßen zu erklären, wo wir herkommen und hinwollen.

Der Ort spricht mich ansonsten nicht weiter an und zu guter Letzt entdecken wir in der Nähe den Küstenort Robe, wo wir uns nicht für den besten Zeltplatz entscheiden, da Micha lieber „gaaanz allein" im Wald campieren will. Er findet das romantischer. Zunächst wandern wir ein bisschen am windigen Long Beach entlang, bevor wir die Klippenküste um den dekorativen Leuchtturm erkunden. Ich weiß nicht, ob er wirklich eine Erfrischung braucht oder einfach nur den Draufgänger mimen will, denn Schmidti zieht sich aus und springt nackt von einem Felsvorsprung in die aufgewühlte See. Ich beobachte ihn eine Weile, winke zurück und da ich nicht verstehe, was er mir zuruft, stehe ich auf und laufe ihm entgegen. Plötzlich ist er hinter einer fetten Wellenwand verschwunden. Mir wird kotzübel. Eilig klettere ich den Hang hinauf, kann ihn aber nirgendwo mehr sichten. Nach einer gefühlten Ewigkeit sehe ich ihn endlich auf einem 150 Meter weit entfernten scharfkantigen Felsen hocken.

Als er bei mir ist, schaue ich auf eine blutig zerkratzte Brust, doch erst, als ich mit Verbandszeug zurückkomme, sehe ich die tiefen Schnittverletzungen am Fuß und einem Finger. Doch

„Mutti" Nina hat ja mal einen Sani-Kurs gemacht. Ich verbinde seine Wunden fast wie eine gelernte OP-Schwester. Auch wenn er nach dieser Unbesonnenheit noch immer bleich aussieht und ordentlich nachblutet, müssen wir nicht in ein Krankenhaus. Beschließe ich!

Der Einkauf ist schnell erledigt. Um ihn ein wenig aufzumuntern, halte ich an einer „Pharmacy" und kaufe Kondome. Neben einer ganz normalen Packung nehme ich ein Big Pack „Funny Condoms - Harry Popper'" mit. Seine großen, fassungslosen Augen scheinen zu fragen, mit was für einer notgeilen Person er sich in den nächsten Wochen einen engen Camper teilen muss. Ich frage mich das manchmal auch.

Am Abend nehmen wir erst die Tischtennisplatten und dann den BBQ-Grill in Beschlag - dank mir gibt es nun sogar gegrilltes Gemüse. Selbst Micha trinkt heute mit mir den „guten" australischen Rotwein aus der „Big Thing"-Pappe, da er sonst zu oft pinkeln müsse. Mir war gestern gar nicht aufgefallen, dass er den Wagen in der Nacht verlassen hat. Dafür muss ich aufs Klo und sehe sofort, dass heute keine Modenschau mit bunten Präservativen auf dem Programm steht. Irgendwie passt es zu den Ereignissen und zum Wochentag: Es scheint unser gemeinsamer „Bloody Sunday" zu sein. Ich flüstere ihm ins Ohr, dass er in den nächsten Tagen jetzt aber nicht an sich herumspielen soll, doch er ist längst eingeschlafen.

Keine 12 Apostel – Great Ocean Road
Seine Sicht
Nach nur zwei Nächten haben wir gelernt, dass man sich in unserem Camper, außer zum Schlafen, nicht mehrere Stunden aufhalten kann, ohne seelische Schäden zu nehmen, und dass man – welch Überraschung – ohne Stromanschluss und Kerzen im Dunklen nichts sieht. In Beachport entdecken wir einen Outdoorausrüster und schlagen gehörig zu: Campingstühle, einen Klapptisch, eine Taschen- und eine Stirnlampe, Sturmkerzen, Sonnencreme, Emaille-Becher, Ersatz-Gaskartuschen für den Kocher, Moskito-Räucherspiralen, zwei Kühlaggregate für den „Esky", ein scharfes Messer, eine neue Pfanne, ein Topf, Feuerzeuge und ein Kaffee-Drückding landen im überquellenden Einkaufswagen. Zudem gibt es im Ort ein Infocenter, wo wir hilfreiches Material über die Gegend bekommen. Heute geht die Reise richtig los, denn mit reichlich Essen, 10 Litern Wein, zwei Paletten Bier – Marke Victoria Bitter – und ein paar Flaschen Wasser fühlen wir uns gut genug ausgestattet, um den Abenteuerurlaub zu beginnen.

Zunächst geht es an eine außergewöhnliche Badestelle und ich ärgere mich, dass ich nicht ins Wasser kann. Zum Testen der Temperatur hab ich meinen (falschen) Fuß in den See getunkt. Großer Fehler, denn ich stoße unvermittelt einen Schmerzenschrei aus. Der „Pool of Siloam" enthält sieben Mal mehr Salz als der Ozean. Meine Schnittwunde explodiert regelrecht. Wie im Toten Meer kann man fast schwerelos auf dem Rücken herumdümpeln. Auch Nina treibt wie ein Korken rücklings im Wasser und liest dabei in ihrem Buch. Auf der Weiterfahrt müssen wir an einem Campingplatz halten, damit meine salzige Schönheit heimlich in die Duschabteilung abtauchen kann.

Im nahe gelegenen Conversation Park machen wir auf nahezu unberührten Pfaden eine Wanderung entlang felsiger Buchten. Wellen krachen dramatisch an die Steilküste und überall liegen fein zermalte, eierschalenfarbene Muschelhaufen herum. Ich meine mich daran erinnern zu können, dass dies ein Ritual der Aborigines ist.

Dann wird es ernst. Am Eingang des Canuda Nationalparks, in Höhe von Millicent, bewundern wir die goldgelbe Dünenlandschaft. Einige Berge erreichen beeindruckende Höhen und auf sandigen Wegen habe ich sogleich Angst, dass wir stecken bleiben. Nach nur zweihundert Metern abseits der Hauptstraße

hoppeln direkt vor dem Wagen zwei Kängurus vorbei. Da sie sofort in einem Wäldchen verschwinden, ist es ein unwirklicher Augenblick. Nina macht eine Vollbremsung, rennt mit tapsigen Schritten hinterher und wartet dann vergeblich darauf, dass sich die beiden nochmals zeigen.
Gegen 16 Uhr erreichen wir einen Stellplatz, an dem man 4 AU$ für das Übernachten bezahlen muss. Außer uns ist niemand hier. War es den ganzen Tag bedeckt, reißt genau in diesem Moment der Himmel auf. Das ist ein Zeichen. Wir richten uns häuslich ein und genießen mit Bier im Armhalter auf gemütlichen Lehnstühlen, wie die kugelrote Sonne über dem graublauen Meer dem Horizont entgegen sinkt. Noch bevor es stockfinster wird, schmeißen wir den Kocher an und wärmen einen Eintopf auf. Trotz Sturmkerze, die Nina in Gedenken an Jörn entzündet, ist es anfangs gruselig. Überall knackt, knarrt und raschelt es und gelegentlich heult ein Hund in der Ferne. Doch ab einem gewissen Alkohollevel können wir die Nacht unter sternenklarem Himmel dann auch genießen. Ich paffe eine Zigarette und sehe den Rauchkringelchen nach, die zum Kreuz des Südens aufsteigen. Mit der anderen Hand führe ich den Becher zum Mund, nippe am vorzüglichen australischen Rotwein und fühle mich sauwohl!

Auch in Südaustralien scheint es Aprilwetter zu geben, denn am nächsten Tag regnet es ununterbrochen. Im weiteren Verlauf gießt es gar so stark, dass wir den Scheibenwischer auf der schnellsten Taktung laufen lassen müssen. In Mt. Gambier verschnaufen wir kurz. Der Ort befindet sich am Fuße eines erloschenen Vulkans mit einem „Blue Lake" im Kraterkegel. Doch auf Sightseeing haben wir keine Lust. Wir sind froh, es heute noch bis in den Bundesstaat Victoria zu schaffen, und in Port Fairly – am Beginn der „Great Ocean Road" – stellen wir den Wagen bei körnigem Eisregen am Wegesrand ab. Ich bin überrascht, wie schnell sich Nina an diese Art Leben gewöhnt hat, denn es macht ihr nichts aus, dass wir dort auch übernachten.

Am Morgen schwenken wir bei strahlendem Sonnenschein in die „Great Ocean Road" ein. Die Straße am türkisfarbenen Meer zieht mich sofort in ihren Bann. Doch nicht nur die berühmten wellenzerfressenen Kalksteingebilde der „Twelve Apostles" machen sie aus. Mal fährt man auf Serpentinenkurven die wilde mit rostigen Schiffswracks übersäte Steilküste an kobaltblauen

Wasserblöcken des Ozeans entlang, dann schlängelt man sich durch grüne Regenwälder, um im nächsten Moment in einem Hippiedorf mit ellenlangem Surfer-Sandstrand zu landen. Es ist die schönste Küstenlandschaft, die ich jemals im Leben gesehen habe.

Immer öfter schaue ich unauffällig zu meiner neuen Geliebten hinüber. Sie ist noch viel hübscher geworden. Ihre Haare glitzern zartgolden im Fahrtwind und überall entdecke ich freche Sommersprossen im ungeschminkten Gesicht. Das steht ihr, genau wie die coralfarbene Bluse und die ausgefranste Bluejeans über den schwarzen Miniatur-Chucks, die sie jetzt fast immer trägt. Außerdem erscheinen seit Neuestem öfter einmal tiefe Grübchen und ein feines Netz Lachfältchen auf ihren Wangen.

Obwohl ich Nina erkläre, dass die „Zwölf Apostel" - nach dem Uluru - die wahrscheinlich am häufigsten fotografierte Attraktion Australiens sind, muss ich über ihre zynischen Sprüche irgendwann selbst lachen. „An den Scheiß-Parkplätzen und auf den Scheiß-Wegen zu den Scheiß-Lookouts herrscht ja ein Gewusel wie in Scheiß-Peking zur Rushhour", ist einer und: „Zwölf Apostel heißen die Dinger, aber nur sechs haben sie angeklebt", ein anderer, wobei, genau genommen, noch acht der Kalksteinsäulen aus dem Südpolarmeer emporragen. Wie die früher ebenso bekannte „London Bridge" stürzen die fragilen Gebilde in den heulenden Winden und durch Meereserosion nach und nach einfach in sich zusammen. Dafür können durch diese Naturgewalten irgendwann auch neue entstehen, was wir fraglos nicht mehr erleben werden.

Weil ich keine Lust habe, von Polizisten mitten in der Nacht wachgerüttelt zu werden, da es an der „GOR" überall verboten ist, wild zu campen, begeben wir uns auf die Suche nach einem Zeltplatz. In Kenneth River werden wir bereits zum dritten Mal mit dem Hinweis, dass sie ausgebucht sind, abgewiesen. Dafür macht Nina dort genauso viele Fotos wie zuvor all die Touristen von den berühmten Felsformationen. Direkt über unserem Bus hängen zwei Koalas friedlich schlafend im Eukalyptusbaum. Die Natur hat hier die Erfindung des Teddybärchens tatsächlich vorweggenommen. Zuckersüß, besonders das Kleine. Ninas blaue Augen, aus denen jegliches grau verschwunden ist, strahlen vor Glück. Ganz oft kommt in den letzten Tagen auch ihre sanfte Seite zum Vorschein.

Im nahe gelegenen Wye River finden wir ein Stellplätzchen

für stramme 33 AU$ die Nacht. Das Preis-Leistungs-Verhältnis stimmt dort leider gar nicht. Es gibt zu wenige Klos, Duschen und Grillplätze für so viele lärmende Menschen. Bei einsetzendem Regen verdrücken wir uns in die Bar des Beach Hotels. Auf seiner überdachten Holzveranda trinken wir eiskaltes Bier, während uns nasskalter Wind ins Gesicht bläst und der dunkle Himmel von grellen Blitzen durchzuckt wird. Doch wie aus dem Nichts spannt sich ein gigantischer Regenbogen über die lang gezogene Meeresbucht. Ich habe noch nie das Rot, Orange, Gelb, Grün, Blau, Indigo und Violett in dieser Deutlichkeit gesehen. Wahnsinn hoch sieben! Zum wiederholten Mal nehmen wir uns küssend in die Arme. Nina macht den Vorschlag, dass wir bei dem Wetter und vor allem wegen der unerwarteten Kälte doch durchs Outback fahren sollten. Natürlich geht das nicht, da wir ja nicht versichert sind, aber sie bleibt hartnäckig. Vor dem Einschlafen flüstert sie mir ins Ohr: „Warum willst du denn auf deinen Lebenstraum verzichten? Sei mal ein bisschen mutiger!"

Als wir am nächsten Morgen bei Bells Beach in ein mittelschweres Unwetter geraten, hat sie mich umgestimmt. Ich bedauere zwar, Melbourne dadurch nicht zu sehen, und habe noch immer Bedenken bezüglich unserer klapprigen Kiste, aber wir können ja wenigstens mal bis an den Rand der Zivilisation fahren. Im Notfall kehren wir eben um.

Ihre Sicht
Schon wieder gut geschlafen und diesmal auch vorzüglich gefrühstückt. Nach einem Zweit-Kaffee in Beachport rüsten wir in einem Outdoor-Laden auf. Mittlerweile wissen wir ungefähr, was noch alles fehlt, und besonders bei den praktischen Campingstühlen achte ich nicht auf den Preis. Sogar einen eingebauten „Stubby-Holder" haben die Dinger. Da man in Australien in jedem Kaff mit Infomaterial zugeschüttet wird, glaube ich mittlerweile auch, dass wir keinen Reiseführer benötigen. Eine Straßenkarte und die Flyer der Fremdenverkehrsämter über die lokalen Highlights reichen völlig aus. Gut ausgestattet, überzeugt mich Micha, heute erstmals auf die Annehmlichkeiten eines Toiletten- und Duschhäuschens zu verzichten. Andererseits muss ich dann auf ihn einreden, dass der Satz in unserem Vertrag: „Es ist verboten, auf unbefestigten Straßen zu fahren", stark übertrieben ist. Mit seinem „schlimmen" Finger fährt er sowieso

keinen Meter und so brettere ich einfach drauflos.

Hinter den Dünen am westlichen Stadtrand gehe ich in einem außergewöhnlichen Naturpool baden. Nein, Schmidti hat jetzt keine Wasserphobie, denn der See ist spiegelglatt. Es ist der enorme Salzgehalt, der ihn mit den diversen Schnittwunden davon abhält, mir zu folgen. Schon bei der ersten Berührung brüllt das kleine Weichei vor Schmerz halb Beachport zusammen. Ich allerdings nehme mir, nur um ihn zu ärgern, sogar ein Buch mit und treibe wie eine Boje auf dem Rücken. Zwar verkühle ich mir dabei den Hintern, aber was macht man nicht alles für coole Erinnerungsfotos. „Willst du mir nicht das Salz von der Haut schlecken", frage ich ihn. „Nee, du klebst ja wie ein Bonbon", antwortet er lächelnd und hält unterwegs an einer Dusche. Danach machen wir einen Spaziergang auf Traumpfaden der Aborigines. Das vermutet zumindest Micha, weil an den Hängen der steinigen Küste riesige Muschelberge aufgetürmt sind.

Mit Vollgas geht es auf die zerfurchte sandige Piste des Canuda Nationalparks. Wir sind noch gar nicht weit gefahren, als ich scharf bremsen muss, da uns plötzlich zwei rotbraune Kängurus direkt vor den Wagen springen. Sofort schnappe ich meine Kamera und mache mich auf die Verfolgungsjagd. Auch wenn ich sie nicht mehr entdecke, war der kurze Anblick genau das Erlebnis, worauf wir so lange gewartet haben. In diesem Land gibt es ein Sprichwort, welches besagt, dass man nur in Australien gewesen ist, wenn man ein Känguru in freier Wildbahn gesehen hat. Juchhu – Micha und Nina sind also endlich in Down Under angekommen!

Allem Anschein nach darf man auch in diesem Park lediglich an „offiziellen Stellen" gegen eine Gebühr über Nacht stehen. Wir sind dennoch ganz allein, aber erst beim Sonnenuntergang wird mir bewusst, dass es jetzt nur noch uns, die graugelben Dünen und das rauschende Meer gibt. Fast muss ich heulen, so beruhigend ist das alles. In den zwei Tagen der neu gewonnenen Freiheit habe ich kein einziges Mal an meinen Job gedacht, und nur weil mir Micha davon abrät, entsorge ich meinen Laptop nicht im Müllcontainer. Zumindest kann sich die Entsorgungsfirma demnächst über eine Staffel von „Friends" auf Deutsch freuen.

Der Campingkocher funktioniert gut, wobei bereits nach einer Mahlzeit die erste Kartusche leer ist. Während die dicke Sturmkerze dem röchelnden Wind trotzt, muss ich an Jörn denken. Das treibt mir zwar wieder ein bisschen Pipi in die Augen, aber beim Blick in Sterne, die so groß wie Glühbirnen sind, weiß ich, dass ich ihm gerade ganz nah bin. Die 5-Liter-Pappen Rotwein haben sowohl Vor- als auch Nachteile. Einerseits weiß man nie, wie viel man schon getrunken hat, anderseits kann ich ohne Angst vor unsichtbar raschelnden Tierchen und bösen Albträumen sofort einschlafen.

Am nächsten Morgen habe ich das nächtliche Tosen des Meeres noch immer im Ohr. Leider ist es nun kühl und nieselig. Geschützt von der aufgeklappten Heckklappe, bereite ich einen Kaffee mit der Stempelkanne zu. Wir frühstücken in dicken Klamotten im Inneren des Wagens. Auf der Fahrt in Richtung Osten scheint kurz die Sonne, bevor der Niederschlag wieder stärker wird. Nach einem Lunch in Mt. Gambier fahren wir bis Port Fairly. Mittlerweile ist der Regen in fiesen Eishagel übergegangen. „Is like four seasons in one day", summt Micha. Soviel Englisch versteht sogar er. Und es stimmt! Wir entscheiden, dass wir somit auch keinen Zeltplatz benötigen, und parken einfach am Straßenrand. Dort essen wir die Reste aus der hellblauen „Esky"-Kühltasche, welche man aufgrund ihrer Winzigkeit sowieso ständig nachfüllen muss. In der Nacht friere ich und würde mich am liebsten rhythmisch unter ihm bewegen. „Wir können doch hier nicht alles einsauen", murmelt mein schläfriger Freund. Ein guter Witz, denn wer hat denn den kompletten Beifahrersitz wie ein abgestochenes Schwein vollgeblutet und übt sich jetzt in mönchsgleicher Enthaltsamkeit?

Die Sonne lacht uns am Morgen mitten ins Gesicht und voller Vorfreude rasen wir der – Michas Meinung nach – bekanntesten Straße des Landes entgegen. Was soll ich sagen? Ich bin nicht enttäuscht, denn der Küstenabschnitt ist tatsächlich ein wahres Wunder der Natur, sodass ich alle paar Meter für Fotostopps halten möchte. Es sind die Menschen, die uns nun wieder in Heerscharen beggenen, welche mir die bleibendsten Eindrücke versauen. Die Parkplätze an den Highlights sind überfüllt und aufgeregte Einheimische und wuselige Asiaten trampeln auf ausgelatschten Wegen zu den ausgewiesenen und gut beschilderten „Lookouts". An den „Twelve Apostles" – was für ein Quatsch, ich sehe lediglich sechs – drängeln sich knapp 2 000 Leute auf die Aussichtsplattform und knipsen sich die Seele aus dem Leib. Micha ist immer leicht zu orten. Er trägt ein rotes Shirt, eine olivgrüne ausgebeulte Hose über schwarzen Turnschuhen und sieht mit seinen wild sprießenden Bartstoppeln und den in alle Richtungen abstehenden Haaren wie ein Außerirdischer auf dem Planeten der Gaffer aus.

Immer wenn wir von einer Kalksteinformation zurück zum Camper kommen, stehen hunderte Touristen davor und fotografieren ihn von allen Seiten. „Da hätten wir wohl mal aufräumen sollen", rufe ich Micha grinsend zu und deute auf das Bettlaken mit dem fahlen Blutfleck, auf welchem Schlüpfer, BHs, zwei Schlaf-Shirts, eine angebrochene Weinpappe und der aufgeplatzte Bierkarton liegen. „Smile please", rufen uns die Aufdringlichsten zu.

Ernüchtert stelle ich fest, dass die komplette Küste zuvor zwar nicht so spektakulär, jedoch viel einsamer gewesen ist. Außerdem gibt es jetzt nur noch ausgewiesene Parkplätze und in jeder Haltebucht steht, dass es verboten ist, über Nacht zu bleiben. Aus Hygienegründen will ich aber sowieso duschen, doch die ersten drei Zeltplätze sind ausgebucht. Bei letzterem platzt mir fast die Hutschnur, als wir von der Rezeption zurücklaufen. Schon wieder belagert eine Horde knipsender Freaks unseren Wicked-Camper. Erst, als wir näher kommen, sehe ich, dass sie die Teleobjektive gar nicht auf den Wagen gerichtet haben. Hoch über uns klammert sich ein Koala an einen kahlen Ast. Wir entdecken sogar ein Babybärchen, welches sich ängstlich an der Mutter festkrallt. Micha hat seit Stunden jeden Eukalyptusbaum nach den – auf Roadsigns versprochenen – australischen Teddys abgesucht und nun stehen wir direkt unter zweien. Das sind die Momente, wo ich mir wünsche, dass sie niemals vergehen. Doch leider sieht man nur einmal im Leben seinen ersten Koalabär in freier Natur. Vollgepumpt mit Glückshormonen, umarme ich meinen Freund minutenlang. Heute kann mich nichts mehr erschüttern.

Auch nicht, dass wir auf einem übertreuerten Caravanpark der „BIG-4"-Kette ein Mini-Plätzchen zugewiesen bekommen und von quengelnden Kinder umzingelt sind. Das alles natürlich bei einsetzendem Starkregen. Wir duschen und gehen an der Straße ein Zapfbier trinken. Ich friere dort zwar bitterlich, dafür wird mir der fantastischste Regenbogen meines Lebens geschenkt. Alle Farben seines Spektrums ergießen sich über dem anthrazitfarbenen Meer. Wagemutige Surfer schweben durch den Bogen, welchen man nun von einem bis zum anderen Ende in seiner ganzen Schönheit bewundern kann. Sie scheinen mit ihren bronzefarbenen sehnigen Körpern regelrecht in dem leuchtenden Ding festzustecken. Unglaublich! Beim zweiten Bier unterbreite ich Micha den Vorschlag, nun doch noch ins Outback zu düsen, aber er lehnt dies weiterhin rigoros ab. Als wir in dicken Pullovern und Regenjacken vor dem Wagen versuchen, eine fade Kartoffelsuppe zuzubereiten, habe ich ihn fast umgestimmt.

Am nächsten Tag befahren wir bei absolutem Dreckwetter den letzten Rest der „Great Ocean Road". In Bells Beach soll in den nächsten Tagen ein Surferfestival stattfinden, aber auch dort schüttet es in Strömen. „Das Gegenteil von Freiheit sind Vorschriften", rufe ich. Endlich kann ich den kleinen Schisser überzeugen umzukehren. Ich rase nun fast nach Geelong. Über die Straße im Inland wollen wir zurück nach Adelaide und dann weiter in Richtung Norden, um ins rote Zentrum zu gelangen. Es locken Wärme, Trockenheit und menschenleere Gegenden – Einsamkeit, Zweisamkeit!

Berge, Täler, Fallgruben – Grampians
Seine Sicht

Laut Tacho machen wir also nach knapp 1 000 Kilometern kehrt. Kaum haben wir die Küste verlassen, hört der Regen auf und die Temperaturen steigen deutlich. Zudem grasen bald überall kaminrote Kängurus im Steppenkraut, sodass wir wegen Nina etliche unplanmäßige Foto-Stopps einlegen müssen, bevor es weiter in die Berge geht.

Wir beschließen, eine Nacht in den „Grampians" zu verbringen, weil uns die bewaldete Buschlandschaft mit ihren spektakulären Granitauswüchsen begeistert. Es ist schon spät und nachts sollte man auf Straßen mit kreuz und quer hüpfenden Tieren lieber nicht herumgurken. Bei der Suche nach dem Schlafplatz stoppe ich in einer Haarnadelkurve an einem Aussichtspunkt. Wir genießen den atemberaubenden Blick auf das olivgrüne Tal und einen eisigblauen See. Laut Hinweisschild ragt vor uns der 1 167 Meter hohe Mount William in die Höhe. Allerdings sehen wir auch, dass die Hälfte der Waldfläche einem verheerenden Brand zum Opfer gefallen ist. Aus schwarzer Erde ragen tausende verkohlte Baumstämme und totes Geäst in den Himmel – an manchen Stellen ist vom Wald nichts geblieben als von Flammen gehärtetes Dornengestrüpp. Gespenstisch, zumal nun eine neblig violette Dämmerung einsetzt.

Endlich erreichen wir ein Camp, das in einem feuerverschonten Eukalyptuswald liegt. Zwei schräge Typen weisen uns auf dem menschenleeren Gelände einen Platz zu, der zwischen zwei ausgehobenen Gruben liegt, in denen klebrig weiße Spinnennetze zu sehen sind. Beim Aussteigen müssen wir darauf achten, nicht drei Meter in die Tiefe zu stürzen.

Nachdem wir uns eingerichtet haben, kommen die Pächter Nolan und Jimmy vorbei und laden uns zum Grillen vor ihrer schäbigen Holzhütte ein. Wir lassen uns überreden, auch wenn die bärtigen Burschen eine üble Alkoholfahne mit sich spazieren tragen. Sie lehnen den von Nina angebotenen Rotwein ab und trinken stattdessen hektoliterweise „EMU-Export" aus rot-weißen Dosen und „Bundaberg-Rum" direkt aus der Pulle. Genau, als die tellergroßen Steaks endlich durch sind, tauchen zwei Kängurus auf und bleiben neugierig glotzend vor dem Grill stehen. „Dinner with kangaroos", rufe ich in die Runde und schaue dabei nachdenklich auf Nolans protzige Krokodillederstiefel und seine rosafarbene Brandverletzung am Arm. Niemand reagiert.

In der sternenklaren Nacht wird es allmählich so kalt, dass ich mir auch mal was vom „Bunda" genehmige. Die rauen Kerle sind mittlerweile total blau und unterhalten sich über Nutten, Alkohol und ihren letzten Job. Die örtliche Fauna und Flora interessiere sie „einen Scheiß", erfahren wir auf Nachfrage, und wann es so verheerend gebrannt hat, wissen sie auch nicht.

Nina, die deren Gebrabbel – im Gegensatz zu mir – wortwörtlich versteht, gähnt und gibt mir ein Zeichen, dass sie den Mist nicht länger erträgt. Sie verschwindet in unserem gut dreihundert Meter entfernten Wagen. Erst als sie weg ist, ziehen die Freaks so richtig vom Leder. Zwar kapiere ich noch immer nur die Hälfte, doch mittlerweile scheint es um harten Sex und Drogen zu gehen und darum – das bilde ich mir nicht nur ein –, dass sie die „stinkenden Aborigines" am liebsten alle abknallen würden, so wie das früher gang und gäbe war. Ich kann es nicht fassen, doch als ich sie zur Rede stellen will, torkelt Jimmy mit einer verächtlichen Handbewegung und manischem Kichern in Richtung Waldesrand. Nolan erklärt mir derweil, was für ein abartiges Untermenschenvolk die „Abos" wären und dass es das verdammte Recht jedes Weißen sei, diese Kinder fickenden „bloody bastards" zu killen. Zwei Minuten später pennt der rassistische Promilleheld – mit silbrigen Sabberfäden an den Mundwinkeln – im Sitzen ein.

Obwohl das sicher nur ein böser Scherz war, laufe ich geschockt zum Camper. Der fahle Mond taucht die Szenerie in ein gespenstisch-kaltes Licht. Plötzlich sehe ich, dass sich vor unserem Wagen etwas bewegt. Zunächst erahne ich nur einen Schatten, den die Dunkelheit verschluckt, doch als ich näher trete, erkenne ich Jimmy, der konzentriert durchs Fenster lugt und dabei etwas in der rechten Hand hält. Seine Hose hängt in den Kniekehlen. Alles klar! Ohne groß nachzudenken, renne ich los und springe ihm mit dem Fuß voraus und knochenharter Entschlossenheit seitlich in die Rippen.

Durch den Aufprall torkelt er zurück, prallt seitlich gegen den Wagen, bevor er rücklings mit weit aufgerissenen Augen, wie in Zeitlupe, in die dunkle Erdgrube taumelt. Das darauf folgende Geräusch hört sich an, als ob eine Wassermelone aus drei Metern Höhe auf Beton aufschlägt. Danach allumfassende Stille. Das Einzige, was ich höre, ist mein pochendes Herz. Auf dem kompletten Kopf spüre ich eine kribbelnde Gänsehaut. Ich öffne den Wagen, sehe, dass Nina dort fast unbekleidet herumliegt, und erzähle ihr aufgeregt, was geschehen ist.

Mit der Stirnlampe, die sofort von Motten umschwärmt wird, leuchten wir in den Abgrund. Dort liegt ein unnatürlich verdrehter Körper, aus dessen kantigem Schädel weinrotes Blut rinnt. „Scheiße, der ist tot", flüstere ich schaudernd. Nina schüttelt den Kopf, ruft aber: „Komm, lass uns abhauen!", und springt zurück in die Karre. Bedacht leise verlassen wir das eingezäunte Gelände. Das lauteste Geräusch ist noch immer das Schlagen meines Herzens. Erst, als wir wieder auf asphaltierten Straßen sind, erzähle ich ihr die ganze Geschichte. Sie schaut angewidert zu mir herüber und murmelt: „Die dumme Hackfresse hat es nicht anders verdient." Sie drischt den vierten Gang rein, beugt sich übers Lenkrad und gibt Vollgas.

Die Straße liegt ausgestorben vor uns, doch plötzlich höre ich etwas und kann im Rückspiegel erkennen, dass sich ein Polizeiwagen mit heulender Sirene nähert. Es ist wie in einem Film, in dem wir plötzlich die Hauptrolle spielen. Augenblicklich halte ich den Atem an. ‚Jetzt kommen sie, mich zu holen', denke ich und bin sofort klitschnass geschwitzt. Doch die Bullen rauschen vorbei und nur wenige Kilometer weiter sehen wir, dass es einen schweren Unfall gegeben hat. Nina beruhigt mich und löst den von mir betätigten Entriegelungshebel. Sie geht davon aus, dass Jimmy lediglich bewusstlos ist. „Zum gesuchten Killer wirst du in Australien nicht so schnell", ruft sie milde lächelnd, so als ob das eine Auszeichnung wäre.

Wir rollen an der Karambolage vorbei und erreichen Adelaide. Da ich Nolan und Jimmy dummerweise unsere Pläne für die nächsten Tage verraten habe, schlage ich vor, lieber noch ein paar Kilometer in Richtung Norden zu fahren. Mittlerweile bin ich halbwegs nüchtern, wechsele auf den Fahrersitz und rase in der weintraubenblauen Dämmerung mit 120 Sachen durch die hügligen Rebenreihen des „Barossa Valley". Gegen 9 Uhr erreichen wir Port Wakefield. Dort ist der Akku endgültig aufgebraucht. Auf einem Campingplatz stellen wir den Wagen ab und schlafen bis 18 Uhr durch. Kochen oder Grillen wollen wir uns ersparen, da es hier eine Kneipe gibt. Nach zwei Bieren und einem Beefsteak mit Kartoffeln kann auch ich endlich mal wieder lächeln, obwohl mir dieses recht schnell vergeht.

Außer uns befinden sich 20 üble Gestalten mit verschwitzten Nackenwülsten im Pub, die arg besoffen sind und in Sessel versunken ihre Fleischerhände unaufhörlich auf die Tasten der Spielautomaten krachen lassen. Irgendwie scheint der Eingang ins Outback auch der Eingang zur Hölle zu sein. Wie zur Bestätigung ertönt „Hells Bells" von AC/DC aus den Boxen, als wir endlich gehen. Ich liege noch lange wach und lausche dem Trommeln meines Herzens und dem des Regens auf unserem Wagendach. Es ist ungemein beruhigend, Nina neben mir liegen zu haben.

Ihre Sicht
Wir müssen zurück „über Los", denn der kürzeste Weg, um ins „Red Centre" zu gelangen, führt über Adelaide, auch wenn wir diesmal durchs Inland fahren. Nachdem wir Geelong (die Stadt, in der Michas „Lieblings-Aussie-Rules-Footballmannschaft" spielt) hinter uns gelassen haben, reiße ich den Wagen herum. Wir erreichen eine steppenartige Landschaft mit vereinzelten Eukalyptusbäumen, deren helle Stämme wie abgenagt aussehen. Nun können wir definitiv beweisen, in Australien gewesen zu sein, denn überall kauen Kängurus an Grasbüscheln. Von den ollen Emus, immerhin sind das beeindruckend große Laufvögel, redet nachher wieder niemand. Auch sie stehen zuhauf am Wegesrand, werden jedoch eher selten abgelichtet.

Dann wird die Straße kurvig und steil. Plötzlich befinden wir uns in einem zerklüfteten Mittelgebirge mit graugrünen Felsen und dichtem Waldbestand. Auf der Karte ist das Gebiet als „Grampians Nationalpark" verzeichnet und wir entscheiden, die Nacht in Halls Gap zu verbringen. Doch da das Nest von 5 000 lärmenden Touristen bevölkert zu sein scheint, fahren wir weiter und ächzen eine Serpentinenstraße hinauf. Ein Fehler, denn nun erreichen wir ein trostloses Waldbrandgebiet ohne breite Nadelfächer und grüne Sträucher. Das sah hier oben auf 1 000 Metern Höhe bestimmt mal ganz zauberhaft aus, doch nun ähnelt es eher einer Geisterlandschaft. Aus der Ferne steigt noch immer eine Rauchsäule auf. Die armen Koalas, Emus und Kängurus. „Vielleicht konnten sie ja alle vor dem Feuer flüchten", murmele ich und denke an die Herden, die wir zuvor gesehen haben. Ich ahne, dass dem nicht so ist.

Auf einem abgeschiedenen Campsite, der auch in völliger Dunkelheit einen äußerst räudigen Eindruck macht, stoppen wir. Wir sind die einzigen Gäste und werden von den zwei abgerissenen Typen am Empfang zum nächtlichen Grillen eingeladen. Ich zögere, doch Micha ruft „Ta". Das hat er sich beim Surfen angewöhnt. Im dem wunderlichen Land soll das Gebrabbel angeblich „Thanks" ausdrücken. Ich bin nicht so begeistert, da die herben Schönheiten Jimmy und Nolan schon extrem dicht sind und nicht sonderlich viel in der Birne zu haben scheinen. Außerdem ist irgendetwas an diesem schaurigen Flecken zutiefst beunruhigend. Auch auf gegrillte Fleischberge kann ich normalerweise verzichten, doch der spätabendliche Lichtschein lockt zumindest zwei Kängurus an, die sich vor dem schmutzigen Kabeltrommeltisch aufstellen und traurig ins Holzkohlenfeuer glotzen.

Vollbart 1 und 2, die fürchterlich nach Schweiß aus den Achselhöhlen riechen, kommen langsam in Fahrt und erzählen von „behaarten Mösen", „großen Schwänzen" und „großen Schwänzen in behaarten Mösen" oder übers Saufen und über ihren letzten, „bekackten" Job im Sägewerk in Western Australia. Ihre eingerissenen Fingernägel sind dreckverschmiert und sie fressen wie die Schweine. Der Grillplatz ist mit alten Reifen, abgenagten Knochen und zerdellten Dosen regelrecht verwüstet.

Micha versteht wie immer nur die Hälfte und ich habe – trotz Rotwein-Druckbetankung – recht schnell genug von dem dämlichen Gelabere und verschwinde. Dabei falle ich fast in diese – aus welchem Grund auch immer – ausgehobene Erdgrube neben der Tür. Im Gegensatz zu draußen steht die Hitze im Wagen, sodass ich mich halbnackt aufs Bett lege und mit der Stirnlampe noch ein paar Seiten lese.

Etwa eine Stunde später schrecke ich durch ein tiefes, puffendes Geräusch hoch. Kurz darauf erscheint Micha und erzählt aufgeregt, was geschehen ist. Dieser Jimmy soll sich mit dümmlichem Grinsen vor der Scheibe einen heruntergeholt haben, was mein Freund mit einem gezielten Kung-Fu-Tritt unterbunden hatte. Die Wucht des Aufpralls muss dieses Ekel anscheinend in das tiefe Loch neben dem Camper katapultiert haben. Ich steige aus, schleiche mich an den Abgrund und leuchte hinein. Ein feuchtes Kältegefühl kriecht mir von den Füßen die Beine empor. Dort liegt tatsächlich eine gedrungene Gestalt inmitten schleieriger Spinnweben mit heruntergelassener Hose. Ich kann deutlich erkennen, dass aus der klaffenden Wunde am Kopf etwas heraussickert. „Scheiße – der Typ ist tot", flüstert Micha mit hoher Stimme, wobei ich das nicht glaube. Dennoch steckt mich seine Panik an. Auf meinen Oberschenkeln spüre ich eine grobkörnige Gänsehaut. „Los, steig in den Wagen!", rufe ich.

Anstatt erste Hilfe zu leisten, beschließe ich, den Wichser einfach im Dreck liegen zu lassen und den feindseligen Ort zu verlassen. Rosafarbene Bremslichter erleuchten die Erde und der startende Motor ist das einzige Geräusch auf der ganzen Welt.

Als wir die Landstraße erreichen, überlege ich kurz wieder umzudrehen. Doch dann berichtet mein Freund vom Rest der nächtlichen Unterhaltung mit den Saufbrüdern. Falls er alles richtig verstanden hat, habe ich kein Mitleid mit den dummen Rassisten-Schweinen, zumal ich davon ausgehe, dass das Arschloch lediglich ohnmächtig ist. Micha ist der Schreck allerdings tiefer in die Glieder gefahren. Als ein Polizeiwagen angerauscht kommt, wird er bleich wie ein Bettlaken und murmelt etwas in weinerlicher Tonlage. Doch die Cops rasen weiter zu einem Crash, der bei einsetzendem Regen, glitschigen Straßen und dichtem Nebel fast vorhersehbar gewesen ist. Überall stehen triefnasse Kängurus ängstlich geduckt am Waldesrand. Kurz vor Adelaide kann ich nicht mehr und möchte nur noch schlafen. Doch er will noch weiter fahren und übernimmt in der Morgendämmerung das Lenkrad des „Fluchtwagens". Völlig fertig landen wir in Port Wakefield auf einem Campingplatz. Schlafen!

Obwohl es am Abend in der Dorfkneipe saftige Kilo-Steaks ohne Beilage gibt, ist Micha nicht zum Lachen zumute. Er ist so neben der Spur, dass er sich ein dampfendes Essen schnappt, welches eigentlich für einen Einheimischen bestimmt war, und sofort wie ein Wolf zu mampfen beginnt. Manchmal fühle ich mich in Australien wie ein unbeteiligter Zuschauer, der darauf wartet, wie die Szene weitergeht. Der eigentliche Empfänger der Speise schaut ihn nämlich fünfzehn Minuten mehr als böse an, bis sein Ersatzgericht kommt. Das scheint heute nicht unbedingt Michas Tag zu sein!

Allerdings gebe ich ihm Recht, dass auch in diesem Pub viele Kaputte, Verwirrte und raue Gestalten herumhängen, die sich dem exzessiven Suff und Automatenglücksspiel verschrieben haben. Doch eigentlich sind alle – sogar der Typ mit dem verspäteten Abendbrot – recht freundlich und niemand labert solche Scheiße wie die Gebrüder Nolan und Jimmy. Vor dem Einschlafen versuche ich meinen noch immer von Schuldgefühlen geplagten Freund damit aufzumuntern, dass meine Tage vorbei sind und es nun endlich ins Outback geht. So richtig kann er sich momentan nicht darüber freuen, weder über das eine noch das andere.

Nachmittag mit Kängurus – Flinders Ranges
Seine Sicht
Die Vorteile der Fahrt in Richtung Norden sind schnell beschrieben. Es wird wärmer, wesentlich trockener und wir entfernen uns womöglich von einem Mordschauplatz. Nach 200 Kilometern erreichen wir mit Porto Augusta die letzte nennenswerte Stadt vor dem vermeintlichen Nichts.

Im Touristen-Informationszentrum hoffen wir, Tipps für die Fahrt durchs Outback zu bekommen, doch eine unfreundliche Dame schmeißt uns lediglich ein paar Prospekte hin und fragt genervt, ob wir eine Karte besäßen, auf der die Tankstellen eingezeichnet sind. Als ich den Plan überfliege, sehe ich, dass sie uns somit doch noch einen wichtigen Rat auf den Weg gegeben hat. Denn tatsächlich gibt es Streckenabschnitte, auf denen es über 200 Kilometer keine einzige Zapfsäule gibt. Mit unserem Wagen schaffen wir mit vollem Tank gerade einmal knapp 280 Kilometer. Dennoch kaufen wir keinen Benzinkanister. Wir haben ja nun diese Karte!

Im Campingladen und Supermarkt schlagen wir gehörig zu: zehn Gaskartuschen für den Kocher, neue Sturmkerzen, Feuerholz, Kohleanzünder, Brot, 50 Konserven, 72 Bier und 15 Liter Rotwein. Sechs Liter Wasser kaufen wir auch – man kann ja nie wissen. Dann schauen wir uns die Broschüren etwas genauer an und entdecken den in der Nähe befindlichen „Flinders Ranges Nationalpark". Die Fotos sind derart spektakulär, dass wir spontan beschließen, noch einen Abstecher zu machen. Am Eingang stellen wir fest, dass sie Eintritt verlangen. Es entsteht ein kurzer Streit, da Nina gerne noch heute hineinfahren will. Mir ist das zu unheimlich, weil ich viel zu oft an einen uns möglicherweise verfolgenden Nolan denke. Wir steuern daher einen behüteten Zeltplatz an, der sich noch vor dem eigentlichen Nationalpark befindet.

Keine dumme Idee, denn das Camp – abseits der asphaltierten Straße – liegt inmitten einer imposanten Landschaft. Das Gelände ist zudem so riesig, dass wir auf einem Hügel eine Stelle zwischen ein paar Bäumen finden, die eine spektakuläre Aussicht auf die rötlich zerklüftete Bergkette ermöglicht und uns gleichzeitig vor den Blicken anderer Camper schützt. Im Tal unter uns, in dem sich das warme Sonnenlicht sammelt, gibt es einen Tümpel an dem Wildkürbisse im ockerfarbenen Sand wachsen. Dort steht ein rot-weißes „No Swimming"-Warnschild, welches mich davon abhält, auf dumme Gedanken zu kommen, zumal es auf dem Zeltplatz auch einen richtigen Pool gibt.

Oben angekommen, öffnet Nina die Heckklappe und zwei Bier, legt sich aufs Bett und winkt mich mit leuchtenden Augen heran. Arm in Arm betrachten wir glücklich die seltsam langsam versinkende Sonne. Plötzlich geht alles ganz schnell. In einem Sturm der Leidenschaft reißen wir uns die Klamotten vom Leib, bekleiden mich mit einem Kondom und schlafen miteinander. Zum wiederholten Male bin ich völlig perplex über die verbale Verdorbenheit meiner Freundin. Auch einige Sexpraktiken kannte ich bisher nur aus einschlägigen Filmen. Als wir wie zwei erschöpfte Koalas aneinander gekuschelt im Bett liegen und auf den letzten Fitzel Sonne über dem jetzt lilafarbenen Berg schauen, hoppeln zwei Riesenkängurus auf uns zu und bleiben etwa fünf Meter vor dem Bus stehen. Zeitgleich betrachte ich gerührt Ninas klitzekleine Füße, die aus dem Bus lugen. Sie murmelt: „Was für ein geiler Nachmittagsfick mit Kängurus." Grinsend richte ich mich auf, um das Präservativ abzustreifen, und schon folgt der nächste Satz für die Ewigkeit: „Du hast mich ja blau vögelt!" Sie bekommt sich gar nicht mehr ein und lacht minutenlang – nur weil ich ein blaues Kondom benutzt habe. Dabei war sie es doch gewesen, die diese „Funny Condoms" einst gekauft hatte.

Draußen wird es allmählich kalt. Während ich Essen koche, bereitet Nina unweit ein Lagerfeuer vor. Arbeitsteilung ist auf dieser Reise wichtig geworden und sie klappt hervorragend. Wir sind ein eingespieltes Team, ohne darauf zu achten, was als Männer– oder Frauenarbeit in einer „Beziehungskiste" erachtet wird. Unter einem übervollen Sternenhimmel wärmen das Lagerfeuer von außen und der Rotwein von innen in der barbarisch kalten Nacht. Noch immer können wir nicht voneinander lassen. Trotz der Armlehnen sitzt Nina auf mir, ihre Waden um meine Hüften geschlungen und bemerkt recht bald meine neuerliche Erektion. „Da geht ja noch was", haucht sie mir unter einem wie eine Pizza angeknabberten Mond ins Ohr und springt auf. Sie rennt zum Bus und kommt zu meiner Überraschung bei 5 Grad Außentemperatur vollkommen nackt zurück. ‚Was für ein makelloser Körper!', staune ich.

Sie kniet sich nieder, knöpft mir geschickt die Hose auf und lässt sie samt Shorts in die Kniekehle rutschen. Warme Lippen berühren mich, doch schon spüre ich den kühlen Gummi auf der empfindlichen Haut. Und Nina bekommt den nächsten Lachanfall!

Meine Nudel leuchtet im Feuerschein neonfarben. Es sieht so aus, als habe ich einen nach oben gerichteten Zauberstab zwischen den Beinen. Vom Wein beschwipst, ziehe auch ich mich vollständig aus und tanze vergnügt mit meiner grün-gelben Fackel um das Feuer. Nina laufen Tränen über die Wangen. Sie brüllt, dass ich aufhören soll, doch ich fordere sie auf, die Hände auf meine Schultern zu legen. In einer Polonaise tanzen zwei splitterfasernackte Kobolde ausgelassen im Kreis herum. Plötzlich falle ich vor Schreck fast in die lodernden Flammen. Aus wenigen Metern Entfernung blicke ich in zwei funkelnde Augenpaare. Nina umarmt mich und flüstert: „Keine Angst, ich bin doch da!" Sie hat es sogleich erkannt. Es sind Känguruaugen.

Mit Kopfweh und dezenten Leistenschmerzen wache ich auf. Da wir nun genügend Gas zum Kochen haben, können wir uns jeden Morgen einen starken Kaffee zubereiten. Der hilft und sogar Rührerei mit Speck gibt es zur Feier des Tages. Auf dem Weg in den National-Park überfahren wir fast ein Emu, wobei unsere Geflügelexpertin anmerkt, dass dieser Vogel gegrillt gar nicht mal „sooo Scheiße" schmecken soll.

Den Eintritt pro Person und Fahrzeug muss man in einen Umschlag stecken und in eine Box mit Briefschlitz einwerfen. „Falls wir mal in Geldschwierigkeiten geraten, wissen wir ja, wo wir hin müssen", rufe ich ihr belustigt zu. Im eigentlichen Zentrum der „Ranges" gibt es etliche ausgewiesene Wanderrouten. Wir entscheiden uns für eine vierstündige Tour zum „Mt. Ohlsson Bagge", an dessen Ende man auf 1 100 Metern Höhe den „Wilpena Pound" überblicken kann. Die von rot gezackten Graten umgebene Schlucht soll mit 80 km^2 Australiens größte und spektakulärste sein. In unserem Prospekt wird sie sogar als „weltberühmt" bejubelt.

Hin und zurück sind es lediglich 6,5 Kilometer. Wir ahnen jedoch nicht, dass wir uns auf einer knackigen Wanderung der zweithöchsten Schwierigkeitskategorie befinden, die eigentlich gute Klettererfahrungen voraussetzt. Nach einer halben Stunde wird der breite Weg zu einem Steilhang ohne Bäume mit großen, nackten Felsbrocken rechts und links. Nina bekommt keine Luft und mir zittern die Knie, da sich meine Höhenangst allmählich bemerkbar macht.

Dennoch lasse ich mir nichts anmerken und die Schwäche fliegt nur deshalb nicht auf, da mein Mädchen, als der Pfad noch dramatischer ansteigt, einen Asthmaanfall erleidet. Somit kann ich den Gentleman spielen. Wir müssen „ihr zuliebe" umkehren! Viel weiter wäre auch ich nicht gekommen. Die sagenumwobene Schlucht, die schon bei den Ureinwohnern eine mythische Rolle gespielt hat, sehen wir somit nicht.

Auf dem abschüssigen Rückweg trete ich fast auf eine giftig aussehende, braun–weiß gestreifte Schlange. Im letzten Moment kann ich meinen Fuß woanders hinsetzen, stolpere jedoch, überkugele mich und rolle in einer Staubwolke gut zehn Meter den Hang hinab. Doch bis auf ein paar Schürfwunden an den Händen verletze ich mich nicht. Wie eine übergroße Spinne krabbelt Nina rückwärts im Geröll herab. Schwer atmend klopft sie mir den fingerdicken Staub von der Hose. Auch sie möchte jetzt nur noch lebend zurückkommen. In flacheren Gefilden sehen wir als Entschädigung für die Strapazen eine türkisfarbene Echse mit blauer Zunge, mehrere Kakadus, drei rot geflügelte Papageien, etliche Emus und Kängurus. Die „Ranges" sind ein wahres Naturparadies und der vielleicht schönste Fleck unserer bisherigen Reise.

„Zu Hause" spazieren wir im fantastischen Abendlicht auf eine Hügelkuppe und genießen den kilometerweiten Herrscherblick auf die rot gefärbte Ebene. Erst beim nächtlichen Lagerfeuer unter Abermillionen Sternen fällt mir auf, dass ich heute nicht einmal an den Unfall in den Grampians gedacht habe. Mit Nina im Outback verloren zu sein gibt mir ein beruhigendes Gefühl der Sicherheit.

Ihre Sicht
Nach dem Frühstück fährt er. Da wir seit langem – trotz CD-Players – nur Radio hören, hat Micha im Pub zwei Scheiben gekauft: „Diesel and Dust" von Midnight Oil und eine „Best of" von Johnny Cash. Ich hab zwar mit den Augen gerollt, da ich dachte, dass die Musik tröpfelnder Wasserfolter gleicht, aber letztlich gab es dort keine Bands, die ich nur ansatzweise kannte. Schon nach einer Stunde habe ich mich in Johnny verliebt. Er passt perfekt zur eintönigen Wüstendurchquerung und der Kerl hat viel mehr Humor als gedacht. Immer, wenn ich laut loslache, muss ich Micha die Textpassagen übersetzen. „A boy named Sue", hören wir bestimmt fünf Mal hintereinander.

Trotz der Aufregung in den Grampians spüre ich, dass ich allmählich in einem neuen Leben angekommen bin. Es klingelt kein Handy und den Laptop habe ich seit ewigen Zeiten nicht mehr angeschmissen. Auch in Porto Augusta – dem letzten Außenposten der Zivilisation – habe ich keinerlei Bedürfnis, auf einen PC-Bildschirm zu starren. Die Dame im Infocenter, die sogar einen vor sich hat, scheint uns nur unwillig bedienen zu wollen. „Ich habe keinen Bock auf Scheiß-Touristen", scheint ihr Motto zu sein. Dumm nur, dass sie im Fremdenverkehrsamt arbeitet. Sämtliche ausliegende Flyer haben mehr Informationsgehalt als ihre wirschen Antworten. Nur so entdecken wir auch den „Flinders Ranges Nationalpark".

Micha kauft im Shoppingcenter ein, als wären eine Weltwirtschaftskrise und der dritte Weltkrieg gleichzeitig ausgebrochen. Auch auf eine längere Dürreperiode stellt er uns ein. Verdursten werden wir in den nächsten Tagen nicht. Wir haben Bier. Viel Bier! Inmitten einer öden, vom Wüstenklima gezeichneten Gegend erreichen wir plötzlich hügelige Graslandschaften und wenig später ein Steppengebiet mit bemerkenswert schroffen Gebirgskämmen und Schluchten. In sonnenüberfluteten Tälern wachsen limettengrüne Büsche und fleischfarbene Bäume. Immer wieder begegnen wir stolzen Emus und frechen Kängurus.

Und kleinen Angsthasen! Wie ein Kind, dass sich in der Dunkelheit fürchtet, möchte mein Freund seit den Vorfällen in den Grampians nun immer Menschen um sich herum haben, sodass wir nicht im eigentlichen Park, sondern kurz davor auf einem zugegebenermaßen sehr idyllisch gelegenen Ground landen. Recht nobel ist er auch, wobei mir der Postkartenausblick auf die – ihre Farben ständig wechselnde – Bergkette wichtiger ist als die Erreichbarkeit von Klo, Duschen und Pool. Vor uns erhebt sich eine kaminrotfarbene Kulisse. Ergreifend!

Entspannt liege ich im Camper und warte darauf, dass Micha wiederkommt. Doch der Kerl lässt sich aufreizend lange bitten, da er sich noch ein olles Wasserloch anschauen will. Endlich ist er da. Innerhalb weniger Sekunden habe ich ihn ausgezogen und scharf gemacht. Blindlings greife ich in die Kondompackung und drücke ihm eines in die Hand. Er wendet sich kurz ab, bevor ich gierig über ihn herfalle.

Ganz ehrlich, es ist nicht der beste Sex meines Lebens, dafür ist mir der Kerl viel zu unerfahren und brav, aber der Orgasmus entschädigt. Allerdings glaube ich, dass man den „brown eyed boy" mit den leicht erröteten Wangen ganz gut „einvögeln" kann. Als er sich unsicher lächelnd aufrichtet, schrecke ich zurück. Sein Schwanz ist ja blau! Durch das Licht, oder weil ich noch ein wenig neben mir stehe, begreife ich erst kurze Zeit später, dass dies die Farbe eines der „Harry Popper-Kondome" ist. Danach geht nichts mehr – minutenlang krümme ich mich vor Lachen. Beim Abendessen muss ich noch immer schmunzeln. Was für ein schöner Nachmittag!

Die rotweingeschwängerte Lagerfeuerromantik und der traumhafte Sternenhimmel lassen mich schnell vergessen, dass der Weg in die Büsche (zum Klo ist es viel zu weit) ein unangenehmer ist. Noch bei Tageslicht hab ich eine haarige Spinne in einem drei Meter großen Netz zwischen zwei Bäumen baumeln gesehen. Ich verdränge es einfach, denn was will man denn mehr, als leicht beschwipst auf seinem Freund zu sitzen und sich hemmungslos zu küssen?

‚Es gäbe da noch etwas', denke ich. ‚Der schüchterne Kerl hat es sicher noch nie in der freien Natur getrieben.' Obwohl es tagsüber mit 25 Grad angenehm warm gewesen ist, kühlt es in der Nacht erheblich ab. Dennoch renne ich zum Wagen, ziehe mir die Klamotten aus und spurte zurück zum wärmenden Feuer. Micha, der gerade mit einem Stock in der Glut herumstochert, fällt mit dem Stuhl fast nach hinten um, als er mich so erblickt, aber ich halte ihn fest und mache ihn per Verhüterli startklar. Was ist denn jetzt schon wieder los? Das Ding zwischen seinen Beinen leuchtet im mattgelben Licht wie ein Ufo! Ich habe noch nie – zumindest nicht bei sexuellen Aktivitäten – so herzhaft gelacht wie in den nächsten Minuten.

Recht schnell kapiere ich, dass auch dies ein Kondom aus der Wundertüte ist, doch das ist nicht der einzige Grund für den Lachkrampf. Der sonst so zurückhaltende Micha springt plötzlich auf und hüpft mit seinem vibrierenden, phosphoreszierenden Stab nackt ums Lagerfeuer. Das hab ich nicht erwartet. Es gibt wenige Bilder im Kopf, die ich ein Leben lang nicht vergessen werde – dieses verdient einen Ehrenplatz. Als wir wild kreischend um den lodernden Flammenkreis hüpfen, tauchen zwei Kängurus auf, die uns glotzäugig bestaunen. Er erschreckt sich fürchterlich, doch ich drehe ihn zu mir herum und schaue tief in seine sensationell funkelnden Augen. Keiner sagt es, aber man spürt, fühlt und sieht es: Wir haben uns ineinander verknallt.

In aller Ruhe zu frühstücken ist für mich immens wichtig und endlich sind wir so gut „häuslich" eingerichtet, dass unsere Tage extrem gemütlich beginnen können. Sogar Eier und frische Brötchen hat mein Süßer am Campingkiosk besorgt. Wir waschen ein paar Klamotten in den Duschräumen und hängen sie auf eine Leine, die ich zwischen zwei knorrige Eukalyptusbäume gespannt habe.

Bis zum eigentlichen Nationalpark sind es nur 20 Kilometer und nachdem wir auf einer Karte im Infocenter verschiedene Trekkingrouten begutachtet haben, entscheidet er, dass wir die „rote" zum „Wilpena Pound" in Angriff nehmen. Leider hat er dabei nicht bedacht, dass es heute etwa 30 Grad sind und der Weg nur achthundert Meter durch ein schattiges Wäldchen verläuft. Schon an der ersten Bergformation beginne ich zu keuchen. Was er nicht weiß: Ich leide seit meiner Jugend an Asthma. Dies war bisher nur deshalb nicht aufgefallen, weil wir nirgends scharfkantige, von Felsbrocken übersäte Pfade hinaufkraxeln mussten. Okay, vom Gipfel soll man die Landschaft bis zum Ende der sichtbaren Welt betrachten können, doch mir wird allmählich schwindlig. Als es immer steiler wird und der Baumbewuchs in Geröllfeldern aufhört, bekomme ich keine Luft mehr und regelrechte Panikattacken. Es gibt jetzt nichts mehr, was mich die senkrechte Felswand hoch bringen könnte. Er scheint das zu spüren und drangsaliert mich auch nicht, bis zum „spektakulären" Bergkamm hinaufzuklettern. Im richtigen Moment kehren wir um, denn ich wäre sonst nur noch per Rettungshubschrauber zurück ins Tal gelangt. Zu allem Übel stolpert Micha und kullert mehrere Meter den Abgrund hinab. Als ich ihn unten im Schutt liegen sehe, kann ich plötzlich wieder schneller laufen. Meine Besorgnis ist jedoch unbegründet, da er sich nicht großartig verletzt hat und auch nicht auf die Schlange getreten ist, welche den Sturzflug verursacht hat.

Am Kiosk kaufen wir Bier und Sprite und mischen uns ein „Runterkomm–Alster". Erst jetzt erfahre ich, dass die rote Strecke nur erfahrenen Alpinisten empfohlen wird. Schade, dass wir Pfeifen keinen Blick in Australiens größtes natürliches Amphitheater erhaschen konnten.

In der Nähe unseres Campsites bewandern wir einen – von uns als „grün" eingestuften – Weg, auf dem wir Wildziegen begegnen und von oben die schier endlos erscheinende rot–grüne Ebene ohne Atemnot und schlackernde Beine bewundern können.

Nach dem Sonnenuntergang kommen unsere Kängurus „Dick & Doof" mit aufgestellten Ohren angehoppelt und beschnuppern die Schlüpfer auf der Wäscheleine, während wir uns am lodernden Lagerfeuer mit einer zusätzlich wärmenden Decke über den Knien zärtlich aneinander schmiegen. So stelle ich mir romantische Liebe vor! Mir fällt auf, dass ich in den letzten Tagen nicht einmal an den Tod von Jörn gedacht habe. Mit Micha im Outback verloren zu sein lässt mich den Schmerz fast vergessen.

Ganz unten – Coober Pedy

Seine Sicht:
Abschiednehmen fällt heute erstmals richtig schwer, denn die Erlebnisse in Flinders Ranges gehören schon jetzt zu den schönsten meines Lebens. Wir biegen nun endgültig ins Outback ein und augenblicklich wirkt die Landschaft karger und trockener. Im Wageninneren ist es zudem so heiß wie in einem Backofen. Noch auf dem Campingplatz erzählte uns jemand, dass es in Richtung Norden nur noch drei Wetterzustände gebe: „really hot", „bloody hot" und „fucking hot". Den Unterschied erklärte er allerdings nicht.

Der heutige maximale Abstand von einer Fuel-Station zur nächsten beträgt zwar „nur" 172 Kilometer, dennoch fahre ich spritsparende 100 km/h, damit wir mit unserem 35-Liter-Tank nicht in unnötige Schwierigkeiten geraten. Ein Roadhouse mit Tankstelle ist im Outback als „Ort" verzeichnet, obwohl es oftmals nur eine Menschenansammlung mit mehr als fünf ständig hier lebenden Personen ist. Dort findet man neben Zapfsäulen auch einen Minimarkt, einen Pub, die Post und ein Toilettenhäuschen. Die einzige Ablenkung auf dem einsamen Stuart Highway sind die Staub aufwirbelnden, über 50 Meter langen Roadtrains (LKWs mit mehreren Anhängern) und unzählige überfahrene Kängurus. Die Erde ist rot, fast purpurfarben, und auf der vor Hitze flirrenden Straße sieht man die toten Tiere oft schon von weitem, da sich sofort eine erhebliche Anzahl von Adlern mit bronzefarbenen Federn und schwarze Milane um sie versammelt haben. Die kreisenden Raubvögel mit den großen Flügelspannen scheinen die „Reinigungskräfte" der Wüste zu sein. Unser Wagen ist allerdings staubig verschmiert, denn fast ununterbrochen klatschen riesige Insekten gegen die Windschutzscheibe, an die Nina ihre nackten Füße von innen drückt.

Woomera ist mit knapp 300 Einwohnern schon eine richtige Stadt im Nirgendwo. Sie erlangte fragwürdige Berühmtheit, da dort die ersten Atomwaffentests Australiens stattfanden. Genau so sieht es noch immer aus. Niederschmetternd! Dennoch müssen wir bei einbrechender Dunkelheit im Örtchen bleiben. Der Campingplatz ist okay, doch der Sonnenuntergang über der unwirtlichen Ebene sieht seltsam künstlich aus. Wir gehen zeitig ins Bett und kurz darauf schwankt der Camper, als befände er sich auf hoher See.

Nach dem Frühstück fahren wir gegen 9.30 Uhr los und wundern uns, warum wir die letzten sind, die den Platz verlassen. Um 10 Uhr wissen wir es. Es ist nun „really hot". Nach 125 Kilometern gibt es in Glendamo ein Roadhouse mit Tankstelle und dann 256 Kilometer lang nichts mehr. Auch das schaffen wir ohne Kanister. Einmal mehr wird mir bewusst, dass es uns gar nicht erlaubt gewesen ist, mit dem Camper durchs Outback zu gurken. Neben fehlenden Zapfsäulen und Kurven fahren wir nun durch eine menschenfeindliche Wüste, denn auf der langen Durststrecke sehen wir kein einziges Gebäude mehr. Das Ende der Zivilisation – oder der Welt – ist längst erreicht.

Doch mitten in der ausgelaugten Landschaft erscheint im grellen Licht der Sonne, Fata-Morgana-gleich, eine Stadt am Horizont. Auf dem Weg fahren wir an tausenden kegelförmigen Sandhaufen vorbei. Die komplette Ebene ist mit Abraumhalden ehemaliger Opal-Minen übersät. Tiefe Löcher eines Rausches, der vor vielen Jahren dem der Goldgräberzeit in Nordamerika gleichgekommen sein soll.

In Coober Pedy ist es mit gefühlten 40 Grad im Schatten „bloody hot" und wir sehen zunächst keinen einzigen Menschen auf den staubigen Straßen. Wie im Film wehen Strohballenbündel durch einen Ort mit flachen grauen Bauten und verrosteten Wellblechschuppen. Endlich: Vor einem Drive-Through Liquor-Shop sitzen ein paar fast verkohlt aussehende Aborigines mit glasigen Augen, die wir nach dem Weg zum Campingplatz fragen. Obwohl es den Ureinwohnern verboten ist, Alkohol zu kaufen, torkeln zwei von ihnen auf uns zu und knurren, dass wir ihnen für diese Auskunft gefälligst welchen kaufen sollen. Auf besagtem Zeltplatz laufen dann ausschließlich weiße Australier in weißen Tennissocken mit Halbliterglässern Weißwein in der Hand herum und pöbeln rassistisch über die asozialen Schwarzen. Ein unangenehmer Ort.

In einer nebenan befindlichen unterirdischen Kneipe (auch viele Hotelzimmer und Wohnungen liegen in tiefer gelegenen Höhlen) sehen wir den Rest der verstrahlten Bande. Sabbernde Säufer, depressive Spielsüchtige, Aufwiegler mit speckigen Filzhüten und degenerierte Jugendliche. Mir fällt ein, dass Coober Pedy Schauplatz von „Mad Max III" gewesen ist. Eine solche Ansammlung Verrückter habe ich noch niemals auf einem Haufen gesehen. Es ist die finstere Ecke Australiens – ganz hinten im Backofen.

Auf dem Zeltplatz kommen wir dann doch noch mit einem freundlichen Ehepaar ins Gespräch. Neben Informationen über die Opalstadt mit ihren kühlen unter der Erde gelegenen „Dugouts" erklären sie uns, warum gerade hier die Kulturen so extrem aufeinander prasseln. Die Aborigines durchstreifen schon seit Jahrtausenden diese Gegend. Sie sehen keinen Sinn darin, Höhlen in den Boden zu fräsen und glitzernden Steinen hinterher zu jagen, sondern wollen einfach nur auf dem Land, welches sie ernährt, leben. Doch dieses Land wird allmählich entweiht und zerstört. Die weißen „Eindringlinge" sehen das natürlich ganz anders.

Babette und Martin haben eine angenehme, offene Haltung und berichten, dass sich besonders Europäer und Amerikaner gerne in diesen Konflikt einmischen, obwohl sie es ja nicht sind, die mit den Ureinwohnern zusammenleben müssen. Dennoch erzähle ich ihnen die Geschichte von Jimmy und Nolan aus den Grampians. Martin wird hellhörig, rennt in seinen Luxuscamper und kommt mit einer Zeitung zurück. Er hält mir einen Artikel unter die Nase, doch Nina schnappt sich das Blatt. Mit großen Augen fordere ich sie auf, die Zeilen zu übersetzen. „Der 40-jährige N. Brown und sein Bruder, der 42-jährige J. Brown, aus Bunbury/WA werden landesweit gesucht, da sie unter dringendem Mordverdacht stehen. Zuletzt waren sie in einem metallicblauen Chevrolet – Marke Kingswood – unterwegs. Auf Hinweise, die zu ihrer Ergreifung führen, ist eine Belohnung von 2 000 AU$ ausgesetzt." Nina zeigt mir ein Foto, welches Nolan und Jimmy ohne Bärte zeigt. Außerdem ist ein Bild von einem Vergleichsmodel des Wagens abgedruckt.

Mir wird „fucking hot" und ich spüre, wie sich überall am Körper die Haare aufrichten. Sofort bin ich mir sicher, dass sie sich nicht nur auf der Flucht vor der Polizei befinden, sondern Nolan längst auf einem Rachefeldzug für seinen getöteten Bruder unterwegs ist. An einen Chevy, der vor ihrer versifften Hütte stand, kann ich mich sogar noch vage erinnern. Ich frage Martin, ob ich den Ausschnitt behalten darf, und verschwinde ins Bett. Obwohl mich Nina zu beruhigen versucht, kann ich nicht einschlafen und werde tief in der Nacht von Angstträumen durchzuckt. Falls ich wirklich jemanden umgebracht habe, werde ich meines Lebens nicht mehr froh. Gleichzeitig denke ich darüber nach, mit welchen fünf verlausten Outback-Irren ich mir eine 14 m^2-Zelle teilen muss. Was für eine verdammte Scheiße!

Der nächste Tag ist ereignisarm. Wir stehen früh auf, verlassen das Dreckskaff und kommen irgendwann an. Dazwischen liegen eine endlos erscheinende sandig-rote Wüste und lange Gespräche. Nina hat mich irgendwann überzeugt, dass die Brüder (oder nur einer) nicht quer durch Australien fahren würden, um nach mir zu suchen. Und selbst wenn, sie werden mich in dem riesigen Land niemals finden. Dennoch schaue ich öfter nervös in den Rückspiegel, wenn sich eine blaue Limousine nähert.

Endlich erreichen wir Curtin Springs. Es war ein langer Tag im Wagen und auch jetzt können wir ihn nur kurz verlassen, denn tausende Fliegen versuchen, in unsere Augen zu krabbeln, um dort gemütlich – wie Kängurus an einem Wasserloch – zu schlürfen. Die Leute laufen mit dämlich aussehenden Gittern vor dem Gesicht herum. Eigentlich alle, außer die feinen Herrschaften aus Deutschland. Die retten sich in den Pub, trinken eiskaltes Fassbier und verlassen ihn erst wieder, als sich ein kühler, schattiger Dämmer über die Wüste gesenkt hat und die schwarze Pest verschwunden ist. Nach einem Lammeintopf sitzen wir unter einem Bilderbuch-Sternenhimmel und gehen früh schlafen. Morgen ist der große Tag!

Ihre Sicht:
Es ist so ruhig, dass wir viel zu lange – wie zwei Löffel aneinandergeschmiegt – schlafen und erst spät loskommen. Vor dem Aufbruch ins Ungewisse halten wir noch einmal in Porto Augusta, um den Wagen zu überprüfen. Nein, anders: Ich checke den Wagen, bevor mein Freund wieder den Öl-, Kühlwasser- und Scheibenwischertank verwechselt oder sich beim Prüfen des Reifendrucks saublöd anstellt. Den Großeinkauf erledigen wir gemeinsam in einem gigantischen Woolworth mit angeschlossenem Bottleshop. Nach zwei Tagen in den Flinders Ranges müssen wir dort lediglich 24 neue Biere, eine 5-Liter-Pappe Rotwein und zwei Liter Wasser nachkaufen. Ein Rad in den Händen, deren vier und der heiße Motor unter dem Hintern, steuere ich das rote Herz Australiens an.

Schon auf den ersten Kilometern zeigt sich, was uns in den nächsten Tagen erwarten wird: schnurgerade Straßen, eine fast immer gleich bleibende Landschaft und vor allem viel Zeit zum Nachdenken. Die Sinne fahren im Outback komplett runter und das Gehirn wird durch keinerlei äußere Einflüsse angeregt. Es ist der beste Ort der Welt, um einmal von allem ganz weit weg zu sein. Wir schweigen kameradschaftlich und ich denke dabei häufiger an Jörn. Zum Glück habe ich im Supermarkt eine neue CD erstanden: wieder Johnny Cash, der mich ein bisschen von der Traurigkeit ablenkt und gut zur endlosen Fahrerei passt.

Auf der Strecke nach Woomera gibt es vereinzelt noch khakifarbenes Buschland und des Öfteren einen Grund anzuhalten. Rechts von uns erstreckt sich bald ein verkrusteter See, der silbrig in der Sonne glitzert, und linker Hand trotzen knorrige Eukalyptusbäume, umgeben von dünnen Spinifex-Halmen und graublauen Salzbüschen, dem ultrarauen Klima. Ich mache Nahaufnahmen von diversen Raubvögeln, die sich mit dünnen Schreien auf totgefahrene Kängurus stürzen. Sie lassen sich beim Aasen gar nicht stören, sodass ich mit der Kamera bis auf drei Meter herantreten kann. Die vom Asphalt abgestrahlten Hitzewellen verbrennen mir dabei fast die Waden.

Das Tagesziel ist für seine Raketenabschussrampe bekannt. Von dem Ding verkaufen sie sogar Postkarten – wie krass –, zumal hier der erste Atomversuch auf australischem Boden stattfand. Wir nehmen die beiden Herdplatten der Küche, wie gute Deutsche, sofort für uns in Beschlag und „strahlen". Nach etwa zehn Minuten kennen wir – wie schon in Südaustralien – nicht nur unsere Mitcamper, sondern auch deren skurrile Lebens- und Familiengeschichten. Im Outback scheinen sie alle um die 60 zu sein und haben noch größere Caravans und Weingläser. Die meisten sind jedoch außergewöhnlich zuvorkommend und die Männer nennen mich „Darling" und „Love", wobei man sich erst daran gewöhnen muss, dass einige von ihnen ziemlich seltsam aussehen.

Rechtzeitig zum Sonnenuntergang sitzen wir vor dem Camper unter einer Art Galgen und schauen gebannt in die menschenfeindliche Einöde mit einem gewölbten Horizont. Spiele oder sonstigen Quatsch haben wir zum Glück nicht dabei, denn nur so erfahre ich für immer, was majestätische Stille ist. Nicht einmal der Wind flüstert mir etwas zu. Die Welt hält für einen Moment den Atem an. Langsam begreife ich, was Zeit bedeutet und auch, dass man sie im Outback nicht einfach nur totschlagen sollte.

In der – zunächst hitzigen – Nacht wird es irgendwann saukalt und am Morgen wieder so abartig heiß, dass man es im Wagen praktisch nicht mehr aushält. Die Sonne knallt unerbittlich aufs Blechdach. Heute fahre ich zuerst und ahne bereits nach zwei

Stunden, dass dieser Trip eine ungefilterte Erfahrung fürs Leben sein wird. Hunderte Kilometer Einsamkeit, ohne Orte, Menschen und sichtbares Tierleben findet man bestimmt nur an wenigen Stellen dieser Erde. Doch die karge Landschaft mit ihren Wasserillusionen auf den Straßen wirkt beruhigend auf mich. Erstmals auf dieser Reise denke ich darüber nach, was für tolle Eltern ich habe und was mir meine Freunde in der Heimat bedeuten; dass mein beschissener Job bisher einen viel zu großen Raum eingenommen hat, weiß ich ja bereits. Es ist schön, einmal so in sich zu gehen.

In Gedanken versunken, fahre ich in Glendamo an der einzigen Besiedlung (und Tankstelle) seit über zwei Stunden einfach vorbei, sodass ich mitten auf dem Highway wenden muss. Zum Glück kommt mir gerade keiner dieser ewig langen Roadtrains mit ihren drei Anhängern in einer fiesen, luftverwirbelnden Staubwolke entgegen. Außerdem vergaß ich zu erwähnen, dass man jedes einzelne Auto auf der anderen Straßenseite sowieso mit einer flüchtigen Handbewegung grüßt. Ganz so langweilig ist es also doch nicht!

Nach weiteren 250 Kilometern Ödnis erreichen wir Coober Pedy. Ich kann diesen komischen Flecken leider nur unzureichend beschreiben – man muss ihn einfach selbst gesehen haben. Da es hier wohl die weltweit größten Opalvorkommen gibt, hatten sich vor langer Zeit die ersten Abenteurer auf den Weg gemacht und den unwirtlichen Ort in sengender Hitze am Arsch der Welt gegründet. Einige Kilometer zuvor zeugten hunderte aufgeschüttete, ockerbraun–weiße Erdhaufen von geglückten oder fehlgeschlagenen Versuchen, reich zu werden. Wir waren sogar ausgestiegen. Große Schilder warnten davor, ohne Aufsicht herumzulaufen. Ein nachdenklicher Blick in eines der tiefen Löcher reichte aus, um dies zu verstehen. Wer dort hineinpurzelt, kann lange auf eine Rettung warten. Später lese ich in einer Infobroschüre, dass Coober Pedy in der Sprache der Ureinwohner „Kupa Piti" heißt und „Weißer Mann im Loch" bedeutet. Fast alle Kneipen, Hotels und Shops der Stadt sind in die Erde oder den Fels als Höhlen hineingetrieben worden. Ein langer Schacht versorgt die oftmals palastartig angelegten Räume in bis zu 15 Metern Tiefe mit Atemluft. Totenstill soll es da unten sein.

Ich weiß nicht, ob diese Löcher nur wegen der unerträglichen Hitze oder auch wegen der hassenswerten Fliegen an der Oberfläche angelegt wurden. Im fensterlosen Pub-Keller neben dem

Campingplatz ist es jedenfalls angenehm kühl und insektenfrei, doch leider nicht still. Auf einem schmierigen Linoleumboden liegen etliche Outbackhelden in Dreck und Bierlachen herum. Es ist kein Platz, der zum Verweilen einlädt, denn mir laufen zu viele Gestörte herum. Die Kneipe scheint auf einem fremden Planeten zu liegen und bei einigen Außerirdischen habe ich ständig das Gefühl, gleich eine aufs Maul zu bekommen. „Bloß weg hier!", rufe ich Micha entsetzt zu.

Auf dem Campingplatz sitzt eine riesige Eule auf einem Baum direkt über dem Wagen. Nach dem Sonnenuntergang erhebt sie sich elegant und verlässt den verruchten Ort. Wir müssen noch eine Nacht bleiben. Plötzlich ist der Fliegenspuk vorbei und am Gemeinschafts-Grill treffen wir endlich auch normale Leute, die uns auf ein Glas Weißwein einladen. Als uns Martin und Babette gerade recht verständlich die Aborigine-Problematik – ohne die sonst so übliche Mischung aus Argwohn und Scham – erklären und mehrfach betonen, dass „Raushalten" auch nicht der Weisheit letzter Schluss ist, fängt Micha unnötigerweise an, von den Idioten aus den Grampians zu berichten. Was daraufhin folgt, haut mich allerdings schlichtweg um.

Martin hat davon in der Zeitung gelesen! Nein, nicht dass jemand diesen Jimmy in die Grube geschubst hatte, sondern dass sich die Brüder auf der Flucht befinden. Sie werden landesweit wegen Mordes gesucht. Das steht 1 : 1 in seinem Wurstblatt. Mein Freund verschwindet sofort ins Bett und in unruhigen Augen sehe ich, dass er sich große Sorgen macht. Ich trinke meinen Wein noch aus, erzähle den Vorzeigeaustraliern aber nicht, was sich auf dem Zeltplatz vor einigen Tagen zugetragen hat. Außerdem glaube ich nicht, dass Nolan und Jimmy Brown gerade quer durchs Land hetzen, um einen schwarz-weißen „Pussy-Chicken-Camper" zu suchen. Eigentlich könnten wir ja zur Polizei gehen und womöglich das Kopfgeld kassieren. Doch Micha hat Schiss, dass er einen dieser widerlichen Suffköpfe umgebracht hat. „Don't let the guilt control you", denke ich, bevor ich mich mit meinem Bauch an seinen Rücken schmiege.

Mehr als sieben Stunden fahren wir durch ein, jetzt immer trostloser aussehendes Land. Von Reizüberflutung kann man im Outback wahrlich nicht sprechen. Über Tankstellen-Käffer namens Marla, Kulgera und Erldunda erreichen wir gegen 17 Uhr Curtin Springs. Micha hat sich so weit beruhigt, dass er nicht ständig mit seinem ermüdenden Verfolgungswahn anfängt.

Der Vorteil des Platzes: Campen ist kostenlos und man hat zudem einen beeindruckenden Blick auf den Mount Conner, den ich fälschlicherweise für den Uluru gehalten und demnach viel zu früh und dümmlich vor Freude gejubelt habe. Doch auch dieser imposante rotbraune Berg steht einsam in der Landschaft herum. Allerdings sieht er bei genauerem Betrachten völlig anders als Australiens bekanntestes Fotomotiv aus.

Der Nachteil in Curtin Springs: Es gibt hunderttausende laut summende Fliegen, die sich erst mit den letzten Sonnenstrahlen verpissen. Wegen der schwarzen Zweiflügler müssen wir sogar in den Pub abtauchen, um eiskaltes Victoria Bitter zu trinken. Unsere „Beer o'clock" verschiebt sich im Outback immer weiter nach vorn. Schlimm! Der Tag endet recht früh, denn morgen ist es endlich so weit!

Traumwelt – Uluru

Unsere Sicht:
Keine Ahnung, wie oft wir ihn schon imaginär gesehen haben: in Fotobüchern und Hochglanzmagazinen, auf Postkarten, riesigen Postern oder im TV. Doch wenn man ihn das erste Mal erblickt, fühlt man sich trotzdem unvorbereitet. Kein einziges Bild wird diesem Anblick gerecht. Nach einer Kurve, hinter einem kaum wahrnehmbaren Hügel, verharren wir in nahezu hündischem Staunen. Der magische Berg erscheint kaminrot am Horizont. Er ist jetzt das höchstaufragende Ding auf der ganzen Welt! Wir hatten mehrere Ozeane und Kontinente überflogen, um nach Australien zu gelangen, waren tagelang durch eine ungezähmte Einöde ins rote Zentrum des Landes gefahren, nur um diesen einen Augenblick erleben zu dürfen. Wir sind am Ziel unserer Reise. Dass ein Lebenstraum so bewegend in Erfüllung gehen kann, hatten wir nicht erwartet.

Wir steigen aus und knipsen den „kleinen" Uluru. Die rote „Majestät" ist hier noch so winzig, dass wir ihn zwischen Daumen und Zeigefinger nehmen können und aus einer Linse des Glücks betrachten können. Keine Fliege der Welt kann uns nun am Verweilen hindern. Sie versuchen in Ohren, Augen, Nase, in den Hals und selbst in die Po-Ritze zu krabbeln, doch wir grinsen mit schwarz gesprenkelten Kleidern in die Kamera. Auf diesen Fotos sehen wir unfassbar glücklich aus. Bilder wie aus einem Liebesfilm, doch die Wirklichkeit schlägt die Fiktion um Längen. Der Berg ist greifbar und echt geworden.

Seine gewaltigen Ausmaße, der Uluru ist 348 Meter hoch, drei Kilometer lang und hat einen Umfang von etwa neun Kilometern, begreifen wir erst beim Näherkommen. Perplex stellen wir fest, dass er nicht oval wie ein eingebuddelter Football, sondern unförmig und an einigen Stellen fast rund ist. In der Breite misst er eben auch bis zu zwei Kilometern. Mit 30 km/h rollen wir ihm andächtig entgegen, während im CD-Player „Dreamworld" von Midnight Oil läuft. Überall sind nun auch tiefe Furchen, Einkerbungen und Schluchten zu erkennen.

Am Parkeingang zum Weltkultur-Naturerbe kassieren sie ordentlich ab. Sei es den Aborigines, denen das heilige Land nun wieder gehört, vergönnt. Es heißt, dass alle Traumzeitreisen dort hinführen oder enden. Wir ahnen, warum – verstehen können wir diese Kultur noch immer nicht, denn es gibt in ihr kein Gestern, Heute oder Morgen. Wir nehmen uns vor, dies auf unserer Weiterreise zu verinnerlichen.

Ein großes Schild weist darauf hin, dass die Anganu-Ureinwohner aus mythischen Gründen nicht wünschen, dass der Felsen bestiegen wird, doch aus der Ferne sehen wir einen, nicht enden wollenden Strom sich bewegender Punkte. Dicke, dürre, große, kleine, junge, alte und vor allem dumme Menschen fallen wie eine Ameisenarmee über den Uluru her. Warum? Was wollen sie dort sehen? Leere, unermessliche Weite, das Ende der Welt? Nur auf der Ebene macht einen der Berg klein und vergänglich wie ein Wüstenstaubkorn. All jene, die sich über ihn erheben wollen, geben sich der Lächerlichkeit preis, denn ein Wunder bekommen sie auf dem Gipfel sicherlich nicht geschenkt. Aufgrund von Überschätzung, durch die sengende Hitze oder durch Unachtsamkeit haben zudem bereits über 30 Menschen ihr Leben am Uluru verloren.

Auch heute ist es brütend heiß – ohne ein Wölkchen am lichtblauen Himmel –, sodass wir unser eigentliches Vorhaben, den Berg zu Fuß zu umrunden, aufgeben. Außerdem haben die summenden Fliegen in den Ohrmuscheln jetzt auch ein Wort mitzureden. Wir laufen immer nur kürzere Abschnitte entlang des zerklüfteten Fels, berühren ihn kurz, um dann 200 Meter weiterzufahren. Dort wird das Ritual wiederholt, bis wir ein Mal herum sind. Leider werden auch die längst geplünderten „Sacred Places" von einigen Touristen in schierer Respektlosigkeit abgelichtet, obwohl dies von den Anganu ausdrücklich nicht erwünscht ist.

Wir machen Fotos, die uns mit gebührendem Abstand vor dem roten Ungetüm zeigen. Einige davon zeigen uns lachend auf dem heißen Blechdach des Campers liegend. Es sind Bilder voller Glück und Harmonie, die wir sicher noch in dreißig Jahren wehmütig betrachten werden.

Im Visitor Centre erfahren wir, welche Mythen dem Uluru von den Ureinwohnern zugeschrieben werden, doch ganz ehrlich: Mit Teppichschlangen- und Hasenkänguru-Menschen, Tannenzapfen-Echsen und Regenbogen-Schlangen können wir recht wenig anfangen. Für uns geht eine ganz andere Faszination von diesem Giganten aus. Eine Faszination, die uns für immer daran gemahnen wird, dass wir diese Reise gemeinsam unternommen haben und nun angekommen sind. Der N & M-Mythos.

Etwa 50 Kilometer weiter erreichen wir die „Kata Tjutas". Die runden Brocken – auch „Olgas" genannt – erinnern an im Solarium verbrannte Brüste oder rote Glatzköpfe. Die höchste Erhebung der ebenso spektakulären Massive heißt Mount Olga und wurde nach der Königin Olga von Württemberg benannt. Leider wird uns auch die Wanderung im „Valley of the Winds" durch schwarze Wolken voller Fliegen verleidet, sodass wir bei großer Hitze und ohne spürbaren Windhauch nicht alle Aussichtspunkte erkunden können und wollen. Gegen 17.30 Uhr haben wir das Kapitel „King Uluru" und „Queen Olga" demnach abgeschlossen.

Auf einem eingezeichneten, hunderte Parktaschen umfassenden Betonareal stehen schon unzählige Autos und Reisebusse. Unförmige Menschen mit engmaschigen Gittern vorm Gesicht streiten sich um die besten Plätze zum Sonnenuntergang. Die mit der guten Sicht stellen Tische und Stühle vor ihre Wagen und trinken Champagner. Allen anderen wird der Blick durch Spinifexbüschel und hoch aufgeschossene Büsche verstellt. Sie müssen sich hinten anstellen oder woanders ihr Glück versuchen. Doch wo? Fast überall gibt es durchgezogene, gelbe Linien am Straßenrand mit dem Hinweis: „No Stopping Anytime." Auf all das haben wir überhaupt keine Lust! Wir wollen die Farborgie alleine genießen und fahren zu der Stelle zurück, an der wir den Zauberberg das erste Mal im Miniaturformat gesehen haben. Dort finden wir, was wir suchen: Einen Ort, der uns das Glück wie eine Faust in den Magen rammt. Der Uluru gehört uns hier ganz allein. Keine Volksfeststimmung – nur Nina und Micha.

Längst haben wir den Champagner (also zwei Dosenbier) aufgezischt und betrachten – auf dem Dach unseres Campers sitzend – das steinerne Chamäleon in Technicolor: orange, orangerot, burgunderrot, feuerrot, kaminrot, terracotta, blutfarben, purpurrot, fliederviolett, schiefergrau, schwarz. Erstmals im Leben konzentrieren wir uns ausschließlich auf das Jetzt. Zeitgleich flüstern wir: „Ich liebe dich." Wir haben uns fürs Glück entschieden.

Who the fuck is? – Alice Springs

Seine Sicht

Wahnsinnstag! Wir verbringen die Nacht mit Dauergrinsen in Curtin Springs, bevor wir uns in Richtung Norden aufmachen. Auf dem Stück bis zur Kreuzung in Erldunda nehmen wir zwei verdammt junge Tramperinnen aus Berlin mit, die auf dem Stuart Highway weiter in Richtung Süden wollen. Sie sitzen in geblümten Miniröcken im Schneidersitz auf unserem Bett. Obwohl ich in letzter Zeit nur noch Augen für Nina habe, drehe ich mich öfter mal um und schaue irritiert auf ihre silbrig-weiß glänzenden Tangas, die zwischen braunen Schenkeln hervorlugen. Mittlerweile staune ich über diese Unbefangenheit, sich bei Wildfremden einfach in den Wagen zu setzen, denn etliche Gestörte würden ihnen sicherlich sofort zwei Finger unter den Rand ihres Schlüpfers schieben. Doch Peggy und Petra scheinen keinerlei Angst vor möglichen Vergewaltigern oder Massenmörder zu haben und klauen uns lediglich zwei Bier.

Auf der Weiterfahrt nach Alice Springs haben wir nach nur 160 Kilometern den Tank leer gefahren. Ich gerate in leichte Panik. Wenn der Wagen jetzt mitten in der Pampa stehen bleibt, können wir die Reise beenden. Einen Abschleppwagen bis nach Darwin, Adelaide, Brisbane oder gar Sydney, also an Orte, in denen es eine Wicked-Camper-Station gibt, könnten wir uns nie und nimmer leisten. Von hier aus sind diese Städte über 1 000 Kilometer weit entfernt und auch die kleineren Nester auf den Schildern weisen dreistellige Entfernungen aus. Wir befinden uns gerade im Nirgendwo.

Letztlich lässt sich nicht klären, was los war. Nina behauptet, sie hätten uns unreines Benzin verkauft. Ich denke, dass sie nicht richtig vollgetankt hat. Ohne weitere Probleme erreichen wir die nicht mal so hässliche Oase Alice Springs und schnaufen durch. Der Campingplatz ist, obwohl er abseits der Innenstadt liegt, von Backpackern bevölkert, die uns sogleich zur abendlichen Party einladen. Doch wir verkrümeln uns in eine abgeschiedene Ecke. Die letzten Tage haben uns enger zusammengeschweißt. Mit dem Rest der Menschheit – und seien es die halbwegs sympathischen Leute von nebenan – können wir momentan nicht viel anfangen.

Wir laufen nach Downtown. Noch vor 50 Jahren wurde der Ort, welcher nach der Frau eines der ersten Pioniere benannt ist, nur von einigen hundert Menschen bewohnt und war ein trostloses

Kaff mit einem Netz blutroter, sandiger Wege. Während heute in der Fußgängerzone gut gekleidete Weiße mit modischen Thongs auf glühenden Bürgersteigen flanieren, sieht man in einem ausgetrockneten Flussbett eine erhebliche Anzahl schwarzer Menschen in Lumpen und ohne Schuhe herumlungern. Im lebendigsten Ort des Outbacks treffen die Gegensätze anscheinend am krassesten aufeinander. In Galerien werden für viel Geld Kunsthandwerke, beeindruckende Aquarelle, bemalte Textilien und Didgeridoos der Aborigines verkauft, während wenige Meter weiter die von Alkoholismus gekennzeichneten Vertreter des Volkes abhängen. Ich bin mit Sicherheit kein Weltverbesserer und vor allem erst viel zu kurz in Australien, um die Problematik zu verstehen, aber sie berührt mich. Allerdings wundere ich mich, dass ich in den Augen der Ureinwohner nicht einmal eine Regung wie Neid entdecke. Sie scheinen uns, die wir vor Glück fast platzen und Hand in Hand – fast schwerelos verliebt – durch die Straßen tingeln, überhaupt nicht wahrzunehmen.

Ihre Sicht
‚Klar hätten wir auch eine mehrtägige Outbacktour mit Übernachtungen im Swag unter dem makellosen Sternenhimmel buchen können', denke ich, als uns die beiden Backpackerinnen am nächsten Tag mit urigem Berliner Dialekt davon berichten, aber die Gefühle „unseres" Tages würden sich niemals wiederholen lassen. Mit einem Lächeln im Gesicht höre ich mir ihre naiven, wenngleich durchaus spannenden Tramper-, Marihuana- und Sexgeschichten an. Wahnsinn, wie unbedarft die beiden durch das Land mit Zelt, dem australischen Buschbett und sehr wenig Geld reisen! An der Kreuzung, wo wir sie absetzen, sehe ich sie im Rückspiegel übermütig mit einer Bierdose in der Hand winken, während wir weiter in Richtung Norden düsen.

Gestern trafen wir auf dem Campingplatz noch andere Deutsche mit einem PKW, die weder in Curtin Springs (da es dort kein Hotel oder Hütten gibt) noch im übertreuerten Yulara am Uluru (alles ausgebucht) eine Übernachtungsmöglichkeit gefunden hatten. Sie waren sehr früh in „Alice" gestartet und mussten noch in der Nacht wieder zurück. Erst heute bekommen wir mit, dass dies jeweils 440 Kilometer sind. So unterschiedlich kann man also das weltberühmte Wahrzeichen Australiens erkunden!

Wie immer war unser Wagen als Letzter vom Campingplatz

gerollt, wobei ich 10 Uhr nicht sonderlich spät fand. Ein Schreck in der „Morgenstunde" folgt, als Micha feststellt, dass wir einen extrem hohen Benzinverbrauch haben. Der Tank ist schon wieder leer und wir stoppen sogar, um zu schauen, ob wir womöglich Treibstoff verlieren. ‚Okay, was soll's', denke ich mit einer überraschenden Gelassenheit und überzeuge meinen ängstlichen Freund, dass alles in Ordnung ist. Nach dem Betanken bewegt sich die Verbrauchsnadel wieder normal und unbeschadet erreichen wir unser Ziel.

„Who the fuck is Alice", kommt mir – wahrscheinlich wie vielen anderen vor mir – in den Sinn. Es ist die einzige größere Stadt – fast in der geografischen Mitte des Landes – und von jeder anderen Siedlung mit über 20 000 Einwohnern schlappe 1 500 Kilometer weit entfernt. Wie man auf die Idee kommt, hier zu wohnen, bleibt mir zwar ein Rätsel, aber immerhin besitzt der Ort eine verblüffend gute Infrastruktur. Es gibt einen Flughafen und der berühmte Ghan (ein Zug, der von Nord nach Süd durchs Land fährt) macht einen längeren Zwischenstopp, da Alice Springs die nächste Stadt zum Uluru ist.

Innerhalb der noblen City gibt es Cafés, Restaurants, Fastfood-Ketten, Shoppingmalls und Supermärkte. Ein durch und durch amerikanisierter Ort – würden nicht unzählige Aborigines im Park oder im kreidetrockenen Flussbett ihren Rausch ausschlafen. Traurig, dass auch diese entlegene Ecke des Landes für den Tourismus entdeckt, besiedelt, „zivilisiert" und mit all diesen Gebäuden zugepflastert wurde. Die meisten Schwarzen wirken verwahrlost und die anderen müssen für gut gelaunte hellhäutige Eindringlinge Kunsthandwerk feilbieten.

Am Abend im Restaurant schmunzele ich, als Micha dem Kellner sagt, dass „wir" noch zwei Bier wollen. Mir war das bisher gar nicht aufgefallen, doch auch ich rede in letzter Zeit fast nur noch in der „Wir-Form". Einer von uns spricht jetzt immer für beide und obwohl ich das früher immer total Kacke oder zumindest komisch fand, laufen wir schmusend und Händchen haltend in aller Öffentlichkeit herum. Die „Wir's" wollen ihre Ruhe haben und folgen nicht der Einladung auf dem Campingplatz, sondern brennen Fotos auf CDs, kaufen drei kleine Aborigines-Bilder und zwei Bumerangs, bevor sie indisch essen gehen und danach sorgenfrei miteinander schlafen. Wir sind jetzt ein Paar und momentan gibt es kein Gestern, Heute oder Morgen.

Tiefer Einschnitt – West MacDonnell Ranges

Seine Sicht

Es ist meine Idee, in den nur zehn Minuten von Alice entfernten „Desert Park" zu fahren, und es ist keine schlechte. Wir haben zwar etliche der hier in natürlicher Umgebung gezeigten Tiere und Pflanzen bereits in natura gesehen, aber nun erfährt man wenigstens einmal, wie sie heißen und ob sie todbringend giftig sind.

Malerisch unterhalb eines Felsmassivs gelegen, werden die Ökosysteme auf einem zwei Kilometer langen Rundweg dargestellt – die Wälder der Wüste, die Flüsse der Wüste und das Wüsten-Sandland. Auf unserer Tour haben wir diese Vielfältigkeit ja bereits bewundern können, doch im Park wird sie uns noch einmal ganz kompakt vor Augen geführt. Hunderte bunte Loris und Rosakakadus zwitschern in Eukalyptus- und Gummibäumen. Besonders spannend ist das „Nocturnal House", in welchem Beuteltiere, Geckos, Hüpf- und Flughunde herumirren. Bei einigen Exemplaren, besonders dem etwas kleineren Krabbelzeug, läuft nicht nur Nina ein kalter Schauer über den Rücken. Auch sie hat sich längst angewöhnt, nachts direkt neben den Bus zu pullern, um weite Wege und Begegnungen mit derlei Kreaturen möglichst zu vermeiden.

Danach fahren wir in die „West MacDonnell Ranges", eine wellenartig gezackte Gebirgskette aus ziegelrotem Sandstein mit parallel zueinander verlaufenden Kämmen, tief in den Fels gezogene Schluchten und Gipfeln von über 1 500 Metern Höhe. – das nächste Highlight unserer Reise. Gleich der erste, nur wenige Meter breite Einschnitt, das „Simpson Gap", welcher den Quarzfelsen in zwei fast identische Hälften teilt, ist von atemberaubender Schönheit.

Da wir noch immer keinen Reiseführer besitzen, sind wir auch auf die folgenden Naturwunder nicht gefasst. Obwohl die Sonne hoch am Himmel steht, laufen wir durch eine 100 Meter tiefe Schlucht in völliger Dunkelheit, da sie lediglich von einem winzigen Spalt durchtrennt wird. Weiter westlich schwimme ich in der regenarmen, heißen Wüste in einem wundersam kalten Wasserloch. Gemeinsam bestaunen wir gelb–weiße und rotbraune Felsformationen, saftige Eukalyptusbäume, riesige Farne und Stelzvögel an Tümpeln, in denen sich Moskitolarven im Wasser kringeln. Andächtig schauen wir von diversen Aussichtspunkten in die endlose Ferne.

In diesem Gebirgszug kann ich erstmals erahnen, wie die „Songlines" der Aborigines – diese unsichtbare, mystische Landkarte, die per Gesang von Generation zu Generation weitergegeben wird – funktionieren. Anhand der Lieder könnte man sich hier tatsächlich orientieren, da kein Fels, Baum, Wasserloch oder Flussbett dem anderen gleicht. Außerdem ergeben die „Walkabouts" (Wanderungen) der Ureinwohner in dieser Ecke des Landes auch Sinn, denn an den Wasserstellen wartet reichlich Nahrung auf hungrige Mäuler. Sogar Fische, die sich in der Trockenzeit in den Sand eingraben, in eine Art Totenstarre verfallen und erst bei heftigen Niederschlägen wieder aufwachen, soll es laut Hinweisschildern geben.

Leider möchte Nina nicht bis nach Hermannsburg (eine ehemalige deutsch-lutherische Mission) fahren, da der Ort in entgegengesetzter Richtung zum Ozean liegt. Sie jammert, dass wir das Outback jetzt so langsam mal wieder verlassen könnten. Nach einer Stärkung in einem Restaurant, welches in unmittelbarer Nähe einer weiteren spektakulären Felsformation liegt, kehren wir um. Es wird also nur ein Tagesausflug.

Am Nachmittag biegen wir vom „Larapinta Drive" nochmals in Richtung „Simpson Gap" ab. Plötzlich ruckelt der Wagen, rollt noch zwanzig Meter, bevor er mit einem scheußlichen Knirschen des Getriebes endgültig stehen bleibt. Ich weiß sofort, dass es diesmal etwas Ernstes ist, denn wir haben vor 80 Kilometern das letzte Mal getankt. Nina bekommt den Wagen nicht mehr gestartet. „Maschina kaputt", ruft sie schulterzuckend, doch ich kann darüber überhaupt nicht lachen. Während ich sofort loslaufe, um Hilfe zu holen, brüllt sie mir hinterher: „Bist du bescheuert oder was? Bleib beim Wagen, Micha!"

Ich behalte Recht, denn bis zum schmalen Keil aus Felsgestein ist es nur etwa einen Kilometer weit und zum Sonnenuntergang haben sich dort einige Menschen eingefunden. Ich gehe zu einem alten Jeep und spreche die Leute an. Es sind zwei weiße Touristen, die mit einem Aborigine als Führer unterwegs sind. Der schokoladenbraune Mann mit den breiten Nasenflügeln, steinernen Augen und dem stahlgrauen Rauschebart sieht aus, als wäre er einem Australienfilm oder der Steinzeit entsprungen. Als er sich nähert, wirbelt der Staub zwischen seinen rissigen Zehen auf.

Sofort fährt er mich zum Camper und füllt aus einem Kanister Benzin nach. Nichts. Dann öffnet er die Motorhaube, die sich unter dem Fahrersitz befindet, und fummelt an den Drähten und Kabeln herum, doch der Wagen springt noch immer nicht an. Er erklärt uns, dass wir den „Sunset" mit einem „Sundowner" bewundern sollen, während er in die Stadt düst.

Völlig perplex ob seiner spontanen Selbstlosigkeit kommen wir mit den Leuten aus Brisbane ins Gespräch. Mearann, so der Name des Mannes, sei der beste Tourguide, den sie jemals im eigenen Land gehabt haben, erzählen sie mit leuchtenden Augen. Sie kommen gar nicht aus dem Schwärmen heraus und gerührt stelle ich fest, dass es eben auch ein anderes Australien gibt. Ein Land ohne Ignoranz und Fremdenhass – ein Land, in dem sich weiße Eindringlinge darüber freuen, wenn ihnen die Kultur und Bräuche der ursprünglichen Bewohner näher gebracht werden. Ich biete ihnen ein „Victoria Bitter" an, dass sie „Wie Bie" aussprechen, und kann – trotz der Panne – das Farbenspiel am rot glühenden Bergspalt einigermaßen genießen.

Als die Sonne hinter den Wänden verschwunden ist, sagt die Frau: „Mearann bedeutet in der Sprache der Aborigines übrigens: To call." Unser Hilferuf wurde also erhört, denn wenige Augenblicke später sehen wir in einer Staubwolke zwei Wagen am Horizont auf uns zupreschen. Neben dem Jeep bremst ein traktorgroßer Pick-up mit Ladefläche in einer roten Fahne aus Gummiqualm. Paul ist ein Baum von einem Mann in Jeans, Holzfällerhemd und Desert Boots. Er trägt ebenso Vollbart, ist zuvorkommend und strahlt eine heitere Gelassenheit aus. Zudem ist er Besitzer einer Autowerkstatt in Alice. Doch leider gelingt es auch ihm – trotz diverser „Schraubenschlüssel-Aktivitäten" – nicht, unsere Mühle wieder in Gang zu bringen. Er geht zu seinem Wagen, holt ein Seil und fragt, wer beim Abschleppen fahren möchte. Nina meldet sich freiwillig und stellt sich dann wirklich gut an. Ich fahre bei Paul vorne mit und merke sofort, dass wir auf einer Wellenlänge sind. Nach zwanzig Minuten erreichen wir die Stadt und rollen in einen von Mauern umgebenen Hof.

In der Werkstatt arbeiten zwei ölverschmierte Aborigines. Wie sich herausstellt, sind es die Söhne von Mearann. Ninas Talente sind nun wieder gefragt. Sie erklärt Paul mit Augenaufschlag und in perfektem Englisch, dass wir mit dem Camper eigentlich gar nicht hier sein dürften und keine Kohle besitzen, um ihn bis nach Sydney schleppen zu lassen. An seinem Lächeln erkenne ich, dass er uns nicht übers Ohr hauen wird. Er empfiehlt ein preisgünstiges Hotel in der Nähe, da er uns erst morgen sagen kann, was das Problem ist und wie lange die Reparatur dauern wird.

Deutlich entspannter verlassen wir den Hof mit dem nötigsten Gepäck und biegen in die genannte Straße ein. Ein auffallend langer, hellblauer Oldtimer steht am Wegesrand. Die Scheiben sind dunkel – fast schwarz – getönt und am Heck des Kombis erkenne ich, dass es ein Chevrolet ist. Beinahe wäre ich achtlos daran vorbeigelaufen. Erst als ich am Spoiler das Wort „Kingswood" lese, fällt der Groschen. „Verdammte Scheiße, das ist der Wagen von diesen Typen aus den Grampians!", rufe ich. Augenblicklich bekomme ich weiche Knie und innerhalb von Sekunden wird aus dem Unbehagen ein Gefühl des Gefährdetseins. Ich zerre Nina zur Werkstatt zurück.

In einem Redeschwall berichte ich Paul, was sich vor einigen Tagen zugetragen hat, und hole zur Bestätigung den Zeitungsartikel aus meinem Rucksack. Er hört sich die Geschichte nochmals in Ruhe von Nina an, schweigt eine Weile und rät uns dann, für ein paar Tage zu verschwinden. Wir sollen uns einen günstigen Flug buchen und lieber in ein anderes Hostel gehen. Er schaut hinüber zu seinen zwei Mitarbeitern, die das Gespräch aufmerksam verfolgt haben, und verfrachtet uns dann in seinen Pick-up. Nach fünf Minuten betreten wir eine Unterkunft am Stadtrand.

Ich bin fix und fertig und schließe sogar die Tür des Zimmers hinter uns ab. Gegen 20 Uhr klopft es. Mit Erleichterung vernehme ich Pauls tiefe Stimme. Er will wissen, wann wir morgen fliegen. Wir haben noch nichts gebucht, da Nina nicht daran glaubt, dass der metallicblaue Chevy tatsächlich den Brown-Brüdern gehört. Doch Paul überzeugt endlich auch meine Freundin. Falls uns die Typen tatsächlich in Alice suchen, bekämen sie aufgrund unseres auffälligen Campers schnell heraus, dass wir gesichtet wurden. Auf dem Campingplatz sind ja sogar unsere Namen registriert. Innerhalb von fünf Minuten kaufen wir im Internetcafé unerwartet preiswerte Qantas-Flüge, die uns morgen früh nach Darwin in den äußersten Norden des Landes bringen werden – und drei Tage später wieder zurück. Als wir uns verabschieden, erklärt Paul mit väterlichem Lächeln, dass er sich bis dahin um die Reparatur und um „das andere Problem" gekümmert hätte. Er kenne hier schließlich ein paar Leute. Nina redet im Zimmer beruhigend auf mich ein und schwärmt davon, im „Top-End" endlich das Meer wieder zu sehen. Für mich ist es eher eine Flucht. Scheißtag!

Ihre Sicht
Tierparkbesuche scheinen ja eine besondere Leidenschaft von Micha zu sein, denn er schleppt mich in den „Alice Springs Desert Park", obwohl die echte Wüste mit einem Zoo ohne Zäune direkt dahinter liegt. Dennoch gebe ich zu, dass die dort präsentierte Artenvielfalt von Flora und Fauna in dieser furztrockenen Klimazone beeindruckend ist. In Vogelfreigehegen beobachten wir die Herren der Lüfte und ein Reptilienhaus zeigt diverse Schlangen, Drachenechsen und natürlich auch ekelhaft pelzige Spinnen. Bis jetzt habe ich diese Phobie ganz gut ausblenden können, doch hier werde ich wieder daran erinnert, was alles in den Camper krabbeln könnte. Glücklicherweise verzichten wir auf die Vorführungen im Naturtheater und auch zur Filmvorführung schleift er mich nicht.

Gleich danach steuern wir die „West MacDonnel Ranges" an. Sie liegen dann wieder im „großen Wüstenpark". Zugegeben, was wir in den nächsten Stunden sehen, ist ganz nett, aber nur, wenn man zuvor nicht am Uluru und in den Flinders Ranges gewesen war. Rotes Gestein, Schluchten und unerwartet auftauchende Wassertümpel hatten wir nun schon ausgiebig bestaunen dürfen. Vielleicht habe ich, im Gegensatz zu Micha, jetzt einfach nur das größere Verlangen, die Sand- und Steinwüste endlich zu verlassen, um ans rauschende Meer zu gelangen. Bereits am „Simpsons Gap" kann ich seine Euphorie nicht ganz teilen, zumal wir auch die – auf Hinweistafeln angepriesenen – schwarzfüßigen Felswallabys, eine Art Minikänguru, nicht entdecken.

Entlang der asphaltierten Straße folgt nun eine ermüdende Sehenswürdigkeit nach der anderen. Schlitzförmige Einschnitte an steil aufragenden rotgelben Wänden und Graten, eng gewundene Schluchten mit Wasserlöchern an den Enden, eine vom quarzigen Fluss durchzogene Felsformation und eine namens „Window in the Rock". Wie gesagt, alles schon einmal gesehen (wobei mich die Fotos später Lügen strafen).

Micha schwafelt zudem die ganze Zeit irgendetwas von den „Songlines" der Aborigines und fängt plötzlich sogar an zu singen. Vielleicht bin ich heute einfach quengelig, denn der Nationalpark ist nun wirklich kein langweiliges deutsches Mittelgebirge. Zumindest kann ich während der Tour einmal herzhaft lachen. Am „Ellery Creek Big Hole" zieht Micha plötzlich seine Shorts samt Unterhose aus, wirft sie mit einem Fuß nach oben und rennt nackt in den Tümpel. Das Wasser ist saukalt und manchmal bin ich regelrecht geschockt über seine Spontanität. Kurz darauf erscheint eine zwanzigköpfige Gruppe am Ufer. Ich sehe, dass er möglichst lange warten will, bis sie wieder verschwinden, doch diesen Gefallen tun sie ihm nicht. Nach 15 Minuten kommt er mit Gänsehautbeinen herausgewackelt. Sein „Kleiner" ist ja nicht gerade der größte, doch jetzt ist er praktisch nicht mehr existent. „Sooo kalt ist es", flüstert er und hält Daumen und Zeigefinger neben das verschrumpelte Ding. Ich lache laut los, sodass die Touristen nun besonders interessiert zum kleinen Nacktfrosch herüberschauen.

Beim Essen im Glen Helen Resort mache ich ihm klar, dass ich nicht in den „Ranges" übernachten möchte. Ohne groß zu diskutieren, akzeptiert er dies und wir machen uns auf den Rückweg. Die Sonne steht schon recht tief und so rasen wir regelrecht los, um den Untergang an der Schlucht knapp 20 Kilometer vor „Alice" ja nicht zu verpassen. Etwas langsamer fahre ich auf einem ruckeligen Weg dem Spalt am Horizont entgegen. Auf einmal stottert der Wagen komisch, gibt ungewöhnliche Geräusche von sich und bleibt dann einfach stehen. Ich versuche, ihn drei Mal wieder in Gang zu bekommen – keine Chance!

Noch bevor ich etwas sagen kann, ist Michas Gesicht kalkweiß angelaufen. ‚Der muss mal ein Antistress-Training machen', denke ich zum wiederholten Mal. Zudem habe ich wesentlich mehr Ahnung von Autos, denn er faselt etwas von einem leeren Tank und rennt Hilfe suchend los. Ich schreie ihm hinterher, dass man in solchen Situationen niemals den Wagen verlassen sollte, da man in der Wüste sonst unweigerlich verdurstet. Wir hätten sogar genug Bier dabei, um drei Tage auf eine Rettung aus der Luft zu warten. Doch mein Freund ist längst zu Fuß unterwegs. Eine Stunde später kommt eine klapprige Allradkiste angerast und wenig später kippt ein Bilderbuch-Aborigine ein paar Liter Benzin bei uns nach. Aber fragt doch „Mami" – natürlich rührt sich auch danach nichts.

Der große bärtige Typ ist der erste indigene Mensch, mit dem ich mehr als drei Worte wechsele. Wir reden jetzt von Fachmann zu Fachfrau, doch irgendwann hebt er entschuldigend die Arme, so als ob es sein Fehler sei, nicht weiterhelfen zu können. Er verfrachtet uns in seinen Jeep und fährt zurück zur Picknickstelle am Bergmassiv. Dort erklärt er, dass er nach Alice Springs düsen muss, um Hilfe zu holen. Momentan gebe es keinen Handyempfang. Das nenne ich mal Einsatz!

Die beiden Australier, die er begleitet, scheint das nicht zu stören, da ihre Tour sowieso an diesem Felsen endet. Zwei Riesenkängurus hüpfen ganz in der Nähe in weiten Zügen elegant über die spärlichen Grasbüschel, während die Sonne langsam in einem Keil aus Licht hinter dem Berg versinkt und den Himmel den Sternen überlässt. Von den „Rock-Wallabys" noch immer keine Spur. Bei einem Bier erzählt uns das Paar jedoch, dass sie die kleinen Viecher, neben unzähligen anderen Tieren und Pflanzen, heute gesehen haben (und nicht im „Desert Park" wohlgemerkt). Außerdem hätten sie unglaublich viel über die Traditionen und Riten der Aborigines gelernt. „So ein Führer wäre manchmal gar nicht so schlecht", sage ich zu Micha, der vollkommen abwesend in die Ferne starrt. Doch plötzlich springt er auf und spurtet aufgeregt los, als sich zwei Wagen nähern. ‚Noch so ein Klopper', denke ich, denn neben dem Aborigine betritt nun ein Typ – Marke Bushranger – mit schwarzem Vollbart die Szenerie. Während wir mit ihm zum Camper fahren, lässt er sich die Zündschlüssel geben, schaut sich dann mit Profiblick die Innereien des Busses an und labert meinen glotzäugigen Freund zu.

Bis ich ihm klargemacht habe, dass ich in technischen Dingen die Ansprechpartnerin bin, vergehen einige Minuten, doch letztendlich kann uns auch Paul nicht weiterhelfen. Als er das Abschleppseil in die Höhe hält, nicke ich und begreife sofort, worauf ich beim Hinterherfahren zu achten habe. Problemlos gelangen wir zu „Paul's Auto Repair".

Micha hält sich aus den Gesprächen heraus. Er ist wahrscheinlich nur froh, wenn wir heil aus dem Outback herauskommen. Obwohl ich längst weiß, dass uns der Kerl nicht bescheißen würde, labere ich irgendeinen Mist, so als ob wir fast pleite sind. Paul beruhigt mich und erklärt, dass bei diesen Mazda-Modellen öfter einmal Sensoren ausfallen. Diese sind zwar nicht sonderlich teuer, allerdings muss er erst den Fehlercode auslesen, um zu checken, welcher defekt ist. Er wird uns morgen Bescheid geben und empfiehlt uns ein „Billighotel" um die Ecke.

Während ich mich noch ärgere, dass ich auf „armen Backpacker" gemacht habe – zumal ich mit exquisitem Rollkoffer von dannen ziehe –, kneift mir mein Freund einen blauen Fleck in den Oberarm. Ich will zurückschlagen, doch er rennt weg und begutachtet den vor uns stehenden Wagen. „Das ist die Karre von diesen Arschlöchern Nolan und Jimmy", flüstert Micha, der mal wieder wandweiß geworden ist. Er zerrt mich an einen Zaun und drückt mir die Hand auf den Mund. Dass er mich nicht gleich wie ein Navy-Seal zu Boden wirft, ist fast schon ein Wunder. Von seiner Stirn perlt der Schweiß nun in regelrechten Bächen übers Gesicht.

Da er sich auf der Fahrt mit Paul recht gut verstanden hat, möchte er zurück in dessen Werkstatt gehen, um mit ihm zu reden. Micha kann, wenn er nervös ist, kein gutes, aber zumindest überhaupt Englisch sprechen. Unser neuer Freund versteht dennoch nur die Hälfte. Erst als ich ihm nochmals erzähle, was in den Grampians vorgefallen war und dass uns diese geisteskranken Spinner womöglich verfolgen, begreift er die Situation. Allerdings bestätigt seine Reaktion eher die Paranoia von Micha, denn er rät uns, eine zeitlang unterzutauchen.

Ich kann nicht glauben, dass uns die Penner nachstellen, aber vielleicht verkenne ich auch den Ernst der Lage. Paul sackt uns samt Klamotten ein und fährt in ein abseits gelegenes B&B. Noch immer denke ich, dass mein Freund total überreagiert und „Papa Paul" damit angesteckt hat, doch als er am Abend nochmals vorbeikommt und fragt, ob wir schon einen Flug gebucht haben, knicke ich ein. Außerdem dauert die Reparatur ein paar Tage, die wir nicht unbedingt in Alice Springs verbringen müssen.

Morgen fliegen wir also vollkommen unvorbereitet in den hohen Norden, da wir vor einem alten hellblauen Chevrolet, der zufällig in der Gegend herumgestanden hatte, abhauen. Im schmalen Doppelbett mache ich meinem Süßen klar, dass er keine Angst zu haben braucht, denn wenigstens mein Nervenkostüm ist nach wie vor stabil. „Who the fuck is Nolan?", frage ich grinsend, doch er kann darüber überhaupt nicht lachen.

Roadkill Café – Darwin

Seine Sicht
Paul fährt uns zum Flughafen. Er war zuvor in der Werkstatt und hat sich um den Camper gekümmert. Ich fühle mich elend, habe kaum geschlafen und höre nur mit einem Ohr hin, als er berichtet, dass nur ein Sensor kaputt sei. Mit Einbau würde die Reparatur lediglich 180 Aussie Dollar kosten. Das ist die gute Nachricht – die schlechte: der „Kingswood" steht noch immer an Ort und Stelle.

Im Flieger umarmt mich Nina und kaum sind wir abgehoben, spüre ich eine gewisse Erleichterung. ‚Ein paar Tage durchatmen, abschalten und der drohenden Gefahr entgehen', denke ich mit kritischem Blick auf die rote Erde unter uns. Nachdem es dort immer grüner wird und vereinzelt sogar Flussläufe auftauchen, bin ich es, der vorschlägt, dass wir es uns in Darwin mal richtig gut gehen lassen sollten. Eine halbe Outback-Durchquerung liegt ja schließlich schon hinter uns.

Nina ist einverstanden und rennt in der Halle der Autovermieter zum Stand von „Backpacker Campervans". Das ist zwar niedlich, doch ich erkläre ihr, dass ich mit Erholung eigentlich ein großes Zimmer mit einem vernünftigen Bett gemeint habe. Etwas enttäuscht, folgt sie mir zu „Thrifty". Nicht erst jetzt bemerke ich, wie sehr sie diese Reise verändert hat. Vor ein paar Wochen wäre die „feine Dame" ausschließlich mit dem geräumigen Toyota, den wir schließlich buchen, herumgefahren und hätte kein schlichtes Wohnmobil bevorzugt.

Als wir in die Stadt fahren, leuchten ihre Augen dennoch. Ich weiß, dass Darwin schon mehrere Male von vernichtenden Zyklonen und im 2. Weltkrieg von den Japanern plattgemacht und mittels stabiler Betonbauten wieder errichtet wurde. Doch durch das viele Grün und die salzige Meeresbrise wirkt die Stadt nicht abweisend oder gesichtslos. Pflanzen, die bei uns nur in Hydrokulturen vor sich hindümpeln, wachsen wild an breiten Boulevards. Der Ort ist eine trotzige tropische Schönheit.

Nina stoppt in der Knuckey Street im unmittelbaren Zentrum direkt vor dem Darwin Central Hotel, steigt aus und bucht zwei Tage im Doppelzimmer. Wenn das Meer ruft, kann sie unglaublich schnell Entscheidungen treffen. Trotz des Schnickschnacks gibt es nur eine Sache, die uns sogleich auffällt: Das Zimmer hat palastartige Ausmaße. Ihre Miniaturfüße hinterlassen nasse Spuren auf den Fliesen. Nach der Duschorgie wirft sie mich auf die weiche Matratze. Ihre nackte Haut ist ganz kühl und feucht, doch das Schmusen entspannt mich so sehr, dass ich unter ihr liegend einschlafe. Die letzte Kraft ist aus mir gewichen und erst nach zwei Stunden rüttelt sie mich wieder wach. Mein Mädchen hatte in der Zwischenzeit am Pool herumgelungert. Sie ist nicht sauer und bewirft mich lachend mit Kissen, da sie jetzt endlich los will.

Wir sind zum Ende der Regenzeit gekommen. Momentan ist es in Darwin jeden Tag 33°C warm – an den kalten Tagen 32°C und an den heißen 34°C. Die drei Arten von Hitze kommen mir wieder in den Sinn. Nun sind wir also im tropischen Dampfbad. Mit kurzen Hosen und Thongs schlendern wir die belebte Fußgängerzone entlang, trinken ein Bier inmitten fröhlicher Leute und berühren an der Esplanade erstmals nach vielen Tagen den lauwarmen Ozean mit unseren Zehen. Überall begegnen uns europäisch und asiatisch aussehende Menschen, aber auch Aborigines, die hier alle viel harmonischer miteinander zu leben scheinen.

Rechtzeitig zum Sonnenuntergang erreichen wir den Hafen. An den Landungsbrücken gibt es einen Imbiss-Tempel. In einem regelrechten Fresswahn kaufe ich thailändische und malaysische Spezialitäten sowie zwei Spieße mit Meeresfrüchten. Nina besorgt kaltes Bier. Es wird ein großartiger Abend am, von der Sonne glasierten Meer. Ausgeruht und gestärkt, möchte ich mich für die Schlappe von vorhin revanchieren, doch als ich aus dem Bad komme, schnarcht sie bereits leise vor sich hin. Der Laptop steht auf dem Tisch. ‚Vielleicht hat ja Paul geschrieben', denke ich, als ich mich einlogge. Hat er nicht. Dafür habe ich über 30 neue E-Mails. Etliche Freunde und meine Eltern fragen, wo wir uns eigentlich herumtreiben, doch nur zwei Nachrichten stechen mir sofort ins Auge. Nicole, eine Kollegin von Nina, fragt, wann wir in Cairns sind. Sie will sich darum kümmern, dass Nina dort einen Geburtstagsgutschein für einen Tauchtrip bekommt. Die zweite E-Mail ist beunruhigender. Karsten, aus meiner Firma, schreibt, dass bei uns aufgrund der Finanzkrise große Unruhe herrsche. Es wird gemunkelt, dass 30% der Belegschaft entlassen werden soll. Der Betriebsrat sei schon an der Sache dran und auch bei mir sehe es nicht gut aus. Ich bin geschockt. Das kann doch jetzt alles nicht wahr sein. Was für eine beschissene Phase habe ich denn gerade?

Am nächsten Morgen wundert sich Nina, dass ich vor ihrem Rechner sitze, doch weder von Paul noch Karsten gibt es Neuigkeiten. Um mich abzulenken, schreibe ich gerade an Maria, dass wir tagtäglich an Jörn denken und sie stark bleiben soll. Meine Liebste ist ganz gerührt von meiner Anteilnahme. Beim Frühstück müsste ich eigentlich zuschlagen, da es am Buffet nicht nur Instantkaffee und Rührei mit labbrigem Toast gibt, doch mir ist der Appetit vergangen. Außerdem sitzen wir dort nicht allein vor einem kaminroten Bergmassiv, sondern zusammen mit plappernden Touristen in einem abgedunkelten Raum. Das Essen ist besser, das Ambiente nicht. Draußen kaufe ich mir, da meine mitgebrachten Stangen nun aufgebraucht sind, eine Schachtel „Lucky Strike" für umgerechnet 8 € und bin total angenervt.

Nina im Übrigen hat am Pool jemanden getroffen, der ihr den „Litchfield Nationalpark" schmackhaft gemacht hat. Auf dem Weg dorthin befahren wir den Stuart Highway erstmals in umgekehrter Richtung, da er von hier aus südlich über Alice Springs nach Adelaide führt und an einem anderen Ozean endet. Kurz stoppe ich am Territory Wildlife Park, doch meine Süße kann sich durchsetzen, sodass wir keinen Zoo inmitten des Naturzoos besichtigen.

Dann geht es rechts ab nach Batchelor, wo wir ein Schild entdecken: „Territory's Tidiest Town". An einem Zeltplatz mit gepflegtem englischem Rasen ruft Nina in ihrer ganz speziellen Art: „Verdammte Scheiße, wie gern hätte ich in diesem aufgeräumten Nest im Camper übernachtet." Ich verstehe, was sie meint, auch mir fehlt im Hotel das ganz spezielle Feeling.

Wir befinden uns nun in einem Waldgebiet und nur wenige Kilometer weiter ragen gelbbraune Säulen – flach wie Grabsteine – mehrere Meter in den Himmel. Es sind „magnetische Termitenhügel", die von den emsigen Krabblern in jahrelanger Fleißarbeit errichtet wurden, um in der Spitze ihre Toten zu begraben. Im Inneren sollen die Arbeiter und ganz unten König und Königin leben, erklärt mir Nina, von Tafeln ablesend.

Am „Buley Rockhole" wartet die erste Abkühlung. Das Wasser rollt dort kaskadenförmig einen Fluss herab und sammelt sich in kleinen Felsbecken. Wie etliche planschende Kinder nutzen wir so ein „Loch" zu einem Bad, doch leider müssen wir wegen Nina weiterfahren. Zwischen zwei Bäumen, genau dort, wo wir unsere Klamotten abgelegt haben, hängen dutzende langbeinige Spinnen. „Die wollen doch nur spielen", rufe ich, aber selbst im von innen verriegelten Auto kann sie darüber nicht lachen.

Somit ist auch die Buschwanderung zu den „Florence Falls" kein Vergnügen, da sie in qualvoller Angst vor weiteren Begegnungen mit dieser Art in die Lüfte starrt und ihr Schritttempo noch tapsiger wird. Von einer Plattform sehen wir, wie sich zwei etwa 20 Meter hohe Fälle in ein riesiges Becken ergießen. Während ich mich sofort unter die tosende Naturdusche treiben lasse, dümpelt Nina lediglich am Rand herum.

Etwas weiter an den „Wangi-Falls" ist das Wasser dann so klar, dass wir Fische um unsere Füße herumschwimmen sehen. In den Felswänden hängen Fledermäuse statt todbringender Spinnen, wodurch sich mein Mädchen allmählich wieder entspannt. Es ist ein grandioser Tag, an dem ich den Mist der letzten Tage endlich einmal vergessen kann. Auf dem Rückweg halten wir an einem Strand und geraten in ein regelrechtes Volksfest. Nina erfährt an einem der zahllosen Essensstände, dass der „Mindil Beach Sunset Market" eine Attraktion der Stadt ist. Kunstgewerbe, Schmuck und köstliche Speisen aus aller Welt werden für schmales Geld feilgeboten. Überall hocken Familien, Freunde und Kollegen unter Palmenfächern. Andere spielen auf der Wiese Frisbee, Football und sogar Fußball oder sitzen auf dem breiten Sandstrand und warten auf den Sonnenuntergang. Die Menschen scheinen aus allen Ecken dieser Erde zu kommen. Es gibt hier ein so ergreifendes, vorurteilsfreies Miteinander, eine Harmonie und Ausgewogenheit der Rassen, dass mir ganz warm ums Herz wird.

Die exotischen Gerüche machen hungrig. Nina schüttelt angewidert den Kopf, als ich mir drei Portionen von einem Stand namens: „Roadkill Café" hole. Neben totgefahrenen Tier-Steaks kaufe ich eine Tüte „Beef Jerky". Bei ihr gibt es Satay-Spieße, eine Asia-Nudelpfanne und Obstsalat. Es ist also für jeden Geschmack etwas dabei.

Am Traumstrand warnen quadratische gelbe Schilder davor, schwimmen zu gehen, und wegen der todbringenden Würfelquallen watet tatsächlich niemand in das stahlblaue Meer. Nur ein junger Kerl kommt freudestrahlend aus dem Wasser gestapft und legt sich neben uns auf ein Handtuch. Nina fragt ihn freundlich, ob er nicht ganz dicht sei. Es ist ein Deutscher, der schief lächelnd erklärt, was auf den Tafeln steht: „June – September, Box Jellyfish Less Common." Wir schauen uns irritiert an, da heute der 5. Mai ist und sie somit durchaus noch das Meer verseuchen.

„Okay, du bist bescheuert", rufe ich. Doch wir kommen ins Gespräch und nehmen diesen Oliver – nach einem mit Applaus bedachten Sonnenuntergang – mit.

‚Keine so gute Idee', denke ich in einem Pub in der Mitchell Street, denn der Typ mit dem locker sitzenden Sporthemd und dem lächerlichen Nietengürtel in der Jetlag-Hose geht mir mit seiner überkandidelten Art schnell auf die Nerven. Er reist schon seit Monaten mit dem „Work & Travel"-Visum durch Australien, muss aber eigentlich nicht arbeiten, da er für diverse Magazine schreibt und fotografiert. Bei mir versucht der Vollidiot zu punkten, indem er erzählt, wie viele Frauen er nun schon flachgelegt hat, während er Nina von den landschaftlichen Schönheiten Australiens vorschwärmt. Er hält sich für den Oberindividualisten, ist aber eine Witzfigur und mein Mädchen amüsiert sich auch noch prächtig. Irgendwann habe ich keine Lust mehr auf seine lässige Arroganz und gehe allein zurück ins Hotel.

Von Paul gibt es noch immer keine News, aber Karsten schreibt, dass ich mich bei Ulrike melden soll, wenn ich wissen will, wie der Stand der Dinge auf Arbeit ist. Uli ist meine Kollegin im Büro. Sie ist in meinem Alter und etwa genauso lange in der Firma. Allerdings ist die Frau verheiratet und hat ein Kind. Wen werden sie da wohl zuerst auf die Straße setzen?

Ihre Sicht
Was für ein toller Kerl mit einem riesigen Herz! Noch vor dem Frühstück besorgte sich Paul ein Gerät, mit dem er den Fehlercode auslesen konnte, und er weiß nun, dass ein Temperatursensor beim Mazda defekt ist. Außerdem deutet er mit einem Lächeln an, dass ich dem Häufchen Elend (Micha) mal ein bisschen Mut zusprechen soll, da er schon einen Plan ausgeheckt habe, um herauszubekommen, ob dieser Wagen tatsächlich der von den kaputten Typen wäre, die wir im Süden Australiens unfreiwillig kennengelernt hatten. Während des Fluges sitze ich am Fenster. Überall sieht man große ausgetrocknete Flussbetten inmitten der roten Einöde. Doch plötzlich, wie aus dem Nichts, wird die Ebene zum ockerfarben Sandkasten, plötzlich breitflächig grün und schließlich ist am Horizont sogar fettes Blau mit feinen milchigen Streifen zu erkennen. Micha macht den Vorschlag, in Darwin mal die Sau rauszulassen. Da bin ich dabei, obwohl ich mich allmählich an das spartanische Leben gewöhnt habe. Nur zum Spaß laufe ich zu einer Leihstation für Wohnmobile und

jammere ihm dann die Ohren voll, als er einen PKW bucht.

Vielleicht darf man nicht gerade aus Sydney oder Melbourne eintrudeln, aber wenn man aus „Fucking Alice" kommt, erscheint einem die Stadt wie eine Fata Morgana. Keine roten Sandhaufen und tausende schwarzer Fliegen mehr, sondern smaragdgrüne Wiesen, Palmen wedelnde Luft, zitronengelbe Blumen und taubenblaues Meer. Vor allem gibt es keine henkelohrigen Outback-Honks mehr. Ein buntes Getümmel von Asiaten, Europäern, schwarzen und weißen Didgeridoo spielenden Aussies, cool gekleideten Studenten und grinsenden Backpackern beherrscht das Straßenbild.

Da ich keinen gebührenfreien Parkplatz finde, halte ich in der Einfahrt eines Hotels, gehe hinein, und lasse mich bequatschen zu bleiben. Das Businesshotel kostet für zwei Nächte doppelt so viel wie die Reparatur unseres Campers, doch besonders Micha ist davon überwältigt, in welch gigantischem Schlafgemach wir nächtigen werden. Wir duschen gemeinsam, bevor ich ihn an einem pochenden Schwanz auf das samtweiche Bett zerre. Höchste Zeit für ein Noppen-Kondom! Auf meinem Körper laufen bald wieder feine Rinnsale hinab. Als ich mich ein letztes Mal aufbäume und erschöpft auf ihn niedersinke, kann ich nicht glauben, was ich dort sehe. Der Kerl schläft seelenruhig! ‚Das ist ja, wie mit einem Toten zu vögeln', denke ich geschockt und dennoch halb amüsiert, da sich mein Freund seit der Grampians-Geschichte schon öfter mal in der schwarzen Kiste wähnte.

Im Gegensatz zu ihm bin ich nun hellwach. Da es W-LAN gibt, schmeiße ich seit ewiger Zeit den Laptop mal wieder an und stelle gerührt fest, wie viele Leute sich Sorgen um mich gemacht haben. Ich schreibe eine Rundmail und schicke sie zusammen mit ein paar Fotos an „alle". Dabei erwähne ich ganz nebenbei, dass ich telefonisch nicht mehr erreichbar bin. Erst, als ich sie mir im „Send-Ordner" nochmals durchlese, fällt mir auf, wie glücklich ich in den letzten Tagen gewesen bin.

Nach ein paar Bahnen im Pool komme ich mit einem schwabbeligen Typ ins Gespräch, der mir lüstern in den Ausschnitt glotzt. Er berichtet, welche Nationalparks es rund um Darwin gäbe, die er mir alle zeigen könne, da er „gaaanz" allein hier wäre. Ich erkläre ihm, dass ich mit meinem „gaaanz" tollen Freund unterwegs bin und er sich gefälligst selbst ficken kann. Zumindest hat der speckige Kerl Humor, denn danach können wir auf Augenhöhe miteinander reden.

Nachdem ich Schmidti wachgerüttelt habe, schleppe ich ihn in ein Café wenige Meter vom Hotel entfernt und dann an die Promenade am Meer. Mein Pool-Freund hatte mir wegen möglicher Salzwasserkrokodile, aber vor allem wegen bösartiger Würfelquallen geraten, aufs Baden zu verzichten. Am Hafen und an der alten Wharf ist es aber auch so entspannend.

Micha versorgt uns an einem Foodcourt mit Spießen, Röllchen, Nudeln und Pasteten, die für die nächsten drei Tage reichen würden. Wir spülen mit kühlem Bier nach und füttern mit den Resten dicklippige Fische und kreischende Möwen. Ich könnte ewig auf dem Ausleger sitzen und aufs Wasser in Richtung Asien schauen. Ein Pärchen läuft Hand in Hand an uns vorbei. Sie – eine strohblonde Schönheit mit elfenhaften Gesichtszügen; er – ein stolzer, mattschwarzer Aborigine. Beide sind vielleicht 18. Am Ende der Pier nimmt er sie zärtlich in den Arm. Dann küssen sie sich. „Weißt du eigentlich, dass ich nun schon komme, während du pennst", beichte ich Micha in diesem Moment. Er grinst verlegen und umarmt mich entschuldigend. Ich fühle mich saugeborgen!

Obwohl ich in den letzten Wochen keinerlei Komfort vermisst habe, falle ich auf dem breiten Himmelbett nach zwei Gläsern fantastischen Weißweins aus dem Kühlschrank bei laufendem Fernseher innerhalb weniger Minuten in einen Luxus-Schlaf.

Das Essen am Frühstücksbuffet ist vielfältiger als in unserer Feldküche, doch Micha verleidet mir mit schlechter Laune den Genuss. Seit gestern schleppt er eine neue Paranoia mit sich herum. Er hat jetzt eine Heidenangst, bei der Rückkehr seinen Job zu verlieren. Gut, ich kann mich noch vage daran erinnern, zu Beginn der Reise auch öfter mal an meine Arbeitstelle gedacht zu haben, doch mittlerweile ist das alles so weit weg – und total unwichtig geworden. Ich weiß momentan nicht einmal, ob ich überhaupt wieder hingehen werde. Vielleicht schaue ich mich ja nach etwas ganz anderem um, oder wandere nur mit einem Rucksack bepackt ein Mal um die Welt. Michi würde ich sogar mitnehmen. Tagträume – bisher leider nur angeträumt!

Heute fahren wir in den nahe gelegenen Litchfield Nationalpark. „Litchfield-do, Kaka-don't", hat mir der quallige Typ vom Vortrag erklärt und damit gemeint, dass wir gar nicht unbedingt in den berühmteren Kakadu Nationalpark müssten. Nach knapp 100 Kilometern erreichen wir nach einer Abzweigung das kleine

Kaff Batchelor. Dass die Australier, neben der Macke, überall „Big things" aufzustellen, noch einen anderen Spleen haben, hab ich zuvor schon bemerkt. Jeder Ort muss immer irgendetwas Besonderes darstellen: Australiens Fliegenfischer- oder Leberwurst-Hauptstadt, Australiens windigster, trockenster oder nassester Ort. Nun befinden wir uns also in der saubersten Stadt des Northern Territorys. Zum Glück lebe ich nicht in Batchelor, denn dann hätten die 480 Einwohner diesen Titel niemals gewonnen. Obwohl ich demnach penibel geschnittene Hecken nicht sonderlich attraktiv finde, denke ich beim Blick auf die Wohnwagen des Campingplatzes wehmütig an die letzten Tage in unserem Bus zurück.

Ein paar Biegungen weiter erreichen wir die „magnetischen Termitenhügel", die weltweit nur hier vorkommen sollen. Die bis zu drei Meter hohen, kathedralenförmigen Steinplatten sind alle exakt in Nord-Süd-Richtung ausgerichtet, damit die Tiere die hohen Temperaturschwankungen überstehen können. Wie üblich, gibt es im Park Schautafeln und Wegweiser, sodass wir auch das „Buley Rockhole" nicht verfehlen können. In Barrieren und sandigen Senken sammelt sich das Wasser eines dahin plätschernden Flusses, umgeben von einer knallgrünen Tropenlandschaft mit von Schlingpflanzen überwucherten Bäumen. Traumhaft! Nein, denn kreischende, rotznäsige Kinder und vor allem Spinnen, die zwischen den Ästen riesige Netze geflochten haben, versauen die Idylle. Deren Körper ist zwar nur daumennagelgroß, aber sie haben extrem lange Beine und vor allem sind es Spinnen! Auf dem Weg zu den „Florence Falls" laufe ich im Zeitlupentempo durch den Monsunwald, da ich keinen Bock habe, dass mir so ein Ding plötzlich direkt vor der Nase baumelt, um ihre Eier in meinen Nebenhöhlen abzulegen. Micha begleitet mich beschützerisch wie ein großer Bruder und unbeschadet erreichen wir ein gewaltiges Wasserbecken, welches von hohen Felsen umrahmt wird. Zwei Wasserfälle krachen von oben herab. Er schwimmt dem Donner sofort entgegen und versucht, sich an glitschigen, mit Algen bewachsenen Wänden hochzuziehen. Ich plansche lediglich am Rand herum und sinniere darüber, ob es hier womöglich Krokodile gibt.

Gibt es! Zumindest an den „Wangi Falls" weist ein Schild ausdrücklich auf „Freshies" (Süßwasser-Krokodile) hin. Zu meinem Erstaunen lassen sich aber auch dort unzählige Menschen auf dem Rücken treiben. Ich muss mich fast zwingen, wenigstens bis zu den Knien hineinzugehen, da mir mein Freund große Fische zeigen will, die im glasklaren Wasser zu sehen sind. Einmal mehr stelle ich fest, dass ich für den Dschungel nicht geboren bin. Ich erschrecke sogar, als Fledermäuse aus ihren Ritzen flattern. Micha scheint der Ausflug jedoch gefallen zu haben. Gut gelaunt, fährt er zum Ozean. Leider sind an der Stelle, die wir zum Strandbesuch ausgesucht haben, Menschenmassen unterwegs, aber recht schnell wird klar, dass es sich trotzdem zu bleiben lohnt.

Der große Markt am „Mindil Beach" findet in einer so entspannten Atmosphäre statt, dass wir eine halbe Stunde von einem Verkaufsstand zum nächsten treiben, bevor wir uns unter eine Kokospalme setzen und Leute beobachten. Ich schaue mit einem Auge zu meinem Freund, der sich genüsslich kleine Filetstücken von totgefahrenen Kängurus, Kamelen und Krokodilen einverleibt, während Senf an seinem Kinn kleben bleibt. Pfui! Nach der ganzen Fleischfresserei bin ich ein richtiger Fan von Asia-Food und Meeresfrüchten geworden.

Nebenan beginnt eine Band mit ihrer Musik, doch mich zieht es magnetisch zum Strand. Und was hab ich fast schon wieder vergessen? Richtig, dass man in der malerischen Bucht mit dem goldgelben Sand nicht schwimmen kann. Bunte Warntafeln weisen darauf hin: „Box Jellyfish Stings Can Be Deadly – Don't Swim". Wir sehen einen Mann, der anscheinend nicht lesen kann, im Meer. Als er rauskommt, quatsche ich ihn an und tatsächlich: Es ist ein Deutscher. Es sei ja nun schon Mai, da hauen die Viecher in der Regel wieder ab, erklärt er mir allen Ernstes, und außerdem gebe es ja Essigvorräte am Strand. Das spitzbübische Lächeln von Oliver erinnert mich ein wenig an diesen australischen Spinner Steve Irwin, der gerne mal auf Krokodilen herumreitet oder eben in Gewässern schwimmt, wo man dies lieber nicht tun sollte.

Trotzdem, oder gerade deshalb, ist der Typ mit seinen eisblauen Augen und dem gewellten dunkelblonden Haar interessant. Spontan lade ich ihn ein, mit uns in der City etwas trinken zu gehen. Nach drei Bieren spüre ich, dass heute mal wieder so ein entspannter Abend wäre, um mit dem Rauchen anzufangen. Nur mein Freund nörgelt und kann meine gute Laune nicht nachvollziehen. Es scheint ihm nicht zu gefallen, dass ich mich köstlich über die witzigen Storys von Oliver amüsiere. Immer wieder fängt er an zu sticheln. ‚Kann mein Süßer vielleicht doch eifersüchtig werden?', denke ich und bin dabei eher amüsiert als besorgt. Nach zwei Stunden will Micha gehen. Da ich nicht an ihn gekettet bin, bleibe ich und steige mit Oli – in der Stadt mit dem höchsten Bierkonsum des Landes – auf Cocktails um.

Sagen wir es mal so: Ich weiß nicht mehr, wann und wie ich nach Hause gekommen bin, nur, dass wir noch Billard und Dart gespielt, etliche Leute kennengelernt und vor allem viel Spaß gehabt haben. Auch an die verrückten Aussies, die Dosen auf den Köpfen balancierten und dabei ununterbrochen ein Lied von „Men at Work" gesungen haben, erinnere ich mich noch. Im Hotel falle ich aufs Bett und summe: „I come from a land down under, where beer does flow and men chunder." In voller Montur schlafe ich ein.

Springende Krokodile – Top End
Seine Sicht

Es ist ein ungewohntes Gefühl, denn am Morgen bin ich seit ewiger Zeit mal wieder richtig sauer auf meine Mitreisende. Während ich mich noch wundere, was im Zimmer so stinkt, stammelt sie verschlafen, dass es ihr sauschlecht gehe und ich etwas vom Frühstück mitbringen soll. Erst, als ich wiederkomme, entdecke ich den verkrusteten Fleck Erbrochenem neben dem Bett. Das scheint ja allmählich zu einer Spezialität zu werden. Natürlich habe ich nicht das Richtige geholt und während sie sich unter die Dusche schleppt, lese ich am Rechner, dass ich auf der „Abschussliste" unserer Firma stehe. Ulrike hat diese von einem befreundeten Betriebsrat besorgt. Ihr eigener Name ist allerdings auch auf dem Geheimpapier verzeichnet.

Als wir endlich gegen 11 Uhr auschecken, könnte ich so richtig kotzen. Dieser Volldepp Oliver steht vor der Tür. Ganz nebenbei erfahre ich, dass uns der kosmopolitische Globetrotter heute in den Kakadu-Nationalpark begleiten wird. Nein, wir fahren nicht direkt dorthin, sondern halten an einem McDonald's, bevor wir hinter einem Nest namens „Humpty Doo" abbiegen, um zu einem – laut Oliver – „absoluten Highlight" des Top Ends zu gelangen.

Zugegebenermaßen habe ich mich bequatschen lassen, da sich die Sache mit den „Springenden Krokodilen" interessant anhörte. Nach zwanzig Minuten Fahrt auf unasphaltierten Straßen erreichen wir den Adelaide River und laufen zum Anleger der „Jumping Crocodile Cruises". Weil das Boot gerade weg ist, dürfen wir uns eine Stunde am schlammgrauen Fluss im schwülheißen Dunstklima die Zeit vertreiben. Nina muss mal und verschwindet hinter einem einfachen Verschlag inmitten der Pampa. Genau in diesem Moment kommt ein blauer Hippie-Camper angefahren. Es steigen zwei hübsche Frauen aus, die ihre braunen Brüste nur unvollständig in dünnen Blusen verstecken. Die drei kennen sich. Sie begrüßen den großen Zampano euphorisch per Küsschen und Umarmung, so als ob sie ihn seit zehn Jahren nicht gesehen hätten. Caro und Anke mustern mich nicht gänzlich uninteressiert, doch ich deute mit dem Daumen zum Klo, wo sich meine geliebte Freundin wahrscheinlich gerade übergibt.

Ich habe keine Lust auf Konversation, setze mich abseits auf eine Bank und beobachte ein Paar in khakifarbenen Tropenklamotten. Die Frau führt einen braun-weiß gescheckten Hund an der Leine. Während sie auf mich zulaufen, reißt er sich los und rennt samt Halsband die Uferböschung hinab. An einem Ort, der für bis zu sieben Meter lange Leistenkrokodile bekannt ist, muss ich wohl kaum erwähnen, dass dies keine so schlaue Idee gewesen ist und bei der Besitzerin umgehend zu einer Panikattacke führt. Dennoch möchte ich bei der Wahrheit bleiben: Ich weiß nicht, ob der kleine Kläffer von einem dieser Monster zum Lunch verspeist wurde. Allerdings taucht er – bis die Tour beginnt – auch nicht wieder auf. Als wir ablegen, rufen ein Mann mit hochrotem Kopf und eine verheulte Frau am Ufer noch immer verzweifelt nach ihrem „Eric".

Während der Bootsfahrt bekommen sich die anderen gar nicht mehr ein vor Lachen. Sie knipsen jedes monströse „Saltie" (Salzwasserkrokodil), das mit gewaltigen Sprüngen nach den an einem Stab befestigten Fleischstücken schnappt, mit dummen Sätzen wie: „Na, hast du den kleinen Eric gefuttert?", oder „Hast du jetzt gar keinen Hunger mehr nach dem Wauwau?" Oliver mimt den Obermacker und muss mehrfach erwähnen, dass dies eine fantastische Geschichte für eines seiner „bedeutenden" Magazine wäre. Der Kapitän versteht die Scherze nicht, freut sich aber, dass Caro, Anke, Oliver und Nina so gut gelaunt sind. Eigentlich mag ich ja Zynismus, doch die hiesige Konstellation ärgert mich – zumal sich das Journalisten-Schwein aufführt, als wäre er mit Nina zusammen. Ich komme mir extrem deplatziert vor. Am liebsten würde ich den Kerl über Bord schubsen und ihm – wenn er sich Hilfe suchend am Kahn festkrallt – mit einer Machete die Schreiberling-Hände abhacken. Oberarschloch!

Die Krokodile mit den messerscharfen Bissleisten, die wir geschützt von Metallzäunen wie im Zirkus aus allernächster Nähe betrachten können, sind jedoch beeindruckend. Zunächst kräuselt sich das Wasser im Mangrovenschlamm, bevor ihre panzerartigen Schuppen und der bleich aufblitzende Bauch an der Wasseroberfläche erscheinen. Respektvolle Bewunderung vermischt sich mit einem gewissen Gruselfaktor.

Als wir den Anleger erreichen, muss Nina erneut zum schachtelförmigen Wellblechklo. Oliver ruft mir zu, dass er mit „den Weibern" ein paar Meter fahren will, weil es unweit eine Aussichtsplattform gibt. Wir sollen kurz warten. Da er seinen Rucksack dabei hat, treffe ich spontan eine Entscheidung. „Ich soll dir einen Gruß von Oli ausrichten. Er fährt jetzt mit Caro und Anke weiter. Gerade sind sie abgedüst", erzähle ich Nina bei ihrer Rückkehr. Sie schaut mich skeptisch an und runzelt die schweißbeperlte Stirn, doch geschwächt von Übelkeit besteigt sie mit enttäuschtem Gesichtsausdruck den Toyota. Ich gebe Gas und lege ihr besitzergreifend die Hand auf die bis an die Brust gezogenen Knie. Nina gehört nur mir allein!

Natürlich kapiere ich auf der Weiterfahrt, dass dies ziemlich gemein war, aber das erleichternde Gefühl, diesen Idioten, der auf alles eine Antwort hatte, endlich los zu sein, überwiegt. Und nun? Es ist schon nach 15 Uhr, als wir den nördlichen Parkeingang zum „Kakadu" erreichen, und sie verlangen 16 AU$ Eintritt. Ich beschließe das bedeutendste Naturwunder des Northern Territorys einfach wegzulassen und kehre um. „Manchmal muss man sich eben auch Dinge für spätere Reisen aufheben", erkläre ich meiner Freundin mit bedeutungsschwangerer Miene.

Auf der Rückfahrt geschieht etwas extrem Peinliches: Der Camper von Caro und Anke kommt uns entgegen. Während Nina winkt und mich anschreit, dass ich anhalten soll, damit sie sich wenigstens verabschieden kann, zeigt mir Oliver, der auf der Vorderbank sitzt, den Mittelfinger. Mit Bleifuß und schamesrotem Kopf rase ich weiter in Richtung Darwin und stoppe nicht einmal am Humpty Doo Hotel, dessen Kneipe man – laut dem Alleswisser – unbedingt von innen gesehen haben sollte. „Jetzt habe ich nicht mal seine E-Mail-Adresse", meckert Nina mit einem Mund, der so dünn wie eine Messerklinge ist, und boxt mich mit hasserfüllten Augen in die Seite. ‚Und das ist auch gut so', denke ich und komme mir dennoch ein bisschen schäbig vor.

Am „Fogg Dam Conversation Reserve" fahre ich ab. Letztendlich erhaschen wir an diesem Staudamm dann doch noch einen einzigartigen Blick auf die bedeutende Sumpf- und Schwemmlandschaft und beobachten etliche Stelzvögel aus der Ferne. Zwei Rosakakadus sitzen direkt neben uns in einem Baum. Wahrscheinlich ist das zwar nur die „Light-Version" des Nationalparks, aber es zählt der olympische Gedanke.

Da wir morgen früh fliegen, suche ich nach einem Hotel in Flughafennähe. Insofern ist es mir egal, dass sie im Vier-Sterne-„Darwin Airport Resort" 200 Aussie Dollar für die Nacht verlangen. Ich kann unseren Wagen noch heute bei „Thrifty" abgeben und werde sogar mit einem Shuttlebus zurückgefahren. An der beeindruckenden Poollandschaft gönne ich mir – nach dem beschissenen Tag – zwei Caipis aus Halblitergläsern. Nina hingegen sitzt versteinert auf der Terrasse unserer Hütte. Sie trinkt Wasser, kaut an „Tim-Tam-Keksen" und starrt auf das tropische

Grün hinter dem Drahtzaun. Auf dem Hotelbett haben sie weinrote Handtücher zu einem Herz geformt, die sie achtlos auf den Boden schmeißt und dann schlafen geht. Ich mache die Glotze an und erfahre im Regional-TV, dass am Abend ein Camper frontal gegen einen Truck gedonnert ist. Alle drei Insassen seien verbrannt. Ich liege noch lange wach und wundere mich darüber, wie boshaft meine Gedanken manchmal sein können. Nina erzähle ich nichts davon. Ich bin heilfroh, sie ab morgen wieder ganz allein für mich zu haben. Hoffentlich gibt es in „Alice" gute Nachrichten. Die Reise darf auf keinen Fall so düster weitergehen!

Ihre Sicht
‚Mannomann, geht's mir dreckig. Wie kann man sich denn bloß so abschießen?', denke ich beschämt. Ich hab in der Nacht sogar neben das Bett gekotzt. Mein Freund ist rührend und bringt mir ein paar Snacks vom Frühstück, doch ich bekomme nichts runter. Lediglich den Tee, welchen er im Zimmer zubereitet, trinke ich in vorsichtigen Schlucken. Auch nach der kalten Dusche geht es mir nicht viel besser. Ich stopfe meine Klamotten in den Koffer, aus dem schmutzige Wäsche hervorquillt, setze mich drauf, damit er zugeht und folge ihm mit wackligen Beinen zum Ausgang. Ausgerechnet heute will er eine neue Unterkunft in Flughafennähe suchen, anstatt hier um eine Nacht zu verlängern. Allerdings müffelt unser Zimmer auch unangenehm, sodass eine vorzeitige Abreise vielleicht gar nicht so schlecht ist.

Vor der Tür steht ein ebenso zugerichteter Oliver, der mich mit charmantem Lächeln begrüßt. Langsam kehrt die Erinnerung zurück. Wir hatten gestern mit „Bunda" Brüderschaft getrunken und danach vereinbart, dass er uns heute aus „Kostengründen" auf dem Tagestrip begleitet. Micha scheint darüber nicht gerade hocherfreut zu sein.

Die erste feste Nahrung des Tages wird ein halber Cheeseburger bei „McDoof", den ich gerade so im Magen behalte. Ich ahne, dass ein katastrophaler Tag vor mir liegt. Im Gegensatz zu Micha, der ununterbrochen über seine bevorstehende Arbeitslosigkeit jammert, versucht mich Oliver aufzumuntern. Das hilft und ein bisschen aus Trotz bestehe ich darauf, dass wir zu diesen „Jumping Crocodiles" fahren. An einem breiten Fluss, der weiter nördlich ins offene Meer mündet, soll man riesige Salzwasserkrokodile in freier Wildbahn beobachten können. Die Fahrt auf einem sanft dahin fließenden Gewässer kommt mir gelegen, da ich mich dabei nicht bewegen muss. Allerdings ist der Kutter gerade weg, sodass wir am Anleger auf die nächste Tour warten müssen. Nach kurzer Zeit kehrt die Übelkeit zurück. Eine richtige Toilette gibt es nicht, lediglich ein offenes Hüttchen aus Wellblechwänden mit einem Loch in der Mitte. Ich möchte jetzt nicht ins Detail gehen, nur so viel: Von Würgekrämpfen geschüttelt, kommt es oben und unten gleichzeitig heraus. Doch als ich fertig bin und eine Durchfall-Tablette geschluckt habe, geht es mir besser.

Vor dem Bootshaus ist mittlerweile Einiges los und ich benötige ein paar Minuten, um die Zusammenhänge zu begreifen. Oliver hat zwei Backpackerinnen getroffen, die er von irgendwoher kannte. Die drei bepissen sich gerade vor Lachen, während ein nobel gekleidetes Paar durch die Gegend rennt und aufgeregt brüllt: „Eric, where are you?". Micha sitzt abseits auf einer Bank und schüttelt fassungslos den Kopf.

Was ist geschehen? Anscheinend haben die beiden besorgten Touristen ihren Jack Russel frei herumlaufen lassen, obwohl wir Schilder gesehen haben, die besagten: „Do not enter the water. Keep children and dogs away from the water's edge". Doch der neugierige Hund ist wohl zum Ufer geflitzt und seitdem nicht wieder aufgetaucht. Ich teile zwar nicht den Humor von Caro, Anke und Oliver, kann aber mit der gespielten Besorgnis von Micha noch viel weniger anfangen. Als wir mit dem Fährboot, welches ringsherum mit großen Absperrgittern versehen ist, endlich starten, habe ich mich auf die Seite der Spaßtruppe geschlagen. Ihre sarkastischen Sprüche bezüglich des „armen Eric" lenken mich wenigstens von meinen Magenschmerzen ab.

Natürlich wurde die kleine Fellnase soeben mit Haut und Haaren verspeist. Da gibt es gar keinen Zweifel. Am Uferrand liegen grau gepanzerte, tonnenschwere Riesenechsen im Wasser, mit Schnauzen so groß, dass auch ich dort locker hineinpassen würde. Bei der Fütterung der Krokodile – unser Bootsführer hängt Fleischstücke an eine Art Angel – können wir aus unmittelbarer Nähe beobachten, wie sie blitzschnell aus dem Wasser schießen und sich um die eigene Achse drehen, um die Brocken zu packen. Einen Arm sollte man definitiv nicht über den Zaun halten. Der könnte durchaus in einem lang gezogenen Kiefer mit spitzen Zähnen verschwinden. Respektvoll ziehe ich mich auf die Mitte des Kahns zurück und lache über die ironischen Sätze

Olivers. Auf jedem zweiten Digitalfoto will er einen Hundefuß oder -kopf entdeckt haben. Er findet, dass dies eine großartige Story sei, über die er in einem Reisejournal berichten kann.

Nach der spektakulären Tour, auf der wir von etlichen Greifvögeln begleitet wurden, gehe ich noch einmal auf das Behelfsklo. Als ich wiederkomme, sind die Mädchen und Oliver verschwunden. Micha richtet mir aus, dass sie losgefahren seien, da sich „der feine Herr Journalist" entschieden habe, mit „den Weibern" im Kakadu zu übernachten, um sie dort mal „ordentlich durchzubumsen". Ich kann fast nicht glauben, dass sich Oli gar nicht von mir verabschieden wollte und bin regelrecht gekränkt. So kann man sich also irren. Anscheinend ist er ja doch ein penisgesteuerter Egoist.

Meine Laune bessert sich nicht, als mein Mitreisender am Parkeingang entscheidet, zurück nach Darwin zu fahren. Eigentlich war er es doch, der unbedingt an einen Ort wollte, wo Kakadus im Vorbeifliegen den Himmel verdunkeln, und nun kehren wir kurz vor dem Ziel um? Das ergibt ja überhaupt keinen Sinn. Auch nicht, dass uns der Backpackercamper auf einmal entgegenkommt. „Halt an!", brülle ich, doch Micha rast einfach weiter. Zum ersten Mal seit langer Zeit bin ich stinksauer, da ich ahne, dass er mich vorhin belogen hat. ‚Liebe macht blind – so ein blödes Arschloch', denke ich. Ein unbehagliches Gefühl stellt sich ein, doch weil ich mich körperlich noch immer nicht fit fühle, verzichte ich auf eine Aussprache. Ich will nur noch ins Bett und schlafen.

Leider muss ich mir vorher noch einen Sumpf an einem ollen Tümpel anschauen, der mit dem eigentlichen Weltnaturerbe rein gar nichts zu tun hat, obwohl mir Herr Schmidt das zu vermitteln versucht. Ich könne ja von den Seelilien und Reihern ein paar Fotos machen und zu Hause erzählen, dass diese aus dem bekannten Nationalpark seien. ‚Litchfield-do, Kaka-don't', flüstert mir eine innere Stimme zu. Das Hotelzimmer sucht er in Eigenregie. Der Sparfuchs kutschiert uns in ein weitläufiges Ressort und bezahlt, ohne mit der Wimper zu zucken, knapp 200 Dollar für einen Bungalow. Er verschwindet sofort an den Pool und lässt mich frustriert zurück. Ich kann diesen Idioten heute eh nicht mehr sehen, fühle mich leer und verlassen.

Nach zwei Stunden habe ich mich beruhigt und lausche dem Musizieren der Zikaden im Mangrovenwald. Eigentlich war es ja meine Schuld, dass der Tag so spät begonnen hat, und gleichzeitig ist es doch eigentlich niedlich, wie er reagiert, wenn ein halbwegs attraktiver Typ in meiner Nähe auftaucht. Zudem verstehe ich, dass ihm die Unklarheit in seiner Firma und die Grampians-Geschichte ein bisschen an die Nieren gehen. Noch immer fühlt er sich von Nolan verfolgt, da sein Bruderherz Jimmy „bestimmt" gerade in einer Grube verrottet. Es wird Zeit, zurück nach Alice Springs zu kommen, damit wir mit „Good News" die Tour entspannt in unserem geliebten Camper in Richtung Ostküste fortsetzen können!

Murmeln des Teufels – Outback
Seine Sicht

Meine Anspannung steigert sich ins Unerträgliche, da ich noch immer nichts von Paul gehört habe. In den Morgenstunden ist zumindest klar, dass die Streitigkeiten von gestern vergessen sind. Im Flieger hält sie mir aufmunternd lächelnd die Hand. Mit Gummiknien betrete ich den Ankunftsterminal und sehe schon von weitem den geheimnisvoll grinsenden Werkstattmeister auf uns zukommen. Seine dunklen Augen signalisieren: Es gibt gute Neuigkeiten. Zunächst allerdings nur bezüglich des Campers, welcher auf dem gegenüberliegenden Parkplatz steht. Paul erklärt uns genau, was kaputt war und worauf wir in Zukunft achten sollen. Nachdem wir ihm 200 AU$ inklusive Trinkgeld überreicht haben, verkündet er endlich, dass es noch eine gute und eine schlechte Nachricht gebe. Er lädt uns in das Café am Terminal ein und was ich dort erfahre, erschüttert und beruhigt mich gleichermaßen.

Die positive Meldung: Ich habe in den Grampians niemanden umgebracht. Demnach ist die schlechte, dass der Chevrolet tatsächlich der von Jimmy und Nolan ist. Ob und wie lange sie uns schon gesucht haben, kann Paul nicht sagen, nur, dass wir uns keine Sorgen machen müssen. Die Sache sei allerdings ein wenig aus dem Ruder gelaufen.

Orad und Tuart, die beiden Söhne von Mearann, hatten seit jenem Nachmittag zusammen mit Freunden abwechselnd einen Blick auf den ungewöhnlichen Wagen geworfen. Irgendwann waren die Besitzer tatsächlich aufgetaucht. Und dann hatten sie Jimmy und Nolan – gekidnappt! Paul erfuhr erst einen Tag später davon. Auch, dass sie die Schweine in einer abgelegenen Hütte folterten, um herauszubekommen, wen sie in Bunbury ermordet hatten. Es stellte sich heraus, dass es tatsächlich ein Aborigine gewesen war. Paul konnte sie wenigstens davon überzeugen, keine Lynchjustiz zu verüben und die kranken Typen stattdessen der Polizei zu übergeben. Für ihre Ergreifung war ja sogar eine stattliche Belohnung ausgesetzt.

Dennoch rät er uns, die Stadt zu verlassen, da seine Jungs erwähnt hatten, dass sie den Tipp von Deutschen mit einem Wicked-Camper bekommen hatten. Falls wir selbst keine Aussage machen wollen, sollte unser Wagen also nicht versehentlich an der Wache vorbeirollen. Im schlimmsten Fall würden Jimmy und Nolan aus Mangel an Beweisen wieder freigelassen und dann wäre ein gewisser Vorsprung nicht schlecht. Deshalb hat er uns den Bus auch gleich vorbeigebracht. Als er den letzten Satz beendet hat, umarme ich ihn minutenlang, bis er mich leicht irritiert von sich schiebt. „So werden die Dinge bei uns eben geregelt, Mate", sagt er, bevor er sich auch von Nina drücken lässt.

Die Stimmung im Bus könnte besser nicht sein. Bei lauter Musik tuckern zwei glückliche Menschen gen Norden und stoppen nach 300 Kilometern in Wauchope. Der Campingplatz des Zwölf-Seelen-Kaffs mit angeschlossenem Pub ist gemütlich und wir amüsieren uns köstlich über den Papagei, der in einem Hof mit rosa blühenden Oleanderbüschen auf einer Stange sitzt. Dort fragt der Barbesitzer, ob wir schon am unweit gelegenen Naturwunder gewesen sind und überzeugt uns dann, dies sofort nachzuholen.

Im warmen Licht der späten Nachmittagssonne erreichen wir die „Murmeln des Teufels". Riesige, bis zu drei Meter hohe, orangefarbene Steine liegen wie hingeworfen inmitten der platten Landschaft. Einige von ihnen sind fast kreisrund, andere etwas abgeflacht und ein ovaler Monsterball steht senkrecht auf seiner schmalen Seite. Natürlich sind auch die „Karlu Karlu" heilige Stätten der Aborigines. Während sie die Weißen als Teufelswerk („Devils Marbles") bezeichnen, sind die Granitkugeln für die Ureinwohner Eier der Regenbogenschlange aus der Traumzeit. Am Abend stoßen wir darauf an, dem Teufel in „Alice" ein Schnippchen geschlagen zu haben und in der Nacht kommt es mir vor, als läge ich unter einem Teufelsweib.

Recht früh sind wir wieder auf der Straße, denn heute wird es noch einmal ungemütlich. 180 Kilometer sind es bis nach „Three Ways", wo wir rechts abbiegen. Danach folgt eine Strecke, auf der es über 260 Kilometer weder einen Ort noch eine Tankstelle gibt. Sicherheitshalber befüllen wir nun einen 5-Liter-Kanister mit Benzin, um auf Straßen voller trügerischer Luftspiegelungen die nächste Zapfsäule zu erreichen. Durch die beißenden Dämpfe, oder weil ich die Sache mit Nolan und Jimmy noch immer nicht richtig verdaut habe, wird mir auf einmal ganz schwindelig. Am Rastplatz kippe ich fast um. Doch nach einer eiskalten Cola geht es mir besser, sodass wir die nächsten, „läppischen" 380 Kilometer in Angriff nehmen können. Obwohl ich immer dachte, dass es auf dem Stuart Highway schon unfassbar einsam ist, begegnen wir nun eine Stunde lang keinem einzigen Wagen mehr.

Das Gefühl der Erleichterung klingt allmählich ab und macht einer gewissen Beunruhigung Platz. Doch unser „Blow-me-Camper" gibt heute keinerlei komische Geräusche von sich, sondern rollt und rollt. Endlich erreichen wir den Staat Queensland und irgendwann auch unser Ziel Mount Isa.

Durch den Kurztrip nach Darwin ist die Freude nicht ganz so groß, denn wären wir ohne Unterbrechung durchs verdörrte Nichts gefahren, würden wir nun den ersten Ort mit durchgängigen Flächen Grün, Moos, Weiden, gelb blühenden Akazien und einem „echten" Fluss erblicken. Von Glücksgefühlen übermannt, hätten wir dann sicherlich den Rasen geküsst. „Out of the Outback", ruft Nina dennoch freudestrahlend. Kein roter, von Erosion zerfurchter und ausgedörrter Boden mit stachligen Bodenflechten mehr.

Bevor wir uns auf einem Stellplatz in Wassernähe niederlassen, fahren wir in den Ort. Die Bergbaustadt Mt. Isa ist eigentlich noch nicht ganz „draußen", da auch sie von felsigen Hügeln umgeben ist, in denen Zink, Silber, Blei und Eisenerz schlummern. Wir kaufen ein und trennen uns: Nina möchte einen „Latte" trinken und ich muss ins Internet. Leider lese ich dort, dass mir Karsten rät, so schnell wie möglich zurück nach Deutschland zu kommen. Unter Umständen könnte die Kündigung noch abgewendet werden. Ich soll mal eine Arbeitsplatzbeschreibung vorbereiten. Während ich darüber nachdenke, ob ich meinen Rückflug umbuchen soll, öffne ich eine E-Mail von Nicole. Sie sendet mir einen Gutschein für Nina, auf dem zig Leute unterschrieben haben. Den Tauchtrip ins Riff soll ich erstmal vorstrecken. Außerdem haben sie ein Zimmer in Cairns für zwei Tage gebucht. ‚Mist! Die Stadt liegt nicht gerade auf dem Heimweg', denke ich genervt.

Meiner Freundin erzähle ich nichts davon, als sie mich am Abend zärtlich umarmt und fragt: „Wollen wir die Reise noch verlängern?" Wollen wir nicht! In der Nacht liege ich möglichst weit von ihr entfernt und grübele darüber nach, was ich nun machen soll.

Ihre Sicht
Schwamm drüber, was gestern geschah – zumal die Tage im hohen Norden, insgesamt gesehen, traumhaft gewesen sind. Nach dem vermutlich ersten Abend ohne jeglichen Alkohol fühle ich mich wie neugeboren und kann mich im Flieger um den bibbernden Micha kümmern. Dass unser Wagen in der Zwischenzeit

repariert wurde, steht ja außer Frage. Doch die Ungewissheit, was es mit dem Chevy auf sich hat, bringt ihn fast um. Ich sehe noch immer keinen Zusammenhang mit dieser Nolan-Jimmy-Geschichte. Obwohl er mir vehement widerspricht und erklärt, dass er die letzten Tage deswegen nicht schlafen konnte, pennt er sofort nach dem Start mit hängendem Kopf ein. Unter uns breitet sich nun wieder das schier endlos erscheinende blutfarbene Outback mit seinen ockerfarbenen Tupfern aus.

Hinter der Zollkontrolle erwartet uns Paul, dessen Lächeln vom Ost- bis zum Westflügel der Mundwinkel reicht. „Alles wird gut", rufe ich Micha zu, bevor wir zum Mazdabus laufen. Paul öffnet die Motorhaube unter dem Vordersitz und beschreibt mir detailliert, was er ausgetauscht hat, falls es auf der Weiterreise nochmals Probleme geben sollte. Zusätzlich hat er „for free" einen Ölwechsel gemacht und Kühlwasser nachgefüllt. Am liebsten würde ich den bärtigen Riesen abknutschen, denn auch die Rechnung, die er uns präsentiert, ist geradezu lächerlich. „No worries", ruft er in australientypischer Manier. Ich frage, ob wir ihn in die Werkstatt fahren sollen, doch er antwortet, dass er in einer Stunde mit einem Freund zurückdüst und wir somit noch Zeit für einen Abschiedskaffee hätten. „Warum denn Abschied?", sage ich irritiert, da wir die Nacht eigentlich in „Alice" verbringen wollten. Erst als wir auf den breiten Ledersesseln sitzen, murmelt er mit verschwörerischer Miene, dass es besser wäre, wenn wir noch heute verschwinden würden, und beginnt eine abenteuerliche Geschichte zu erzählen.

Am Tag unseres Abflugs ist er zur Polizei gegangen. Er hatte Michas Artikel mitgenommen und dort eröffnet, den gesuchten Wagen entdeckt zu haben. Der Officer fuhr mit ihm sofort an Ort und Stelle und nach etlichen Telefonaten mit der Einsatzzentrale stellte sich heraus, dass es tatsächlich der Chevi von Nolan und Jimmy Brown war. Noch am Nachmittag wurde ein dreiköpfiges Team gebildet, welches in Hotels und Bars nach den landesweit gesuchten Mördern fahndete. Wie sich herausstellte, kamen sie zu spät, denn Orad und Tuart aus der Werkstatt hatten sich bereits ihrer angenommen. Paul erzählt, wie er das herausbekommen hatte, aber nicht, was die Aborigines den Typen angetan haben, um sie dazu zu bringen, das Verbrechen zu gestehen. Nolan zeichnete den Tatort sogar in einer Karte ein.

Hatte ich bisher immer daran gezweifelt, dass uns zwei Irre durch halb Australien verfolgen, läuft mir nun ein eiskalter

Schauer über den Rücken. Nicht nur deshalb schließe ich mich Pauls Meinung an, sofort zu verschwinden. Die Sache ist aufgeklärt, die hassenswerten Schweine werden für den Mord an einem unschuldigen Schwarzen lange hinter Gittern sitzen und für uns ist es besser, wenn wir nicht noch einmal in diese Geschichte verwickelt werden.

Micha ist derweil aschfahl geworden. Er hat anscheinend alles verstanden und beim Abschied kommt es mir vor, als müsse er sich ein sogar Tränchen verdrücken. Er verspricht Paul, sich irgendwann im Leben dafür zu revanchieren. Ich hoffe, dass wir dann noch zusammen sind und gemeinsam in „Alice" vorbeischauen werden. „Have a nice time in Australia!", ruft er uns mit einer alles entwaffnenden Herzlichkeit hinterher. Auf dem Highway lassen wir nach Minuten des tiefen Schweigens Johnny Cash in voller Lautstärke laufen und brüllen seine Lieder. Endlich ist diese Scheiße vorbei. Deckel drauf und ab ans Meer!

Am Abend entdecken wir im Licht der mit Rotfilter untergehenden Sonne noch ein Weltwunder. Inmitten der flachen Ebene liegen gigantische Granitbrocken herum. Die „Devil's Marbles" sehen tatsächlich so aus, als hätten hier Riesen vor Urzeiten Boule gespielt und ihre gewaltigen Kugeln achtlos zurückgelassen. Die Ureinwohner denken gar, dass unter den ovalen „Schlangen-Eiern" Wesen aus der Traumzeit in Höhlen wohnen. Ich wundere mich, warum ich noch nie etwas von diesen Monstermurmeln gehört habe, denn sie könnten – wie der Uluru – ein nationales Symbol sein.

Der Tag endet demnach grandios, zumal auch der Campground prima ist. Kurzzeitig erhöhen wir die Einwohnerzahl in Wauchope von 12 auf 14, erklärt uns der Barmann im Biergarten. Plötzlich flucht jemand hinter mir mit krächzender Stimme „Fuck" und „Shit". Michas Kulleraugen leuchten, da er den Vogel mit dem ungewöhnlichen Sprachschatz zuerst entdeckt. Am Abend zetert der Papagei sogar „Micha fuck" und „Nina shit".

In der Nacht ist es angenehm warm. Auf der Tour durch Südaustralien und das Outback hab ich abends fast immer gefroren. Das scheint nun vorbei zu sein. Ich ziehe mein T-Shirt über den Kopf und frage Micha: „Was hältst du eigentlich von meinen Murmeln?"

Wir starten vor 9 Uhr, sozusagen im Morgengrauen, und nach zwei Stunden erreichen wir eine Kreuzung bei Tennant Creek.

Ich bin saufroh, dass wir jetzt nicht noch ewig weiter nach Darwin eiern müssen, sondern rechts in Richtung Ostküste einbiegen. Ich möchte der Einöde endlich entfliehen und wieder in einer Zivilisation landen, wo Menschen in Badesachen mit einem anständigen „Coffee to go" in der Hand herumspazieren und weiße Segelboote hinter dem Horizont verschwinden.

Das heutige Stück bestätigt mich in diesem Wunsch, denn es ist lang und eintönig. Lediglich ein Highlight gibt es unterwegs zu bestaunen, da wir erstmals wilde Kamele sehen, die schon öfter einmal auf Roadsigns angekündigt waren. Bei der Besiedlung wurden sie als Arbeitstiere genutzt und dann einfach freigelassen. Niemand konnte damals ahnen, dass sie sich in diesem harschen Klima so zahlreich vermehren würden. Heute sollen in der Wüste über eine Million Dromedare ihr Unwesen treiben.

Eigentlich haben sich alle nach Australien importierten Lebewesen, seien es Schafe, Katzen, Kaninchen, Apfelbäume, Weinreben oder weiße Menschen, millionenfach vermehrt. Lediglich die Population der Aborigines wurde stark dezimiert.

Nach und nach wird die Vegetation üppiger, doch auch an den steppenartigen Ebenen hat man sich irgendwann sattgesehen. Lange kommt uns kein einziges Auto entgegen, obwohl es jetzt wieder eingezäunte Ranches gibt. Michi hat zu wenig Flüssigkeit zu sich genommen, denn an einer Tankstelle taumelt er mir beinahe ohnmächtig in die Arme. „Du musst mehr trinken, mein Junge!", rufe ich und kaufe ihm eine süße Pepsi. Danach können wir den Endlostrip fortsetzen.

Mount Isa ähnelt Alice Springs insofern, als dass es auch hier plötzlich wieder Ampeln, Straßenkreuzungen, Supermärkte und Shoppingcenter gibt. Doch im Gegensatz zum Wüstenkaff liegt es an einem Wunder, das man sogar riechen kann. Der „Leichardt River" ist ein richtiger Fluss mit fließendem Wasser, umgeben von saftigen Wiesen. Ein heilsames Gefühl, zwischen den Zehen plötzlich wieder taufeuchten Rasen zu spüren. Die Temperaturen sind erträglich und keine widerlichen Fliegen umschwirren unsere Köpfe. Unsere Outback-Durchquerung scheinen wir geschafft zu haben, zumal wir mit dem Camper, obwohl es bis zum Meer noch ein Stück ist, nun wieder versichert sind. Das muss so sein, denn im Zentrum lese ich auf einem Schild, dass wir uns in der flächenmäßig drittgrößten Stadt der Welt befinden.

Zur Feier des Tages kaufe ich Lammkoteletts und eine eisgekühlte Flasche Sparkling Wine. „Das war die aufregendste Fahrt meines Lebens", rufe ich beim Entkorken, doch mein Freund ist nicht in Partylaune. Auf die Frage, ob wir die Reise noch verlängern wollen, reagiert er nicht einmal. Was ist denn jetzt schon wieder mit dieser Mimose los?

Dschungelcamp – Paluma Range
Seine Sicht
Natürlich unterschätzen wir, wie weit es bis zur Küste tatsächlich noch ist, und erst als wir bemerken, dass dieses Ziel heute unerreichbar ist, lassen wir es gemütlicher angehen. Noch immer erzähle ich Nina nichts von meinen inneren Konflikten und vertage die Entscheidung, ob wir in den Nordosten fahren. Nach einer Rast in den „weißen Bergen", die nicht so spektakulär wie ihre „blauen Brüder" sind, entscheiden wir, in Pentland zu übernachten. Der Campingplatz an einem Wäldchen ist gut strukturiert. Jeder der etwa 300 Stellplätze ist durch eine rechteckige Betonplatte gekennzeichnet und millimetergenau abgesteckt. Wir bekommen die Nummer 168 zugewiesen und müssen uns genau auf diesen Platz stellen, obwohl insgesamt nur zwei Wohnmobile da sind. Das andere Paar treffen wir am Grillplatz vor der Küche. Im Inneren laufen TV und Radio gleichzeitig und wie die meisten Australier quasseln sie sofort drauflos. Wo wir herkommen, wo wir hinfahren, ob wir Bier, Wein, Salat oder Grillfleisch wollen?

Auch wenn ich mit Nina lieber ein paar Dinge besprechen würde, kommen wir ins Plaudern. Als sie erfahren, dass wir in Alice Springs gewesen sind, fragt uns die Frau, ob wir die Nachrichten gehört hätten. Wir verneinen, doch sie erzählt ganz aufgeregt, dass dort zwei Männer, aus der Nähe ihres Heimatortes, wegen Mordes festgenommen wurden. Okay, das wissen wir schon. Dennoch bin ich geschockt, als sie weiter spricht. Im Gefängnis haben die Schweine gestanden, auch die Besitzer eines Campgrounds in den Grampians gekillt zu haben, um sich dort zu verstecken. ‚Bloß das Maul halten!', denke ich und schaue in Ninas geweitete Augen.

Als sich das Paar verabschiedet, sitzen wir auf einer Bank unter dem Sternenhimmel und reden. Immer wieder fängt sie davon an, dass ich ihr „großer Held" bin, da diese Morde ohne meinen Tipp mit dem Chevy nie herausgekommen wären. Endlich habe ich den Mut zu gestehen, welche Todesängste ich in den letzten Tagen ausgestanden habe, dass mich Heimweh plagt und mich die Sorge um meinen Job fast umbringt. Am liebsten würde ich sofort zurückfliegen. Es wird eine Nacht der Offenbarungen, denn Nina beichtet, dass sie sich „aus Versehen" in mich verliebt hat. Sie kann sich längst eine gemeinsame Zukunft vorstellen und da spielt mein „Scheiß-Job" doch überhaupt keine Rolle. Wenn die Kohle alle ist, zahlt sie eben für uns beide! „Vielleicht wird es nie wieder so schön. Wir sind zusammen in Australien – glücklich und frei. Genieße den Augenblick, Michael Schmidt!", ruft sie euphorisch.

Wir verlassen den sauber eingezeichneten Stellplatz um 10 Uhr. Ich habe beschlossen, die Reise ohne vorzeitigen Rückflug durchzuziehen. Wohl ist mir dabei aber leider immer noch nicht. Auf der Weiterfahrt muss ich daran denken, dass Nina zu Beginn unserer Tour auch ständig von ihrer Arbeit geschwafelt hat und nun komme ich selbst nicht mehr umhin. Allerdings kriegt sie von ihren Kolleginnen bald ein tolles Geburtstagsgeschenk, währenddessen ich lediglich die Nachricht erhalten habe, bald rauszufliegen. Nina sagte gestern: „Dir wurde die Freiheit geschenkt!" Doch was ist diese Freiheit wert, wenn in Deutschland eine teure Wohnung, ein Auto und etliche weitere finanzielle Verpflichtungen auf einen warten? ‚Ich darf in Australien auf keinen Fall meine komplette Kohle ausgeben!', rede ich seit Tagen auf mich ein.

Irgendwann erreichen wir den Ort Charters Towers. Nina liest in einem Café, dass dieses 9000-Seelen-Kaff in der Goldgräberzeit dreimal so viele Einwohner hatte und einmal die zweitgrößte Stadt Queenslands war. Bei einem Bummel auf der historischen Hauptstraße amüsiert sie sich prächtig, doch mir gehen die abgetakelten Typen mit Schnurrbart und Cowboyhut und die Country-Bands, die vor jedem zweiten Pub aufspielen, gehörig auf den Keks. Es scheint gerade ein Festival stattzufinden.

Aber wir wollen ja ans Meer und da kann der „Charme" des Ortes auch bei Nina nicht punkten. Nach 130 Kilometern erreichen wir Townsville, wo wir vom vorgegebenen Kurs in Richtung Heimat im 180-Grad-Winkel abweichen. Ich war kurz zuvor auf den Beifahrersitz gewechselt, aber durch die breiten Palmenalleen hätte sogar ich uns problemlos kutschiert. Sie macht sich dennoch über mich lustig. Endlich stehen wir an einem Strand des Pazifiks – vor Schildern, die vor lebensbedrohlichen Würfelquallen warnen. Das Meer, so blau wie eine Mundspülung, vor Augen und wir können schon wieder nicht baden. „Sind diese Kackviecher eigentlich überall?", ruft Nina empört.

Vor einem „BIG-4-Camp" weiter nördlich springt uns fast ein Wallaby vor den nicht vorhandenen „Kängurufänger" und am Einlass entdecke ich zwei ekelhaft fette Spinnen am Gebälk. Nur

141

so kann ich Nina überzeugen, nicht auf dem überzogen teuren Platz zu nächtigen, obwohl sie sich schon auf den hellblau schimmernden Pool gefreut hat. Weiter nördlich entdeckt sie einen Wegweiser des „Paluma Range Nationalparks", der sich im dichten Regenwald verstecken soll. Dort könne man am „Big Crystal Creek" übernachten. Bei der beschwerlichen Fahrt auf unbefestigten Straßen müssen wir einen fünf Meter breiten, knietiefen Fluss durchqueren und über knorrige Wurzeln fahren, bevor wir immer tiefer in den Dschungel eintauchen. Endlich erreichen wir zwei mit Stockflecken und schmutzigen Sprüchen übersäte Gebäude – scheinbar Dusche und Klo –, in deren Nähe man für 4 AU$ als Selbstregistrierer stehen darf. Wir zahlen nicht und ich überlege sogar kurz, den Geld-Briefkasten zu plündern.

Den ganzen Tag hab ich kaum gemeckert und auch jetzt stelle ich – vermeintlich gut gelaunt – die Stühle auf, bereite das Bett vor und ziehe Schwimmsachen an. Es gibt eine ausgewiesene Badestelle mit dem romantischen Namen „Paradise Waterhole". Barfuß trete ich auf dem Weg beinahe auf eine fauchende Schlange. ‚Ich hasse dieses Land', denke ich augenblicklich.

Das Wasserloch ist schön anzusehen. Weniger paradiesisch: Etwa 20 rosige Kinder plantschen schreiend darin und ihre Betreuer bauen im Wald gerade ein Feriencamp auf. Plötzlich habe ich eine Idee. Schon in Darwin war mir aufgefallen, dass ich nach Wochen ohne Rasur mit meinen verfilzten Haaren und dem langen Zottelbart richtig gefährlich aussehe. Meine Beine sind blutrot gesprenkelt, da es hier Beeren gibt, die beim Durchqueren der Wiese an den Waden zerplatzt sind. Ich laufe zurück, pflücke eine Handvoll der Wildfrüchte und schmiere mir das Gesicht und den Oberkörper damit ein. Vorsichtig schleiche ich mich an die spielenden Kids an und brülle mit nach innen verdrehten Augen: „Wuuhhh. The nightmare returns. I will kill you all!" Es funktioniert! Kreischend rennen sie weg. Einige beginnen sogar zu flennen. Nina lacht sich schlapp, schubst mich ins Wasser und kommt hinterhergesprungen.

‚Entspann dich doch mal', denke ich beim Baden mit der wunderschönen Frau an meiner Seite. Ich schaue sie etwas genauer an und stelle fest, dass ihre Haare viel heller geworden sind. Auf dem Gesicht, am Hals und an den Brustansätzen entdecke ich unzählige Sommersprossen, die mir bisher noch gar nicht aufgefallen sind. Ihre Augen leuchten mittlerweile wie blaugrünes Glas. Sie ist ein spektakulärer Teil des Dschungels oder vielleicht sogar die Königin in ihm.

Ein Ferienlagerhelfer kommt angelatscht und fragt mich, ob ich nicht ganz sauber sei. Nina ruft ihm mit nach vorn gestreckten Armen zu: „Wuuhhh. We will kill you, too!" Kopfschüttelnd verschwindet er wieder. Bis zum Sonnenuntergang sitzen wir an der von saftigem Grün umgebenen Uferstelle, hören farbenprächtigen tropischen Vögeln beim Singen zu, lauschen dem Schrillen der Insekten und beobachten schwalbengroße Schmetterlinge und Schatten verursachende Libellen.

Vor unserem Camper bereiten wir ein Abendbrot zu, das wir drinnen essen, damit uns die Mücken nicht leer saugen. Wenig später können wir den sich anbahnenden Regen riechen. Zunächst beginnt es nur leicht zu tröpfeln, bis das Wasser in senkrechten Säulen sintflutartig aufs Dach herniederkracht. Perfektes Timing, doch mein verrücktes Mädchen überredet mich zu einer Naturdusche im Adamskostüm. Es fühlt sich an, als ob jemand lauwarme Wasserkübel über meinem Kopf ausschüttet.

Beim Liebkosen ihres – in den letzten Wochen viel schlanker gewordenen – Körpers nehme ich mir alle Zeit der Welt. Mit dem Kinn zwischen warme Schenkel gebettet, deren Muskulatur ich arbeiten höre, kann ich mit einer Mischung aus Zukunftsangst und Hochgefühl über viele Dinge nachdenken, die mich momentan bewegen. Sie duftet nach Insektenspray und jungem Mädchen. Ganz langsam lasse ich die Zunge kreisen. „Das hat ja lange gedauert, bis ich dich angelernt habe!", keucht Nina, während ich abwesend in mich hineinlächele.

Ihre Sicht

„Out of the Outback" bedeutet, nun endlich eine Straße zu befahren, auf der alle 50 Kilometer eine menschliche Ansiedlung kommt. Es gibt grüne Wiesen mit würzigen Kräutern, sanfte Hügel, Wälder mit mehr als 80 Bäumen, idyllische Bäche und Flüsse. Auch Tankstellen sind nun keine Sensation mehr. Sie sind der Anlaufpunkt für die Menschen aus der unmittelbaren Umgebung, denn gleichzeitig befindet sich darin die Post, der Minimarkt, der Bäcker, der Frisör, und auch der Überlandbus hält vor ihnen. Einmal betankt uns ein 80-jähriger Mann ohne Zähne, der zuvor in einem klapprigen Schaukelstuhl auf der Veranda gesessen hat. Er schwatzt uns scheißehäßliche Ansichtskarten, zwei belegte Baguettes, Feuerholz, sechs Biere, Kaugummis und Zahnpasta auf, da dies alles im Sonderangebot sei.

Das Meer ist das Ziel, welches wir heute – obwohl wir den ganzen Tag im Auto sitzen und ich allmählich das Gefühl habe, Hämorrhoiden zu bekommen – nicht erreichen werden. Somit picknicken wir in den White Mountains auf einer Felsplatte aus hellem Sandstein, beschnuppern berauschend duftende Wildblumen, beobachten Bienen, die an blauen Blumen saugen und lauschen schrill pfeifenden Vögeln im Tal.

Bei Pentland wissen wir, dass es morgen nur noch knapp 200 Kilometer bis zum Ozean sind, und stellen den Bus auf dem wahrscheinlich „tidiest Campsite in Australia" ab. Allerdings scheinen wir die ersten Ausländer zu sein, die sich jemals her verirrt haben, denn das Personal blättert zehn Minuten begeistert in unseren weinroten Reisepässen. Dann weisen sie ihren „Ehrengästen" einen Platz zu, der sich genau in der Mitte des komplett leeren Zeltplatzes an einem kitschigen Springbrunnen befindet.

Vor der Gemeinschaftsküche quatschen uns die einzigen Menschen an, die außer uns gegen Bezahlung übernachten. Auch sie haben noch nie „Germans" getroffen und stellen allerlei Fragen über das Land, welches ich allmählich zu vergessen versuche. „Australia is much better than Germany", muss ich permanent einwerfen und beobachte dabei ihr verwundertes, aber durchaus stolzes Lächeln. Irgendwann beginnen Kate und Russell zu erzählen und nach fünf Minuten eröffnen sie, dass wir sie unbedingt mal in ihrem Kaff in der Nähe von Bunbury besuchen müssen. Die spontane Gastfreundlichkeit der Australier überrascht mich immer wieder. Wenngleich wir nicht erwähnen, dass Bunbury eher negative Assoziationen hervorruft, berichtet Kate plötzlich von einem Vorfall, der sich gerade in „Alice" ereignet hat. Dort wurden zwei „Bloody Bastards" festgenommen, die in WA einen Aborigine und in Südaustralien ein älteres Ehepaar ermordet hatten. Die Besitzer des Grampians–Zeltplatzes haben sie also auch auf dem Gewissen. Wie krass! Ich kippe fast aus den Latschen und kann gerade noch vermeiden, einen verräterischen Kommentar abzugeben.

Als sie schlafen gehen, umarme ich Micha minutenlang und gratuliere ihm dazu, einen australischen Kriminalfall aufgeklärt zu haben. Er erwidert kopfschüttelnd, dass wir froh sein können, noch am Leben zu sein, und er seit der furchtbaren Geschichte eigentlich nur noch nach Hause möchte. Doch ich weiß ja: Dies ist nicht der einzige Grund. „Mach dich mal locker, Kleiner. Wenn es wegen des Jobs finanziell eng wird, kann ich dir unter die Arme greifen", sage ich besänftigend. Tatsächlich genieße ich die Reise gerade in vollen Zügen und würde ihn sogar subventionieren. Nach einer längeren Diskussion einigen wir uns darauf, den Trip nicht zu verlängern, obwohl der Idiot nach der Reise noch zwei Wochen Urlaub hat. Zumindest verspricht er mir, in den kommenden Wochen nicht mehr zu jammern.

Am nächsten Morgen ist Micha wieder der liebenswerte Kerl, in den ich mich vor Wochen Hals über Kopf verknallt habe. In Charters Towers ärgere ich mich jedoch, dass wir gestern nicht noch die 100 Kilometer weitergefahren sind. Vor historischer Kulisse – was man in „Down Under" eben so historisch nennt – läuft jeder Zweite mit Akubra-Hut und Cowboy-Stiefeln durch die staubigen Straßen und vor originalgetreuen Saloons mit Schwingtüren spielen Bands, da gerade ein Folkfestival stattfindet. Eine fröhliche Stimmung in einem verrückten Ort. Vom Gläser polierenden Kellner eines Cafés erfahre ich, wofür er bekannt ist: Wir befinden uns in der ehemals wichtigsten Goldgräberstadt des Landes, die heute von der Rinderzucht lebt. Aber das Beste: Charters Towers hieß früher einmal „The World" und manche nennen die Stadt noch heute so. Schade, dass wir „Die Welt" nun wieder verlassen müssen.

Kurz vor Townsville soll ich weiterfahren, da sich mein Freund nicht zutraut, uns durch eine Großstadt zu navigieren. Ich cruise auf breiten Boulevards mit shampoonierten Autos entlang, auf denen wir erstmals andere „scheißebunt besprühte" Wicked-Camper sehen. Vorbei an saftig grünen Golfplätzen folge ich der Straße „The Strand". Doch leider stehen auch hier riesige Warntafeln vor dem „Wick Vaporup"-farbenen Meer. Auf gar keinen Fall solle man in selbiges hineinspazieren, da man sonst vom „Boxjelly-Fish" zu Tode genesselt werde. Dass wir mit unseren schweißgetränkten und mit mehreren Schichten Wüstenstaub bedeckten Körpern nicht sofort in die kühlen Fluten springen können, ist mehr als ärgerlich.

Etwa 40 Kilometer weiter sehen wir schon aus der Ferne, dass der Campground eine große Poollandschaft zu bieten hat. Obwohl mich die Spinnen am Empfangshäuschen gar nicht weiter stören, übernachten wir dort nicht. Michi war heute so lieb, da nehme ich gerne mal Rücksicht auf seine angespannte finanzielle Situation und mache den Vorschlag, in den Dschungel abzubiegen. Ein Flecken namens „Big Crystal Creek" hört sich vielversprechend an und ein Tag mehr oder weniger ohne eine erfrischende Meeresbrise macht den Kohl jetzt auch nicht mehr fett.

Der Platz im Nationalpark ist erneut einer, auf dem man sich selbst registrieren und in einen Umschlag 4 AU$ packen muss. Micha ist selbst das zu teuer, sodass er beschließt, „schwarz" zu kampieren. Langsam dreht der Pfennigfuchser völlig durch! Doch bevor er den Geldkasten noch plündert, deute ich auf einen Wegweiser. „Paradise Waterhole" ist dort zu lesen. Wir ziehen unsere bräunlich verfärbten Klamotten aus und laufen in Badesachen den schmalen Pfad hinab. Mein tollpatschiger Freund tritt dabei beinahe auf eine äußerst giftig aussehende grüne Schlange, die plötzlich im kniehohen Gras vor ihm auftauchte. Er verscheucht sie – und kleine Kinder, die das Wasserloch blockieren – mit lautem Gebrüll. Obwohl diese Kids in Australien sicher schon einigen Spinnern begegnet sind, sieht Micha mit seiner schwarzen Mähne und dem struppigen Bart wie ein Gangster, Kinderschänder oder Zombie aus.

Wir schwimmen nun ganz allein in grün schimmerndem, glasklarem Wasser – umrahmt von gelblichen Felsen, tropischen Pflanzen und bewaldeten Bergflanken – dem idyllischen Paradies entgegen. Nein, ganz so kitschig ist es nicht, aber schon sehr romantisch. Die Nina war zudem so schlau, vier „Sundowner" (Bier) mit nach unten zu nehmen, sodass wir bis zum Untergang der Sonne nicht mehr an den Wagen müssen, sondern auf einem Teppich aus Gräsern nebeneinander liegen und schmusen.

Beim Abendessen muss ich erstmals das Antimückenspray herauskramen. Bisher war es entweder zu kalt oder zu heiß, doch hier kommt ein ganzes Geschwader angeflogen. Wir realisieren schnell, dass die bluthungrigen Viecher gegen deutsches „Autan" völlig resistent sind, denn sie zerstechen uns Arme, Beine und Fußknöchel. Wir verkriechen uns in den Wagen und fast zeitgleich fängt es zu regnen an. Seit Wochen der erste Schauer und zugleich eine Premiere, denn ein Monsungewitter hab ich noch nie live erlebt. „Wie cool, es regnet!", rufe ich und zwinge Micha, sich auszuziehen, um mit mir unter die Naturdusche zu treten. Die lauwarmen Wassermassen kommen in einer explosiven Intensität aus den Wolken geschossen, dass es auf der Schädeldecke regelrecht schmerzt.

Was er danach im gemütlichen Regentrommeln unter dem

Wagendach mit mir anstellt, hätte ich kaum mehr für möglich gehalten. Sex hatte mit ihm immer Spaß gemacht und ich musste nur selten auf einen Höhepunkt verzichten. Doch nahm er sich nie richtig Zeit herauszufinden, was mir gefällt und war – nachdem er seine alberne Schüchternheit endlich abgelegt hatte – zu schnell und fast schon zu heißblütig gewesen. Heute ist es wie in unserer ersten Nacht, nur viel vertrauter und intensiver. Ich genieße die Hitze seiner Zunge, Finger und des Schwanzes in mir mit allen Sinnen und schreie seinen Namen. Hoffentlich ist dieses Ferienlager außerhalb unserer Hörweite. Die armen Kinder müssen ja denken, dass dieser Verrückte gerade sonst was mit mir veranstaltet.

Tote Kasuare – Mission Beach

Seine Sicht
Da das Ninabärchen noch schläft, gehe ich allein schwimmen. Umgeben von lindgrünen Pflanzen, über die dicke Tautropfen perlen, gleite ich durch das in der Sonne glitzernde Wasser wie in einem verwunschenen Märchenwaldsee.

In drei Tagen müssen wir in Cairns sein, wovon meine geliebte Freundin noch nichts ahnt. Ich beschließe, vorher noch einen Stopp im bekannten Ort „Mission Beach" einzulegen. Eigentlich erwarte ich dort nervtötende 18-Jährige und dumpfe Backpacker-Partys, doch nach der Fahrt durch einen verwüsteten Regenwald werde ich eines Besseren belehrt. Das Strandörtchen wirkt regelrecht ausgestorben. Überall sehen wir abgeknickte Bäume und stark beschädigte oder völlig zerstörte Häuser. Erst auf dem ebenso plattgemachten Campingplatz erfahren wir, dass ein Zyklon vor Wochen mit über 200 km/h über die Küste hinweggefegt ist. Wir hätten Mission Beach mit dem gleichnamigen Strand mal einen Tag nach der Katastrophe sehen sollen – dies sei schon der aufgeräumte Zustand.

Trotz der immensen Schäden finde ich diesen Flecken Erde noch immer zauberhaft. Mit aufgeklappter Hecktür haben wir – dank der nun fehlenden Palmen – sozusagen aus unserem „Schlafzimmer" einen herrlichen Blick auf den Ozean. Endlich können wir den Camper mal für zwei Tage abstellen, durchatmen und an einem kilometerlangen Strand entlangspazieren. Es ist uns egal, dass die Zäune des Tennisplatzes eingestürzt sind, dass der Kajakverleih erst „soon" wieder öffnet und der Pool nicht benutzbar ist. Allein die Vorstellung, in der Nacht am Strand zu sitzen und dem Rauschen des Meeres zu lauschen, weckt Vorfreude.

Nina sieht das genauso, denn sie legt sich – wie ein Tourist nach einem Tsunami – zwischen zwei umgestürzte Palmenstämme auf ihr Handtuch, während ich den Camper und die Einrichtungsgegenstände mit einem Schlauch vom roten Sand befreie und dann in die Stadt laufe. Ich muss den Gutschein ausdrucken und herausfinden, in welchem Hotel wir in Cairns übernachten werden. Geschockt lese ich, dass Ninas Arbeitstruppe zwei Nächte im „HILTON" gebucht haben – stelle dann aber erleichtert fest: Es ist ein Doppelzimmer. Gegen Mitternacht soll sie außerdem im Zimmer sein, da ihre Leute anrufen wollen. ‚Na, das wird ja eine schöne Feier!', denke ich schon jetzt genervt.

Da sie „Word" auf dem Rechner haben, beginne ich mit meiner Arbeitsplatzbeschreibung. Was ich nicht schon alles in der Firma gemacht habe... Eigentlich bin ich unersetzbar! Ich sende das Dokument an meinen eigenen E-Mail-Account, damit ich später weiter daran werkeln kann. Im Internetcafé „finde" ich zudem einen Reiseführer für die Ostküste und stecke ihn ein. Danach gehe ich in einen Supermarkt, in dem fast alle Menschen große Einkaufswagen voller Bier herumschieben, und sehe, dass sie dort auch Handys anbieten. Kurz überlege ich, doch falls Nina das mitbekommt, schlägt sie mich tot. Ich bringe ihr lieber ein Eis und Sonnencreme mit Lichtschutzfaktor 30 mit.

Obwohl ich am Abend die Seele mal so richtig baumeln lasse, wache ich mitten in der Nacht schweißgebadet auf. Ein Typ mit Sonnenbrille hat mich in einem metallicblauen Wagen – wild um sich ballernd – in einer Treibjagd verfolgt. Er traf mein Bein und schleppte mich in ein dunkles Verlies. Dort steckte er meinen Kopf zwischen die Backen eines kühlen Schraubstocks. Als er den Spanngriff ganz langsam immer weiterdrehte, schrecke ich schreiend hoch und spüre einen fiesen Phantomschmerz in den Schläfen.

Durch den Albtraum erlebe ich, wie die ersten Lichtbündel in einem breiten Fächer durch die Wolken brechen. Mit einer Zigarette im Mundwinkel beobachte ich den orangefarbenen Himmel über dem nächtlich schieferblauen Meer. Der Horizont teilt die Farbtöne in zwei fast gleiche Hälften. Wie schön unsere Welt nur ist! Danach kann ich wieder schlafen.

Am nächsten Tag wollen wir die Umgebung erkunden, doch wir geben schnell wieder auf, da die Zerstörungswut des Zyklons auch in den Wäldern deutlich sichtbar ist und etliche Wanderwege gar nicht zugänglich sind. An vielen zusammengebrochenen Häusern steht „For Sale". Wenige Kilometer weiter ist auf großen gelben Schildern ein zerbeultes Auto vor einem truthahnartigen Vogel abgebildet. Darunter steht weiß auf rot in fetten Druckbuchstaben: „Speeding Has Killed Cassowaries". Die monströsen, flugunfähigen Laufvögel (Kasuare) sind vom Aussterben bedroht, obwohl sie sich ganz gut wehren können. Mit dem helmartigen Auswuchs am Kopf und den dolchartigen Krallen töten sie manchmal sogar Menschen. Doch rasende Autos und Zyklone dezimieren die Urviecher mit den blauen Hälsen und dem dichten schwarzen Federkleid immer mehr. Wir haben sie, wohl auch deshalb, bisher nur im Zoo bewundern können.

Am Ende des Tages beglückwünschen wir uns, dem Wirbelsturm vor ein paar Wochen entgangen zu sein. Das hätte durchaus gefährlich werden können, da die Überreste noch immer zu spüren sind. Leider müssen wir nun weiter in Richtung des regnerischen Nordens, anstatt uns langsam auf den Rückweg gen Sydney zu begeben.

Ihre Sicht
Ich werde vom Geruch von Kaffee und Eiern mit Zwiebeln und Speck geweckt. Heute haben wir eine Mission zu erfüllen: Wir müssen an den Strand! Micha fährt gar nicht weit und erfüllt mir diesen Herzenswunsch.

Der Küstenabschnitt war bis vor kurzem für seine weit ausholende Bucht mit schneeweißem Sandstrand, umgeben vom sattgrünen Regenwald, bekannt. Natürlich kann ich mich noch an das Unwetter erinnern, welches unsere Pläne umgeschmissen hatte, sodass wir von Brisbane in den Süden geflogen sind. Doch dass der Zyklon solch immense Schäden anrichten würde, konnten wir damals nicht erahnen. Von den Palmen ist nicht viel übrig geblieben, die meisten liegen entwurzelt am Strand oder auf großen Schuttbergen herum. Überall sieht man zertrümmerte Häuserfassaden und Gebäude ohne Dächer. Selbst der Zeltplatz ist stark verwüstet. Momentan kann man hier überall günstig Ferienhäuser erwerben.

So blöd es klingt, auf dem Caravan Park finden wir durch den Höllensturm einen traumhaften – von Bäumen unverbauten – Platz am Meer. Wir schlafen somit direkt vor den rauschenden Wellen. Da wir zudem ein Sonnen-Zeitfenster erwischt haben, lege ich mich sofort in eine warme Sandkuhle. Bei der Herfahrt haben wir mitbekommen, dass wir uns in einem zu 80% auf Backpacker ausgerichteten Touristenort befinden. Man kann Fallschirmspringen, Kajak, Speedboot oder Mountainbike fahren, am Riff tauchen, auf einer einsamen Insel campen, im Regenwald trekken und an Flüssen Krokodilen auf den Kopp kloppen. Sogar baden könnten wir an mit Quallennetzen geschützten Bereichen. Doch ich traue dem Frieden nicht. Ich will einfach nur „beachen" und den Rest des Körpers endlich auch mal braun werden lassen. Micha möchte derweil das Wageninnere vom feinen Staub der Wüste befreien, doch als ich hochkomme, ist er weg. Natürlich vermute ich sofort, dass er schon wieder im

Internetcafé hockt, aber so lange ich am Strand herumlümmeln kann, ist mir das egal. Außerdem kauft er feste und flüssige Nahrung und legt mir bei seiner Rückkehr ein kaltes Schokoladeneis auf den leicht verbrannten Rücken. Sogar einen Reiseführer haben wir nun. Wozu auch immer!

Trotz der angenehmen Meeresbrise wache ich mit einem dicken Schädel und kreidigem Geschmack im Mund auf. Schuld ist unter Umständen der billige Rotwein, wobei ich ihn gestern noch vorzüglich fand. Außerdem nieselt es wieder. Deshalb unternehmen wir einen Ausflug in die Wildnis. Doch auch hier das gleiche, verheerende Bild. Bäume haben ihr Blätterdach verloren und teilweise wurden ganze Wälder weggemäht. Wir können froh sein, die Straßen schon wieder passieren zu können. Allmählich ahne ich, dass es nicht erstrebenswert ist, sich im Auge eines Zyklons zu befinden.

Doch nicht nur für die Menschen muss der Wirbelsturm eine Katastrophe gewesen sein. Viele Tiere und besonders die letzten in Queensland beheimateten emuartigen Kasuare haben ordentlich eins auf den Helm bekommen. Die schwarz gefiederten Vögel mit den rot–blauen Köpfen, auf denen ein verhornter Höcker thront, sehen aus, als wären sie aus „Jurassic Park" entflohen. Weil es nur noch wenige Exemplare in freier Wildbahn gibt, zerbeulen uns die letzten ihrer Art den Bus heute nicht, obwohl es überall große Roadsigns gibt, die davor warnen. Beim Abendbrot überrascht mich mein Freund mit dem Vorschlag, trotz des Mistwetters weiter in Richtung Cairns zu fahren, da es dort die meisten Anbieter für Bootstouren ins Great Barrier Reef geben soll. Abgemacht!

Luxusleben – Cairns

Seine Sicht

Am Morgen regnet es heftig, doch der Platzwart versichert uns, dass die Straßen und alle „Floodways" (Senken, die nach starken Regenfällen unpassierbar werden) frei seien. Bevor wir losfahren, entdecke ich in den Duschräumen ein herrenloses Handy, welches dort an die Stromversorgung angeschlossen ist, und stecke es kurzerhand ein. Okay, das ist nicht sonderlich fair, aber ich muss ja für meine Kollegen erreichbar sein. Um den Fund vor Nina zu verheimlichen, umhülle ich das Gerät mit einer Socke und stecke es in mein Sonnenbrillenetui. Dieses verschwindet in der Waschtasche, welche ich tief im Rucksack vergrabe. Ausschalten kann ich es ja nicht, da ich den PIN nicht kenne.

Wir erreichen die Stadt, ohne von einem gerade entstandenen Fluss weggespült zu werden. Das Hiltongebäude gegenüber vom imposanten Casino kann man kaum verfehlen. Wir parken an der Esplanade und wenngleich sich Nina wundert, dass ich wie selbstverständlich in das Nobelhotel hineinspaziere, verrate ich erstmal nichts. Dummerweise ist das Zimmer auf ihren Namen gebucht.

Nicole und ihre Kolleginnen haben sich nicht lumpen lassen! Auf dem Voucher für die zwei Nächte steht: „Double Hilton Spa Room". Der Innenhof gleicht einem botanischen Garten und im verspiegelten Fahrstuhl gelangen wir in das 30 m²-Traumapartment. Es gibt sogar eine große Blubberbadewanne, die im Zimmer so angeordnet ist, dass man aus ihr einen Blick auf das stahlblaue Meer erhaschen kann.

Nina scheint weniger überwältigt zu sein. Sie setzt sich kopfschüttelnd auf die Terrasse und schaut in den wolkenverhangenen Himmel. Doch ich zeige ihr den Prospekt, wo die überdachte Liegefläche am Pool abgebildet ist. Trotz Tröpfelregenluft ist es in Cairns heiß und vor allem drückend schwül. Sie zieht den knallgelben Bikini an und fährt mit mir hinunter ans Nobel-Schwimmbecken. Allmählich entspannt sich mein Mädchen auch wieder und trinkt sich mit einem saftiggrünen Mochito in eine angenehme Vorgeburtstags-Stimmung.

Leider muss ich noch etwas erledigen und laufe zur Rezeption. Dort wird mir allmählich klar, was der Nachteil ist, wenn man in so einer teuren Herberge residiert. Dass wir die Tiefgarage mit dem Camper nicht buchen, war klar, doch auch ein Blumenstrauß, ein Kuchen oder gar ein Abenddinner sind unbezahlbar.

Zumindest empfehlen sie mir Läden in Fußnähe und verstauen danach die roten Rosen und die Schokoladentorte für später.

Auf dem Weg in die Stadt ist mir aufgefallen, dass wir uns in einer aus den Nähten platzenden Touristen- und Partyhochburg befinden. Während betuchte Menschen aus aller Welt in die Stadt kommen, um sich per Katamaran oder Segelyacht ins Great Barrier Reef oder per Jeep in den Regenwald kutschieren zu lassen, bevölkern auch hunderte Backpacker die Straßen, welche die gleichen Touren mit preiswerteren Booten und Bussen veranstalten. Da ihre Hostels oftmals keine Pools – und die Stadt keinen zu Fuß erreichbaren Strand – besitzen, vergnügen sich viele im eintrittsfreien Salzwasser-Schwimmbad „Lagoon". Zurück im Zimmer, sende ich eine SMS an Karsten und Ulrike: „Dies ist meine aktuelle Handynummer. Gruß Micha."

Im Zentrum von Cairns entdeckt Nina einen öffentlichen Grillplatz. Spontan holen wir uns im Supermarkt eingelegtes Lammfleisch, Garnelen, Gemüse, Brot und nebenan ein paar alkoholische Getränke. Mein Mädchen fragt ein paar Aussies nach Besteck und zwei Tellern. Ob es am verführerischen Augenaufschlag oder dem gelb-geblümten Minirock liegt, weiß ich nicht, denn alle reißen sich fast darum, ihr behilflich zu sein.

An einer der elektrischen Platten drücken wir auf den Knopf, wodurch sie für 30 Minuten heiß wird und uns ein vorzügliches Essen brutzelt, welches lediglich die Hälfte von dem kostet, was wir im Restaurant bezahlt hätten. Leider beginnt es kurz danach, mit seitlich einfallenden Winden zu regnen. Wir spülen eilig das Geschirr ab, bevor wir in ein Café flüchten. Da der Kellner nicht auftaucht, fragt mich Nina, ob wir lieber auf einen Drink ins Casino gehen wollen. ‚Warum nicht?', denke ich emotionslos. Klitschnass erreichen wir die Spielbank und ehe ich mich versehe, hat sie für jeden 50 AU$ in Chips eingetauscht. Ich gebe ihr schuldpflichtig einen Fünfziger und laufe zu den einarmigen Banditen, die man hier per Knopfdruck bedient. Doch Nina zerrt mich zu den Roulettetischen und erklärt mir die Regeln.

Ich habe das noch nie gespielt. Zunächst beobachte ich nur die halbseidenen Möchtegerns mit den Frauen in Seidenstrümpfen an der Seite und ihre Spielweise. Während Nina verschiedene Zahlenreihen und Kombinationen belegt, wäge ich meine Chancen ab, bevor ich den Chip platziere. Ich traue mich dann immer nur 5 AU$ auf rot oder schwarz zu setzen. Allein das ist schon aufregend genug. Dummerweise rollt die kleine weiße Kugel fast immer in ein Zahlenfach mit der falschen Farbe.

Gegen 23.30 Uhr – meine Freundin hatte zwischendurch mal über 200 AU$ in Jetons vor sich aufgestapelt – besitzt sie lediglich noch einen Zehner. Ich bedeute ihr, dass wir gehen müssen, da noch eine Überraschung auf sie wartet. Meine restlichen 30 Kröten kann ich nun wenigstens wieder zurücktauschen. Sie schüttelt den Kopf ob meiner Feigheit, wirft ihren letzten Chip auf ihre Lieblingszahl 4, bevor sich die Murmel im Kreis zu drehen beginnt. Ich schaue in ihre verengten Augen, die Siegesgewissheit und Dreistigkeit ausstrahlen, und es kommt – die 4! Ich flippe fast aus und stemme mein überglückliches Mädchen in die Höhe. Auch Nina quietscht vor Freude, schnappt sich das bunte Plastikgeld und läuft mit mir zur Wechselbank. ‚Geld kommt immer zu Geld', denke ich, als die Gewinner und Verlierer des Abends zurück zum Hotel laufen.

Kurz vor Mitternacht klopft es an der Tür. Ein Page überreicht mir die Blumen und die Schokotorte, auf der nun etliche Mini-Kerzen brennen. Ich habe genau 30 Sekunden Zeit, ihr die Sachen zusammen mit dem Tauchgutschein zu überreichen, denn schon klingelt das Telefon. Gut, ich weiß ja, dass Leute anrufen werden. Was ich nicht ahne: Nicole hatte dem kompletten E-Mail-Verteiler die Nummer gegeben. Irgendwann schleift Nina die Schnur des Telefons nach draußen und macht es sich auf dem Balkon gemütlich. Ich bringe ihr ein Glas Sekt aus der Minibar. Nach einer halben Stunde entscheide ich, in der Nobel-Badewanne auf sie zu warten. Ich drehe die Wasserhähne auf und kippe verschiedene Öle, Lotionen und Blüten aus einem Glas in den Whirlpool. Als ich endlich begreife, welche Knöpfe ich zu drücken habe, entspanne ich so sehr, dass mich Nina wachrütteln muss. Ihre leuchtenden Augen zeugen noch immer davon, wie überwältigt sie von all den Anrufen ist. Sie steigt in die Wanne und umarmt mich wie ein Koalabärchen. Genau in diesem Moment läutet erneut ein Telefon. ‚Scheiße, ich habe vergessen, es auf lautlos zu stellen', denke ich geschockt. Nina ist verwirrt, doch blitzschnell springt sie auf, zieht den Reißverschluss meiner Waschtasche auf und findet das Handy. „Willst du mich eigentlich verarschen?", fragt sie mit ultrafiesem Blick. Ich beichte verschämt, das Ding vorhin auf einer Wiese gefunden zu haben, bin mir aber nicht sicher, ob sie das glaubt.

„Micha, wir haben doch schon darüber gesprochen. Du weißt, dass ich mir diese Reise mit dir anders vorstelle. Langsam habe ich das Gefühl, du ignorierst das. Rund um die Uhr beschäftigst du dich mit deinem Arbeitsscheiß und verdirbst mir damit die Laune. Jetzt hast du sogar ein Telefon! Vielleicht ist dir schon mal aufgefallen, dass ich den Laptop nicht mehr benutze und das Handy weggeworfen habe, um mein altes Leben hinter mir zu lassen. Das ist Urlaub – eine Auszeit –, du Idiot! Ich will mit dir in unserem Camper einfach unterwegs sein – möchte frei, glücklich und verliebt sein. Wenn du kein Teil dieses Traums mehr sein möchtest, müssen wir wohl getrennte Wege gehen. Du musst dich entscheiden!"

Das war mal eine Ansage. Was soll ich darauf antworten? Dass ich mich voll daneben benommen habe? Ja! Ich entreiße ihr das Funkgerät und lasse es im öligen Schaum der Wanne versinken. Was für ein blöder Geburtstag!

Wenigstens ist Nina nicht nachtragend. Nachdem ich am Morgen bei „Subway" frische Sandwichs und nebenan zwei aromatische Kaffee geholt habe, scheint der Streit von gestern vergessen zu sein. Aufgrund der späten Stunde (es ist schon 11 Uhr) können wir nun sowieso keinen Riff-Ausflug mehr unternehmen. Außerdem nieselt es wieder, sodass dies auch kein Vergnügen gewesen wäre. Da wir am nächsten Tag auschecken müssen, beschließen wir, die Küste hochzufahren, um zu schauen, wo wir demnächst den Camper abstellen können. Auf dem Weg nach Port Douglas entdecken wir etliche wunderschöne Strände und besonders in Palm Cove gefällt es mir gut. Letztendlich bin ich aber froh, dass Nina den Vorschlag macht, morgen gen Süden zu fahren. „Es bringt ja nichts, wenn das Wetter weiterhin so kacke ist und wir wegen der fiesen Quallen aufs Baden verzichten müssen. Das Riff läuft uns ja nicht weg. Vielleicht finden wir einen Ort, wo wir nicht mit 30 Booten gleichzeitig ins Naturparadies schippern müssen.", sagt sie und ich denke: ‚Außerdem nähern wir uns dann auch Sydney wieder', sage aber: „Meinst du einen Ort, wo wir frei, glücklich und verliebt sein können?", und hoffe, dass sie den ironischen Unterton nicht bemerkt.

Auf dem Rückweg stoppen wir an der Talstation des Skyrails. Die acht Kilometer lange Seilbahn führt über dichten Regenwald hinauf in den Ort Kuranda. Doch leider sind wir nicht die Einzigen, die den Tag auf dem Festland verbringen wollen. Die Schlange ist mir zu lang, sodass wir uns auf einer Serpentinenstraße per Auto auf den Weg machen. Doch auch Plan B, ins Bergdörfchen zu gelangen, wird verworfen, da wir auf halber Strecke einen Wanderpfad entdecken. An mit hohen Metallstreben gesicherten Wegen gelangen wir zunächst zu den Barron Falls. Der bisher mächtigste Wasserfall unserer Reise ergießt sich dort in eine tiefe Regenwaldschlucht. Bei besserem Wetter wäre dies sicher ein fotogenes Highlight, aber so sehen wir ihn nur verschwommen. Die Kleidung klebt mittlerweile klitschnass am Körper. Kuranda fällt ins Wasser. Wir stapfen betröpfelt durch große Wasserlachen zurück zum Auto.

Im Pool drehen wir zwei Runden, bevor ich Nina zum Essen einlade. Sie entscheidet sich für ein Chinarestaurant und bestellt eine teure Meeresfrüchte-Platte, die sie noch vor drei Wochen niemals in Erwägung gezogen hätte. Zum Absackerbier gehen wir in einen Irishpub und setzen uns an die chromblitzende Theke. Sofort springen zwei ausgemergelte Typen auf und umarmen uns, als ob wir uralte Freunde wären. Unter Backpackern scheint das wohl so üblich zu sein, denn es sind junge Engländer, mit denen wir uns in Mission Beach mal zehn Minuten unterhalten haben.

John erzählt irgendwann, dass sie ihm dort das Handy geklaut hätten. Nina schaut mich hinter einer Maske aus Wut und Selbstbeherrschung an, weiß aber auch, dass wir ihm das Ding jetzt nicht mehr wiedergeben können. Außerdem holt der Typ zwei Sätze später ein nagelneues Telefon aus seiner Hosentasche. Es scheint also kein so großer Verlust gewesen zu sein. Wir trinken gemeinsam ein paar Pints, bevor wir uns in die Hiltonsuite verabschieden. Heute darf ich sogar wieder neben ihr schlafen.

Ihre Sicht
Obwohl ich gerne noch geblieben wäre, geht es weiter. Micha hat mir gestern erklärt, dass wir „laut Reiseführer" unbedingt nach Cairns müssten, um das Riff in vollem Ausmaß erleben zu können. Dort oben soll es jedoch – im Gegensatz zum sonnigen Süden – wie aus Eimern schütten. Recht bald erreichen wir hügelige Gebiete, in denen Schilder diverse Nationalparks anpreisen. Überall hat der Zyklon tiefe Schneisen in die Wälder geschlagen und auch auf etlichen Farmen, Weiden und Zuckerrohr-Plantagen sieht man die Zeichen der Zerstörung. Selbst am „Crocodile Park" hält Micha nicht, obwohl er sonst doch so gerne Tiere in engen Käfigen oder hinter hohen Zäunen beobachtet. Es geht also direkt in die größte Stadt von „Far North Queensland".

In der Nähe des Hafens sucht er einen gebührenfreien Parkplatz und bittet mich, ihm mit dem Rollkoffer in die nahe gelegene Unterkunft zu folgen. Ich gebe ja zu: Ein wenig überraschend ist es schon, vom Rezeptionist des „Hilton Hotels" willkommen geheißen zu werden. Allerdings ahne ich, dass mein finanziell arg gebeutelter Freund das Zimmer nicht selbst gebucht hat. Wahrscheinlich ist es ein Geburtstagsgeschenk meiner Eltern, denen ich gerne zurufen würde: „Ich brauche den Quatsch nicht." Wozu benötige ich zwei mit Samt bezogene Doppelbetten und eine Wohlfühlcouch, einen polierten mahagonifarbenen Schreibtisch, einen 37 inch-LCD-Fernseher, High-Speed Wireless, einen Ipod-Anschluss, On-demand Movies und Video Games? Seit Wochen fühle ich mich in einem Camper auf vier Quadratmetern pudelwohl – es muss nicht alles zehnmal so groß und teuer sein. Zu Hause ahnen sie sicherlich nicht, dass Luxus für mich mittlerweile eine äußerst untergeordnete Rolle spielt und eher etwas Beschämendes symbolisiert.

Lediglich das offene Bad und der Balkon mit Blick auf die von Palmen gesäumten Bootsanlegestellen sind Komponenten, die ich nicht gänzlich ablehne. Micha schaut mich erwartungsfroh an und möchte mir sogleich die „sensationelle" Pool-Landschaft zeigen. Obwohl ich schon exklusivere Wohlfühloasen gesehen habe und man sich die Drinks per Telefon bestellen muss, ist das bei diesen Temperaturen und der rekordverdächtigen Luftfeuchtigkeit keine so schlechte Idee. Ich stelle meinen Mochito an den Beckenrand und komme nur noch zum Nachordern aus dem Wasser. Mein Freund geht derweil etwas „erledigen". Als er zurückkommt, stehen drei leere Gläser auf den Fliesen.

In Downtown Cairns muss ich ihm mehrere Male klarmachen, dass ich erst morgen Geburtstag habe und er mich nicht zum Essen einladen soll. Die weitläufige Stadt macht einen gemütlichen Eindruck. Entlang der Flaniermeile gibt es Kunstgewerbeläden, Büros von Touranbietern, Kneipen und sogar eine öffentliche Grillstation in einem Park. Auch in dieser Hinsicht habe ich den Annehmlichkeiten eines Restaurantbesuches längst abgeschworen. Gerichte unter einem besternten Himmel zuzubereiten und die Portionsgrößen selbst zu bestimmen macht einfach viel mehr Spaß. Ich bettele daher fast darum, ein Outdoor-Dinner zu veranstalten. Wir kaufen den Supermarkt leer und mit Hilfe fürsorglicher Einheimischer stehen am „BYO-Barbie" alsbald zwei prall gefüllte Porzellanteller vor uns. Endlich wird es auch minimal kühler, doch leider ziehen erneut mit Wassertanks gefüllte Wolken auf.

Micha will mich in den Hotel-Spa entführen, doch nicht nur weil ich vom Schwimmen noch immer schrumpelige Fingerkuppen habe, kann ich ihm diesen Wunsch nicht erfüllen. Als wir in einem Café einen Zwischenstopp einlegen, entdecke ich nämlich, dass das Gebäude mit dem blauen Kuppeldach, welches sich hinter einer Regenwald-Fassade versteckt, das Casino ist.

Ich spiele leidenschaftlich gern und mag vor allem die Atmosphäre, welche in diesen Etablissements herrscht. Da sie nicht viel Wert auf die Kleiderordnung legen, renne ich sofort zum Cashier und tausche 100 AU$ in 5er-Jetons. Säuerlich lächelnd reicht er mir einen Fünfziger. An den Roulette-Tischen weise ich den ahnungslosen Kerl ein, erkläre Strategien und Setzmöglichkeiten, doch recht schnell packt mich das Fieber.

Wie immer setze ich auf Kombinationen, welche die 4 beinhalten: Noir (schwarz), Pair (gerade Zahl), Manque (Zahlen von 1–18), aber auch ein Carré (die Zahlen 4, 5, 7, 8) oder ein Transversable Simple (sechs Zahlen, die die 4 inkludieren) und so weiter. Und natürlich suche ich mir einen Tisch, an dem die Zahl bisher noch nicht gefallen ist. Es funktioniert! Schon nach einer halben Stunde habe ich mir einen Vorrat Jetons erarbeitet, während der ängstliche Micha lediglich den Mindesteinsatz auf Rouge oder Noir platziert. Immer, wenn er verliert, sieht es so aus, als ob er gleich heulen müsste, verdoppelt er, grapscht er sich gierig und in Heldenpose den Gewinn. ‚Ich hätte ihm die 50 Dollar mal spendieren sollen', denke ich genervt, denn so macht es ja überhaupt keinen Spaß. Beim Roulette muss Adrenalin freigesetzt werden!

Nur so ist es zu erklären, dass ich einige waghalsige Einsätze tätige und alles wieder verliere. Er möchte sowieso gehen und zerrt an meinem Rockzipfel. Doch ich kann der Versuchung nicht widerstehen und schmeiße den allerletzten 10er gekonnt auf meine „Zauberzahl". Der Croupier schiebt ihn in die Mitte des Feldes und ruft: „Rien ne va plus." Die Kugel macht sich im Roulettekessel auf ihren unberechenbaren Weg. Ich schaue nicht hin, sondern meinem Freund direkt ins Gesicht. Irgendwann macht es zum letzten Mal Klick. Sie ist im Zahlenfach gelandet und ich weiß sofort, dass ich gewonnen habe. Michas Augen sagen mehr als tausend Worte, denn er starrt mich an, als hätte er soeben die heilige Mutter Gottes erblickt.

Dabei bekomme ich „lediglich" den 35igfachen Einsatz ausbezahlt. Trotzdem wird „Gambling" so langsam zu einer Sucht. Ich falle ihm euphorisch jubelnd um den Hals und werfe dem Croupier einen Zwanziger als Trinkgeld zu. Micha, die Oberpfeife, tauscht seine restlichen 30 AU$ zurück, anstatt sie im letzten Spiel zu verdoppeln oder zu verzocken. Ich habe nicht mal Zeit, uns ein Glas Champagner zu kaufen. Seine Ungeduld treibt mich manchmal echt in den Wahnsinn.

Dafür rührt er mich im Hotel fast zu Tränen, da er pünktlich um Mitternacht mit einem Rosenstrauß und einem kerzenbestückten Schokoladen-Igel vor mir steht. Nun erfahre ich auch, dass meine Arbeitskollegen über Nicole das Hotel gesponsert und sogar noch einen Tauch-Gutschein draufgelegt haben. Das Hoteltelefon klingelt. Schon nach dem zweiten Gespräch weiß ich, dass auch dies abgesprochen war, denn in der Folge gratulieren mir unzählige Freunde und meine Eltern. Wahnsinn, wie viele Menschen an mich gedacht haben!

Als ich ins Zimmer zurückkehre, liegt mein Freund im überaromatisierten Whirlpool und schläft. Ich ziehe mich aus und gleite behutsam ins blütenfarbene Lavabecken. Dann kneife ich ihn in die Wange. Trotz Hitze und des süßlichen Geruchs wäre der Keramik-Pool ein idealer Platz, um mich gebührend für die Überraschung zu bedanken. Kaum ist er wieder bei Sinnen, läutet erneut das Telefon. Doch das Klingeln ist leiser, wobei es aus unmittelbarer Nähe zu kommen scheint. Ich mache mich auf die Suche. Und was entdecke ich in seiner Waschtasche? Richtig, ein beschissenes Handy!

„Blödmann!", rufe ich unmittelbar. Langsam verliere ich den Glauben daran, dass er auf dieser Reise noch mal abschalten kann. Er labert irgendwelche Entschuldigungen, aber es ist mir doch scheißegal, ob er das Ding gekauft, geklaut oder gefunden hat, um damit heimlich mit seiner verkackten Firma oder sonst wem zu telefonieren. Seine Lügen muss er jedenfalls nicht noch ausschmücken. Ich bin zutiefst enttäuscht und würde am liebsten seinen Kopf gegen die Kacheln rammen. Ehrlichkeit ist eine Tugend, an der mir Einiges liegt. Nach einem langen Monolog ist von meiner Seite alles gesagt. Auch wenn ich den Michael nicht darum gebeten habe, versenkt er das Mobiltelefon treudoof glotzend im Jacuzzi. Der Abend ist trotzdem versaut. Vielleicht ist dies der Wendepunkt unserer Liebe. Provokativ lege ich mich in das andere Bett und erst nachdem ich mir die schönen Momente des Abends noch einmal ins Gedächtnis gerufen habe, kann ich einschlafen. Als ich aufwache, riecht es nach frischem Kaffee. Auf dem Tisch mit dem Rosenstrauß und der angefressenen Torte liegt ein unterarmlanges Chicken-Sandwich. Irgendwie kann ich gar nicht mehr richtig böse sein, wenn man so in den Tag begrüßt wird. Schon auf den ersten Kilometern aus der Stadt hinaus habe ich beschlossen, wieder in den Süden zu fahren. Es ist eine bezaubernde Ecke: palmenumsäumte Strände, dichter Regenwald wie aus dem Katalog, und das bedeutende Great Barrier Reef liegt in unmittelbarer Nähe. Doch das Meer ist voller Würfelquallen, in Flüssen lauern gefräßige Salzwasserkrokodile und, im Grunde genommen, ist es mir auch zu touristisch. Ich muss nicht im Hackett Bungee Center an einem Seil baumeln, in einer Ecolodge im Daintree Nationalpark schlafen und schon gar nicht in eine Schlangenfarm fahren. Die Boote ins Riff sind trotz des Mistwetters rappelvoll, genau wie der Zug – namens Scenic Railway – der ins Plunderkaff Kuranda in die Berge rattert. Irgendwo in diesem riesigen Land wird es das alles noch viel authentischer geben.

Somit mache ich den Vorschlag, dass wir uns auf der Suche nach einem Stückchen blauen Himmels einfach vom Zufall treiben lassen und dort halten, wo es uns gefällt. Ich bin froh, den Luxusschuppen verlassen zu können. Micha fehlt dazu die Kohle und mir ist die Lust vergangen, den Rest der Reise so gediegen zu vergeuden.

Nach einer Pause in Palm Cove – wir bummeln inmitten von wohlhabenden Familien über die Promenade – beschließen wir, doch noch in die ehemalige Hippie-Kommune Kuranda zu fahren. Die Idee, dies mit einer Seilbahn zu bewerkstelligen, fällt aus, da ihm die Warteschlange zu lang ist. Nachdem wir auf einem, mit Metallzäunen gesicherten Weg, auf dem nicht mal 80-Jährige abstürzen könnten, in ein mittelschweres Unwetter geraten, canceln wir auch den Plan, den Ort zu Fuß zu erreichen. Zumindest laufen wir bis zu einer gewaltigen Schlucht, in die sich ein tosender Wasserfall stürzt. Am Lookout sind wir umzingelt von Menschen in Regenjacken und Gummistiefeln. Mit übergroßen Teleobjektiven fotografieren sie, wie das Wasser in feinen Regenbögen über die Barron River Gorge weht. Klitschnass erreichen wir den Wagen und einigen uns auf: Abbruch!

Mein Freund, der mir an meinem Geburtstag jeden Wunsch von den Augen abzulesen versucht (ich habe keinen einzigen), lädt mich am Abend zum Essen ein. Um ihn nicht zu schröpfen, gehen wir zum Chinesen und ich bestelle die billigste Seafood-Platte. Im Laden wird ein schüchternes Mädchen, welches dort über ein „Work & Travel-Visum" arbeitet, angeschrieen und herumgescheucht. Die Krebse, Krabben und die Scholle schmecken leicht muffig, was ich mir nicht anmerken lasse. Nebenan bei „Mr. O'Brien" versuche ich den fischigen Belag auf der Zunge mit Kilkenny wegzuspülen, was erst nach dem dritten gelingt. Plötzlich tauchen John und Steve auf, die wir in Mission Beach kennengelernt haben. Aus einem „Hang loose"-Tag wird somit noch ein feuchtfröhlicher, da wir uns gemeinsam durch die Getränkekarte kämpfen. Gegen Mitternacht wundern sich die beiden, warum wir schon gehen und vor allem, weshalb ich unbedingt für sie mitbezahlen will.

Erst vor der Tür trete ich Micha in den Arsch. Ausgerechnet diesem netten Jungen hat er vor zwei Tagen das Handy geklaut. Der Depp darf heute trotzdem wieder neben mir schlafen, denn ich habe ihm die bescheuerte Aktion eigentlich längst verziehen.

Schneeweiß – Whitsundays
Seine Sicht
Schön, dass wir langsam eine Welt erreichen, in der es nicht die ganze Zeit regnet. Bis Sydney sind es von Mission Beach, wo wir nochmals übernachten, allerdings noch 2 300 Kilometer, aber wenigstens müssen wir nun keine Wüste mehr durchqueren. In der Nacht entdecken wir am Strand hunderte stieläugige Einsiedlerkrebse und unzählige angespülte Quallen, die unter dem Silbermond schaurig schön glitzern. Gleichzeitig sind sie ein guter Grund weiterzufahren.

Nina will in „Paluma Ranges" zu einem im Führer empfohlenen Wasserfall, den wir auf dem Hinweg weggelassen haben. Dass wir dabei durch neu entstandene, reißende Flüsse fahren müssen, finde ich allerdings weniger lustig, da wir ja kein achträdriges Amphibienfahrzeug besitzen. ‚Bitte jetzt bloß nicht absaufen. Dieser Wagen ist meine Rückfahrkarte!', denke ich unentwegt. Auf dem Fußmarsch zu den eher unspektakulären Fällen latsche ich mit schlammverspritzten Zehen zum dritten Mal fast auf eine Schlange. Auch so ein Unfall könnte den Aufenthalt unplanmäßig verlängern!
 Über Ingham, Townsville und Ayr erreichen wir gegen 18.00 Uhr den an traumhaften Stränden gelegenen Ort Bowen. Nachdem wir einen einsam gelegenen Campingplatz gefunden haben, folgt die Hauptaufgabe des Tages: Bier kaufen an einem Sonntag. Auf dem Weg zum Bottleshop werden wir von der Polizei in einer Alkoholkontrolle angehalten und Nina muss in ein Gerät blasen. Bei der Rücktour – der Laden hatte tatsächlich geöffnet – macht sie sich während der Fahrt lässig eine grüne Dose auf und grinst mich provokativ an. Essbares haben wir zwar nichts mehr bekommen, aber man muss ja Prioritäten setzen. Es entwickelt sich ein extrem lustiger Abend und ich hätte nie gedacht, dass das Kuscheln mit dieser Frau in einem Mini-Campervan wesentlich romantischer als in der Hotelsuite eines Hiltons sein kann.

Am nächsten Tag geht es mir ganz schön dreckig, aber vielleicht sind ja neun Bier und zwei furztrockene Kekse einfach keine vollständige Mahlzeit. Auch deshalb verbiete ich Nina, den versifften Tramper von der Straße aufzulesen. Ich habe keine Lust auf nervtötende Gespräche und irgendwie weiß man ja nie, woran man bei den Spinnern ist. Nach 80 Kilometern erreichen wir Airlie Beach, das Einfallstor zu den „Whitsunday Islands".

Der Ort gefällt mir nicht. Tausende „Amazing"-kreischende Idioten aus Hostels, die „The Koalas" oder „Beaches Backpackers" heißen, aber auch Segelfanatiker in überteuren Markenklamotten bevölkern die Straßen, auf denen es ebenso viele Fastfoodfress- wie Shoppingläden gibt. Nachts muss hier die Hölle los sein. Obwohl ich in „Paluma" Angst vor giftigen Schlangen und vorm Steckenbleiben in Flussbetten hatte, wäre ich jetzt lieber dort, statt mir diesen Touristenscheiß anzutun. In Shutte Harbour, einige Kilometer weiter, überlege ich ernsthaft, auf das angebliche Inselparadies zu verzichten. Nina möchte dies jedoch keineswegs und nach einem heftigen Streit buchen wir eine Tour, die den Besuch von lediglich zwei der insgesamt 74 Inseln beinhaltet.

Zumindest finden wir in Flametree ein annehmbares Camp. Bei Nieselwetter waschen wir einen Haufen klebrig verschmutzter Wäsche, wobei Nina mal wieder ein Taschentuch mit in die Tommel schiebt. Meine schwarzen Klamotten hängen weiß-fusselig im Nieselregen auf der Wäschepinne. Wir lesen in Büchern und ich grille ein sensationell schmeckendes Fischfilet. Dies und die beiden Opossums im Dachstuhl, die wie eine Mischung aus Waschbär und Eichhörnchen aussehen, sind die Höhepunkte des Tages. Wir taufen sie Bonnie und Clyde.

Prinzipiell hab ich mich schon darauf eingestellt, dass wir von dem Trip nicht allzu viel erwarten dürfen, und bin daher wesentlich entspannter als Nina. Das Schiff ist überfüllt, Eltern und Kinder brüllen um die Wette und beim ersten Stopp auf „Hamilton Island" gibt es statt der erhofften Erholung im Naturparadies Mallorca-Feeling in unzähligen Cafés, Kneipen und Kitschläden. Nina kotzt sich ununterbrochen darüber aus, dass wir keinen dreitägigen Ausflug auf einem Katamaran gebucht haben. Ich versuche, sie mit einem Cocktail gnädiger zu stimmen, und zeige ihr die bunten Loris und Gelbhaubenkakadus, die ich im Hafengelände entdeckt habe. Leider werden sie gerade von etlichen Familien mit Eiswaffeln gefüttert.

Nach „nur" 1 ½ Stunden geht es weiter. Wir erreichen eine mehligweiße Insel, welche sich malerisch vom rauchblauen Wasser und den sattgrünen Büschen abhebt. Der „Whitehaven Beach" soll der schönste Strand Australiens sein. „Südseeträume werden wahr!", rufe ich Nina zu, doch selbst im Angesicht der Postkartenidylle nörgelt sie: „In Südostasien gibt es viel geilere Strände ohne diese bekackten Quallen." Okay, ein wenig stört es mich auch, dass man sich wegen vermeintlicher Tentakel nicht mal abkühlen kann. Zudem müssen wir lange über den quietschenden Sand laufen, um eine Stelle zu finden, die nicht von würfelförmigen Touristen – wie Nina sie bezeichnet – in Beschlag genommen wurde. Irgendwann habe ich die Schnauze von ihrem Gezicke dermaßen voll und lege mich todesmutig am Uferrand ins Wasser. Als ich zurückkomme, rufe ich mit verzerrtem Gesicht: „Ich habe soeben den schlimmsten Schmerz erfahren, den je ein Mensch verspürt hat!" Sie weiß natürlich, dass gar nichts passiert ist, und würdigt mich keines Blickes.

Nach drei Stunden geht es zurück aufs Festland. Während ich an ihrem Rechner meine Arbeitsplatzbeschreibung weiter schreibe, springt sie mit Anlauf in den Pool der Anlage. Dummerweise lernen wir am Abend noch ein Paar kennen, das uns von ihrer Drei-Tages-Tour vorschwärmt. Bei ihnen wäre alles „supi-dupi" gewesen. Bonnie und Clyde beobachten im Gebälk aufmerksam, wie Nina einen wutroten Kopf bekommt.

Ihre Sicht
„Ab in den Süden", rufe ich, als wir den Camper besteigen, wobei auch ich weiß, dass man in Australien dann eigentlich eher in kältere Gefilde fährt. Da der Norden jedoch zerstört und zum Teil überflutet ist, ist das in unserem Fall sogar sinnvoll. Hauptsache, wir sind wieder unterwegs. Nach einer Übernachtung in Mission Beach geht es weiter.

Schon in Cairns wurde mir klar, dass ich längst „Abenteuerlust gebucht" habe. Somit überzeuge ich Micha, dass wir mit unserem „No-4-Wheel-Drive-Camper", der in Deutschland niemals durch den TÜV kommen würde, auf einem matschigen Weg noch einmal in den Paluma Range Nationalpark tuckern. Durch knietiefe Flussbetten und über spitze Steine fahren wir zu den Jourama Falls. Wir drohen mehrmals im Schlamm zu versinken, riskieren platte Reifen und die letzten Kilometer müssen wir auf einem schmalen Pfad bergauf laufen.

Und was schafft mein trotteliger Freund? Er tritt beinahe auf eine züngelnde Schlange. Diesmal sieht sie wie ein achtlos hingeworfener brauner Stock aus. Langsam wird dieses

„Fast-auf-ein-tödliches-Vieh-treten" eine echte Spezialität von ihm. Doch der Überlebensstratege kann seinen Fuß wieder einmal rechtzeitig woanders hinsetzen. Die Wasserfälle sind weniger spektakulär, als dass es den ganzen Aufwand gerechtfertigt hätte, aber spannend ist es unter der grünen Dschungelmatte allemal. Überall murmelt, raschelt und rauscht es.

Ziemlich spät erreichen wir einen Campingplatz in Bowen. Leider haben wir sämtliche Essens- und Getränkevorräte aufgebraucht, sodass wir nochmals losmüssen. Bei der Fahrt in den Ort winkt mich die Polizei eines „Booze Bus" hinaus und die genervte Chauffeurin wird von einem Cop auf Alkohol im Blut kontrolliert. Ich muss also „bei den Bullen in Bowen blasen", doch mit 0,0 Promille entlassen sie mich zum Bierholen. Wir erbeuten 24 Dosen Victoria Bitter direkt aus dem Kühlhaus eines Drive-Through Bottle-Shops. Die Supermärkte haben jedoch geschlossen. Nicht einmal Obst können wir kaufen, obwohl wir uns in der Stadt der „Big Mango" befinden. Nach etlichen eiskalten „VB" stört uns das nicht mehr – weil wir bescheuert sind! Mit 2,0 Umdrehungen im Kopf erinnere ich mich daran, dass wir noch ein Mango-Kondom besitzen. Der Satz von vorhin kommt mir wieder in den Sinn, wobei „Bullen" darin diesmal keine Rolle spielen.

Am nächsten Tag habe ich einen Kopf wie eine zermatschte Mango. Er fährt und irgendwann erreichen wir Airlie Beach, einen der Ausgangspunkte zu den berühmten „74 Whitsunday Islands". Ich möchte dort unbedingt einen Segeltörn machen, doch Micha jammert schon, als wir den Ortskern erreichen. Er entwickelt sich langsam zu einer richtigen Meckerziege, denn dass wir an touristischen Highlights den einen oder anderen Menschen treffen würden, war doch vorhersehbar. Am liebsten würde er immer ganz allein irgendwo stranden und mir stundenlang auf die Titten starren. In der Booking Office entscheiden wir uns nach langem Hin und Her für einen Tagestrip. Warum? Es ist mit 69 AU$ die billigste Tour! Ein Geizhals ist er also auch!

Ein wenig überzeugt mich das Argument, dass man auch in den Gewässern rund um die Inseln wegen der unsäglichen Würfelquallen nur im Vollkondom oder Stinger Suit tauchen kann. Ein allerletztes Mal verschiebe ich dieses Vorhaben auf südlichere Gefilde. Am Abend sehen wir im Gebälk der überdachten Küche zwei Opossums herumirren. Sie sehen wie eine Mischung aus Ratte und Koalabär aus. Demnach sind die Dinger eklig und gleichzeitig recht putzig. Außerdem kuscheln sie sich drollig aneinander. Wir nicht – ich bin sauer und habe meine Tage.

Trotz böser Vorahnungen bin ich nicht darauf eingestellt, was uns am nächsten Tag für eine Scheiße erwartet. Wir fahren auf einer Monsterfähre mit über 200 Leuten los und sitzen demnach nicht nur zu fünft an Deck eines Segelboots mit eisgekühlten Gin Tonics in der Hand. Von den Whitsundays hat so ziemlich jeder, der einmal dort gewesen war, geschwärmt. Ich nicht! Kann es vielleicht daran liegen, dass wir nur einen beschissenen Tagesausflug gebucht haben? Am liebsten würde ich meinen Freund mit Schwung über die Reling schubsen. Das Schiff setzt uns auf „Hamilton Island" ab, wo wir in einem Souvenir-Örtchen – ohne Strand – über eine Stunde in der prallen Sonne inmitten grinsender, Bierchen kippender Rentner festsitzen. Nachdem sich alle Idioten unseres Bootes vollgefressen haben, geht es weiter zum „Whitehaven Beach". Mit einem Quarzgehalt von nahezu 99% soll es einer der weißesten und schönsten Strände der Erde sein. Das Prädikat „Wunderparadies" verdient er jedoch nicht, wenn man gleichzeitig mit hunderten fettärschigen Affen – deren Körper nach altem Kokos-Öl riechen und bei jeder Bewegung im Zuckerguss-Sand quietschen – landet und alle 15 Minuten neue Boote und Wasserflugzeuge mit Getöse vor Anker gehen. Ins azurblaue Meer darf man wegen vermeintlicher Quallententakel auch nicht und so ist es eher ätzend, zwei Stunden meines Lebens dort verbringen zu müssen.

Am Abend springe ich in den Zeltplatz-Pool, lege mich auf den glatten Grund und denke nach. Ich glaube nach wie vor, dass es rund um die Inseln auf einer Yacht, ohne all diese Leute mit ledrig-gebräunter Haut, Dreifachkinn und Schwimmreifen, absolut fantastisch gewesen wäre und höre Micha bei meiner Rückkehr gar nicht richtig zu, als er wieder davon anfängt, dass wir Touristen-Attraktionen künftig besser aus dem Weg gehen sollten.

Zu allem Überfluss lernen wir am Abend noch Dörte und Stefan kennen, die drei Tage auf einem unbewohnten Eiland gezeltet haben, im Riff getaucht sind und sich vor leidenschaftlicher Begeisterung gar nicht mehr einbekommen. Wir haben also alles falsch gemacht. Und wer ist „Schulz"? Schmidt! Ich bin stinksauer und fortan nicht mehr bereit, meine Ansprüche hinunterzuschrauben!

Quallenfreie Zone – Agnes Water & Town of 1770

Seine Sicht

Besonders angetan ist Nina nicht von meiner Idee, noch heute den Breitengrad, der sich „Tropic of Capricorn" nennt, zu erreichen, um endlich im Meer schwimmen zu können. Das bedeutet nämlich: Eine komplette Tagesfahrt liegt vor uns. Sie meckert, dass es an der Ostküste sicher noch schöne Flecken gebe, an denen man – trotz Jellyfish – verweilen könnte. Doch ich fahre nur ein Mal von der Hauptstraße ab, da ich gelesen habe, dass es am „Cape Hillsborough" Kängurus direkt am Meer zu sehen gebe, was wohl recht ungewöhnlich sei. Der Strand hat gigantische Ausmaße. Geländewagen, die mit Bootsanhängern direkt an die Wasserkante fahren, wirken wie Spielzeugautos. Etliche Gelbhaubenkakadus quasseln in den Bäumen miteinander – von den Kängurus jedoch keine Spur. Dafür entdecken wir einen felsigen Übergang zu einer Insel, auf der wir picknicken. Alles ist schön, bis wir erschreckt feststellen, dass die Flut einsetzt. Rechtzeitig schaffen wir es – im bereits hüfthohen Wasser – zurück aufs Festland und müssen somit nicht, umgeben von Haifischflossen, auf die nächste Ebbe warten.

Leider kommt auf der folgenden Etappe rein gar nichts mehr, was mich vom Hocker haut, und so fahren wir in Outbackmanier eine lange Strecke am Stück. Gegen Nachmittag tuckern wir an einem Unfall vorbei. Dieser muss unmittelbar vor uns geschehen sein, da die zwei völlig zertrümmerten PKWs noch immer brennen und sich Sanitäter um schreiende Schwerverletzte kümmern. Das hellblaue Auto, welches auf dem Dach liegt, ist ein älteres Modell und sofort werden albtraumhafte Erinnerungen wach. Ich bin echt paranoid! In völliger Dunkelheit erreichen wir einen Zeltplatz bei Yeppoon.

Die Idee, nochmals auf eine Insel zu schippern, wird verworfen, als ich erfahre, dass es allein 39 AU$ kostet, um auf die nur 13 Kilometer vom Festland entfernte „Great Keppel Island" zu gelangen. Um Stress zu vermeiden, hab ich den Reiseführer etwas genauer studiert und Nina von Agnes Water und Town of 1770 vorgeschwärmt. Am südlichen Ende des Great Barrier Reef gelegen, soll es dort untouristisch und demnach traumhaft ruhig sein. Leider sind das weitere 300 Kilometer, doch nun haben wir wenigstens ein lohnenswertes Ziel vor Augen. Unterwegs jubele ich, als ich in Emu-Park (der Ort heißt tatsächlich so) zum ersten

Mal Menschen – nur mit Badeshorts oder Bikinis bekleidet – im Meer baden sehe. Die quallenfreie Zone ist erreicht!

Der Zeltplatz in Agnes Water ist wegen Renovierungsarbeiten geschlossen und der andere in Town of 1770 gerammelt voll und teuer. James Cook ist hier in jenem Jahr erstmals in Queensland an Land gegangen. Doch das interessiert Nina „einen Scheiß". Sie zieht eine Fresse und kotzt sich ununterbrochen darüber aus, dass wir nicht an der Küste zuvor gehalten haben. Nun gibt es zwei Alternativen: auf dem Parkplatz, ohne Dusche und Klo, oder auf dem Waldzeltplatz zu kampieren. Angeblich sei dieser sehr weit vom Strand entfernt. Wir wählen dennoch die zweite Variante und nach der Registrierung fahren wir zurück ans Meer. Und worauf deutet Frau Metzer sofort? Auf ein Schild, welches besagt, dass es an diesem Abschnitt extrem gefährliche Steinfische gibt. Ich zeige ihr einen Vogel, renne los und höre meine Haut im Wasser regelrecht zischen. Über eine halbe Stunde schwimme ich im erfrischenden Nass. Sie soll sich nicht immer so haben – das nervt! Eingeschnappt liegt sie am Strand und lässt sich feine Quarzkörnchen in den Bauchnabel rieseln. „Jetzt sind wir so weit gefahren, um an diesem bekackten Steinfischstrand zu landen", nörgelt sie mit scharfer Zunge. Doch der Auslöser eines handfesten Streites folgt erst noch.

Zurück auf dem Wald-Zeltplatz, kommt Nina plötzlich angelaufen und schreit wie am Spieß. Ich mache mir zunächst ernsthaft Sorgen, da sie so aussieht, als würde sie vor Schmerzen gleich umfallen. Wurde sie womöglich von einem giftigen Vieh gebissen? Nein, mein zimperliches Mädchen hat lediglich vier Dornen einer Klette in der Hand, die sie versehentlich berührt hat. Langsam flippe ich aus wegen ihrer Wehleidigkeit. Zu kalt, zu heiß, zu viele Fliegen, Mücken, Quallen, Spinnen, Steinfische, und jetzt ein paar „immens gefährliche" Piekser im Daumen. „Willkommen an der Klagemauer", murmele ich vor mich hin und bin zugegebenermaßen im Verlaufe des Abends ziemlich fies zu ihr. Mit einer Miene, die zugleich Selbstmitleid und pure Feindseligkeit ausdrückt, geht sie wortlos schlafen.

Am Morgen ahne ich, dass ich Nina zu hart angegangen bin, da sie noch immer im Camper liegt und schmollt. Ich bereite das Frühstück zu und bringe es ihr sogar auf einem Papp-Tablett bis ans Bett. Irgendwann kann sie wieder lächeln. Wir laufen auf einem schmalen Pfad durch den Wald zum Strand. Es sind lediglich 800 Meter (und nicht die von ihr vermuteten 4 000) und als wir die Küste erreichen, erwartet uns ein puderiger, menschenleerer Sandstrand. Ohne Steinfisch-Schilder!

Im Hintergrund sprießt die üppige Vegetation und vor uns erstrahlt der tiefblaue Ozean. Da wir weit und breit die einzigen Menschen sind, ziehen wir uns komplett aus, rennen kreischend in die Fluten und spielen danach nackt im warmen schneeweißen Sand Volleyball. Dabei sind Ninas Bewegungsabläufe derart sinnlich, dass ich öfter einmal ins Meer zum Abkühlen laufen muss. Sie ist das erotischste Mädchen auf der ganzen Welt! Auch wenn ich die „schwedische Strandschönheit" zu keinem Liebesabenteuer im schäumenden Meer überreden kann, verbringen wir die harmonischsten Stunden der letzten Tage miteinander. Der Streit von gestern ist längst vergessen.

In der Mittagshitze fahren wir ins Dorf und buchen kurz und schmerzlos die Tour zum Reef. Die 200 AU$ für sie und 150 AU$ für mich sind allerdings happig. Bei mir ist ein Schnupper-Tauchgang dabei, denn nur Schnorcheln ist doch eher was für Kinder. Ich bin gespannt und fast pleite! Mein süßes Mädchen hat sich nun eingelebt und schlägt vor, nochmals zu „unserem" Strand zu wandern. Dort zaubert sie vier kühle Biere aus dem Rucksack. Der Himmel ist mittlerweile in rot-gelbes Licht getaucht. Nina nimmt mich in die Arme und ruft: „What a hard day in the office". Sie fragt erneut, ob wir nicht noch länger in Australien bleiben wollen. Ich möchte den Zauber des Augenblicks nicht zerstören und stimme ein Lied von „Men At Work" an, welches sie in letzter Zeit immer mal wieder summt: „Do you come from a land down under? Where women glow and men plunder." Sie singt froh gelaunt mit und vergisst die Frage wieder.

Auf dem Grill bereite ich Lammsteaks mit gebratenem Gemüse und Knoblauchbrot zu, bevor wir wie in alten Zeiten schmusen. Den kompletten Tag – bis zum Einschlafen – ist kein einziges böses Wort gefallen.

Ihre Sicht
Nach einem entspannenden Poolbad kriegt er mich mit dem Vorschlag, endlich die quallenverseuchten Gewässer zu verlassen. Auch ich möchte das Meer jetzt nicht ständig vor Augen haben, ohne hineingehen zu können. Auf der Fahrt machen wir einen Schlenker in den Cape Hillsborough Nationalpark. Der Strand ist sehr breit, doch den Grund dafür bemerken wir fast zu spät.

Es gibt hier Ebbe und Flut und wir befinden uns plötzlich auf einer Insel! Also wird die Honigmelone wieder eingepackt. Wir genießen ihre Süße auf der sicheren Festlandseite und warten auf Kängurus, die nicht auftauchen.

Später bereuen wir, nicht noch länger geblieben zu sein, denn es folgt eine langweilige Strecke zwischen Mackay und Rockhampton mit endlosen Rinderfarmen und Zuckerrohr-Weizenfeldern entlang der pfeilgeraden Straße. Lediglich eine Information lässt uns zwischendrin aufatmen. Wir haben es nun tatsächlich geschafft, diese imaginäre Linie zu überfahren, ab der keine hochgiftigen Quallen mehr die Küstengewässer verseuchen. Jetzt fehlt nur noch Strandwetter!

In der Dämmerung fahren wir an einem Unfall vorbei, der sich Minuten vor uns ereignet haben muss. Vielleicht hat uns die Pause am Strand das Leben gerettet. Augenblicklich denke ich an Jörn, der nur ein Mal im Leben zum falschen Zeitpunkt am falschen Ort gewesen ist.

Vom Zeltplatz in Yeppoon sehen wir so gut wie nichts, da es bereits dunkel ist und an unserem Platz kein Licht brennt. Mit der Stirnlampe, um die sofort etliche Motten schwirren, brät Micha Spiegeleier. Auch unser Grillmeister und Spitzenkoch muss heute ohne Würste, Buletten oder halbrohes Fleisch im Magen ins Bett gehen.

So ein Mist! Auf „Great Keppel Island" fahren wir nicht, weil ihm die Überfahrt zu teuer ist. Dabei soll man dort in traumhaften Buchten abhängen und exzellent tauchen können. Demnach eiern wir den halben Tag weiter gen Süden, um an den „Arsch der Welt" zu gelangen. Im Heck hat er ein dämliches „Kangaroos Next 25 km"-Schild aufgehängt und ich denke die ganze Zeit, dass „Vollidiot an Bord" viel passender wäre.

Die Zwillings-Orte Agnes Water und Town of 1770 haben es ihm angetan. Hätte er bloß nie diesen Scheiß-Reiseführer gekauft, denn seitdem lassen wir uns nicht mehr einfach nur treiben. Die Entdeckerlust geht verloren und meine Gefühle für ihn verstummen allmählich. Nun befinden wir uns außerdem schon am äußersten Zipfel des Reefs. Herzlichen Dank!

Der Strand in Agnes Water ist okay und außer uns gibt es nur wenige Touristen, was allerdings auch daran liegen kann, dass der Zeltplatz direkt am Meer geschlossen ist. Der in Town of 1770 ist dafür mit den Menschenmassen gefüllt, die er hier eigentlich nicht erwartet hat. Ich schlage vor, auf dem Parkplatz mit unverbautem Blick zum Ozean stehen zu bleiben, doch der feine Herr braucht jetzt anscheinend immer gefliese Dusch- und Kloräume. Letztendlich landen wir in einem mit Mücken verseuchten Wald, knapp vier Kilometer vom Meer entfernt, wo wir – wen wundert es – ganz allein sind.

Wir müssen mit dem Bus zurückfahren, um endlich – zum ersten Mal seit Wochen – im Meer schwimmen zu können. Und was entdecke ich? Richtig, ein Schild, das dringend von einem Badegang abrät, da es hier vor giftigen Steinfischen und gefährlichen Stingrays nur so wimmeln soll. Ich nehme diese Hinweise in Australien sehr ernst, denn bis auf eine Tauchschule (im Vollschutz) ist niemand im Wasser. Augenblicklich könnte ich heulen, da ich mich so darauf gefreut habe, mit Anlauf in die funkelnde See zu rennen. Micha, dieser Trottel, lässt sich von der Tafel nicht beeindrucken. Nur um mich zu ärgern, sprintet er in die Fluten und krault vergnügt in Richtung Horizont. Einige Aussies werfen ihm neugierige Blicke hinterher. Auf dem Handtuch im heißen Sand liegend, koche ich innerlich vor Hitze und Stinkwut im Bauch. „It's feeding time", würde ich den Fischen am liebsten zurufen, doch kein weißer Hai taucht urplötzlich wie ein russisches U-Boot auf. Er kommt auf beiden Beinen wieder angelatscht und grinst zufrieden.

Am Nachmittag erkundigen wir uns bei zwei Agenturen nach einem Tauchtrip ins Riff. Erst jetzt erfahre ich, dass die Fahrt, um dort überhaupt hinzugelangen, nunmehr fast zwei Stunden dauert. Aber eigentlich ist mir das jetzt scheißegal. „Hier wird der Tauch-Gutschein ohne Widerrede eingelöst", rufe ich und kneife ihm in die rechte Brustwarze.

Wenngleich das bisher eher sein Ding gewesen ist, gelingt es mir auf dem Rückweg vom Klo des Zeltplatzes fast auf eine Echse, bei der ich nicht sah, wo vorne und hinten war, zu treten. Beim Ausweichmanöver verliere ich das Gleichgewicht und lande im Gebüsch. Dabei haue ich mir extrem spitze Stacheln einer Klette tief unter die Haut. Mir klingeln die Ohren und es schmerzt in etwa so, als hätte mir jemand fünf rostige Nägel in die Hand gekloppt. Mein Arm musiziert. Und was macht mein liebenswerter Freund? Er schnauzt mich in einem gehässigen Tonfall an, dass ich ein jammerndes Weichei und immer nur am Flennen sei. „Schon mal in den Spiegel geschaut, du Trauerkloß?", brülle ich, weil ich das für maßlos übertrieben halte.

Für den Rest des Abends habe ich die Schnauze gestrichen voll. Ich werde demnächst, immer wenn sich der Versager verfolgt fühlt oder mit seiner Jobscheiße anfängt, Salz in die offenen Wunden streuen. Mit dem ganz großen Streuer! Der Typ kann mir komplett gestohlen bleiben. So ein fieses Arschloch! Allmählich hackt er den Steg, der unsere Liebe trägt, brutal nieder. Mit einer Pinzette entferne ich die giftigen Stacheln und gehe früh ins Bett. Ich hasse ihn und kann nicht glauben, dass ich das gerade gedacht habe.

Doch es geschehen immer noch Wunder. Mein kampfeslustiger Freund, den ich gestern am liebsten auf den Mond geschossen hätte, macht Frühstück und ist zu früher Stunde gut gelaunt und überaus zuvorkommend. Danach beginnt auch für mich endlich der ersehnte Badeurlaub. Wir laufen durch den Küstenwald und erreichen – nach langem Fußmarsch – einen malerischen Strand. Ich muss mir mehrfach die Augen reiben, denn außer uns ist an dem kilometerlangen Abschnitt, der es locker mit „Whitehaven" aufnehmen kann, niemand. Da es keine Warnschilder gibt, gehen wir schwimmen, spielen tobend Ball oder lassen uns einfach nur die Sonne auf die nackten Brüste und Hintern scheinen. Genauso hab ich mir das vorgestellt. Lediglich zu der sexuellen Spontanität unserer ersten verliebten Tage habe ich – trotz der Idylle – noch nicht zurückgefunden. Dennoch lache ich Tränen, als Micha, mit einem Teil zwischen den Beinen, an dem man locker Klimmzüge machen könnte, seinen in „Alice" gekauften Bumerang in Richtung Meer wirft und verdutzt glotzt, als dieser nicht im hohen Bogen wieder in seine Hand zurück fliegt. Trotz Rettungsmanövers verschwindet er in den Fluten, aber wenigstens ist sein Kleiner danach wieder klein.

Leicht verbrannt und gut gelaunt, fahren wir nach Agnes Waters und kümmern uns um den Tauch-Ausflug. Wenngleich Micha diesen ja nicht bezahlt, bucht er uns auf einem relativ großen Schiff ein. Er begründet es damit, dass die kleineren Boote über zwei Stunden benötigen würden, um ins Riff zu gelangen. Egal, einem geschenkten Gaul schaue ich nicht ins Maul. Zu meiner Überraschung lässt er sich bequatschen, einen Schnupperkurs mitzumachen. Schauen wir mal, wie sich die Großfresse dabei anstellt. Ich freue mich, denn die Fotos des „Lady Musgrave Atolls" sehen so aus, als ob wir ins Unterwasserparadies schippern werden.

Der Nachmittag verläuft unglaublich harmonisch. Ich kann nicht fassen, dass wir uns schon wieder so gut verstehen. Dennoch sitzen wir eher wie ein Ehepaar denn wie frisch Verliebte am Meer und beobachten die glutrote Kugel in den Wäldern verschwinden. Beim Schlafengehen werde ich daran erinnert, dass ich gerne noch länger in Australien bleiben würde, denn erst zum zweiten Mal auf dieser Reise stellen wir einen Wecker. Ausgerechnet heute kann ich nicht einschlafen. Vielleicht liegt es an zu viel Sonne auf dem Rücken oder im Herzen. Wenigstens war es nicht noch ein verlorener Tag.

Abtauchen – Lady Musgrave Island

Seine Sicht

Während des Aufstehens quäkt Nina: „Jetzt siehst du mal, wie beschissen das Stechuhrleben ist." Ich bekomme meine Augen fast nicht auf, aber egal, ich muss mich in der Heimat damit arrangieren, früh aufzustehen. Gegen 7.30 Uhr erfahren wir am Hafen, dass noch 64 andere Leute mit an Bord sind, was meine Freundin nicht gerade zu Jubelstürmen animiert. Wir müssen uns in eine Passagierliste eintragen und einen Zettel, der uns über unzählige mögliche Gefahren belehrt, unterschreiben. Zusätzlich bekommen wir Safety-Nummern zugewiesen, damit wir nicht in den Weiten des Ozeans verloren gehen. Ich habe die 43 und Nina ihre Lieblingszahl 44.

Auf der anderthalbstündigen Fahrt herrscht hoher Wellengang und selbst auf dem relativ großen Boot übergeben sich Leute mit grünen Gesichtern reihenweise. Wir hingegen genießen die Anreise auf dem Sonnendeck – auch wenn es bedeckt und frisch ist. Das Atoll sieht aus der Ferne wie eine Robinson-Crusoe-Insel in einer Hochglanz-Werbebroschüre aus. Während wir uns nähern, begleiten uns silbrig-graue Delphine im türkisfarbenen Wasser. Lediglich das vielstimmige Geplapper an Bord stört in diesem Augenblick.

Etliche Kids und Nina – die meinetwegen auf ihren ersten Tauchgang verzichtet – begleiten mich bei der Schnupper-Aktion in die Tiefe. Schon das Anziehen des furchtbar engen Neopren-Anzugs (in den ich mich zunächst falschherum hineinzwänge), das Umschnallen des Bleigürtels sowie das Schultern der 20 Kilo-Sauerstoff-Flasche sind aufregend genug. Mein Mädchen muss mir im exakten Wortlaut übersetzen, was der Tauchlehrer gesagt hat. Dann bin ich im Wasser. Ich strecke den Daumen empor und grinse dümmlich. Leider bedeutet diese Handbewegung, dass ich schleunigst wieder hinaus will, macht mir Nina kopfschüttelnd klar. Scheinbar hab ich lediglich die Hälfte verstanden, denn ich bekomme, obwohl wir uns nur auf etwa drei Meter an einem Seil hinabhangeln, den Druckausgleich nicht hin. Zudem beschlägt meine Brille trotz galliger Spucke. Sie läuft allmählich voll und das Atmen aus der Flasche fällt mir schwer. Der Schnorchelgummi drückt mir fies ins Zahnfleisch. Irgendwann sehe ich gar nichts mehr, denn das Wasser hat nun Augenhöhe erreicht und den Trick, wie man es in der Tiefe wieder herausbekommt, habe ich nicht kapiert.

Um mich herum schwimmen gerade die größten und buntesten Fische meines bisherigen Lebens, doch ich sehe sie nur verschwommen und bin unentwegt damit beschäftigt, nicht versehentlich abzusaufen. Panisch mit den Armen rudernd, sehe ich Nina im dickflüssigen Schleier vor mir. Beim unkoordinierten Strampeln reiße ich ihr das Mundstück aus selbigem und sorge dafür, dass auch sie Probleme bekommt. Ich will jetzt nur noch zurück an die Oberfläche.

Wieder an Bord, kann ich auf einem Ohr nichts mehr hören, meine Augen brennen wie Feuer und mein Puls beruhigt sich erst allmählich wieder. „Bis auf das Vorhaben, mich zu töten, hast du dich gar nicht mal sooo Scheiße angestellt", ruft sie lächelnd, doch ich bin heilfroh, dass es vorbei ist. In die Unterwasserwelt gehöre ich wohl eher nicht.

Nach einem Lunchbuffet tuckert mein Mädchen mit einem Beiboot an den Außenring des Atolls. Das eng anliegende Neopren strafft Ninas kurvigen Körper in Parademaße. Hinter ihnen fährt ein kleines Schiff mit Tauchern einer anderen Tour. Darauf befindet sich eine rothaarige Frau, die exakt so aussieht wie diese Bianca, die ich in Byron Bay fast mal gevögelt hab. Ich winke hinüber, doch sie scheint durch mich hindurchzusehen.

Mit den Kindern, Rentnern und Pfeifen dümpele ich im Glasbodenboot durch den Korallen-Gürtel auf die Lady Musgrave Insel und versuche, mir die Stelle, an der riesige Wasserschildkröten auf dem Meeresboden liegen, einzuprägen. Ich nehme nicht am „Island-Walk" teil, sondern erkunde die unbewohnte Insel auf eigenen Pfaden. In den Büschen sitzen schwarze Seeschwalben, die mir aufmunternd zunicken. Über einen mit purpurfarbenen Muschel- und Korallenresten übersäten Strand watschel ich in Flossen mutig in die smaragdgrüne Badewanne. Weit draußen erlebe ich dann doch noch das berühmte „Great Barrier Feeling", da ich plötzlich von tausenden wedelnden und sich scheinbar küssenden Fischen in allen erdenklichen Farben und Größen über herrlichen Ozean-Gärten umgeben bin. Sogar die Schildkröten finde ich und versuche sie ebenso zu berühren wie die schaurig blauen Seesterne. Ich tauche in eine Wunderwelt ein und verbrenne mir – trotz Wolkendecke – Rücken, Oberschenkel und die Waden. Außerdem schneide ich mir an einer Muschel in den Zeigefinger und verwandle die See um mich herum in ein rosafarbenes Meer aus Blut. Doch das ist es allemal wert. Glückshormone lassen mich keinerlei Schmerz verspüren.

Irgendwann geht es zurück an Bord. Wir müssen jetzt nur noch auf die Taucher warten. Als ich Nina endlich in die Arme nehmen kann und losplappere, bemerke ich zunächst gar nicht, dass sie extrem in sich gekehrt ist. Im Gegensatz zu mir sitzt sie schweigend auf dem Bug und starrt in Gedanken versunken auf die stirnrunzelnden Wellenkämme. Was ist denn nun schon wieder los? Am Hafen werden wir von einem kreischenden Möwenschwarm und Pelikanen mit weit gedehnten Hautsäcken an den Unterschnäbeln im späten Nachmittagslicht empfangen, doch meine Freundin schaut nicht einmal auf.

Während unserer Abwesenheit muss es auf dem Festland ordentlich geschüttet haben, denn alles steht unter Wasser und die Moskitos fressen uns trotz Räucherspiralen bei lebendigem Leib auf. Wir verziehen uns früh in den Camper. „Das war einer der schönsten Tage meines Lebens", murmelt Nina plötzlich, bevor sie augenblicklich einschläft.

Ihre Sicht
Eine Seefahrt, die ist lustig – wenn man nicht mitten in der Nacht vollkommen übermüdet aufstehen muss, um zu einem Bootsanleger zu gelangen. Zumindest haben wir Anti-Kotz-Tabletten geschluckt, sodass wir nicht wie unzählige der 66 Passagiere brechend über der Reling hängen. Micha entdeckt an Bord ein Schild, welches besagt, dass mit dem Kutter genau hundert Leute mitfahren dürften und wir somit „fast allein" zum Riff schippern. Guter Witz! Besonders die feiernden Teenager gehen mir schon während der Anreise gehörig auf den Zeiger. Viele sind später beim Introduction-Dive mit dabei.

Das kleine Atoll übertrifft jedoch meine Erwartungen. Wie aus dem Nichts erscheint der Gürtel mit der Insel-Perle plötzlich und das Meer rundherum schimmert – je mehr wir uns nähern – in allen Farbkombinationen, die Grün und Blau hergeben.

Obwohl es Micha sicher als nette Geste empfindet, möchte ich eigentlich nur deshalb am Anfängertauchgang teilnehmen, da ich mich – mit insgesamt zehn Dives im Leben – nicht sonderlich sicher fühle. Der sympathische Lehrer der „Profis" versteht das sogar und signalisiert mir, dass er am Nachmittag gut auf mich aufpassen wird. Die „Babygruppe" – und besonders mein Freund – stellt sich allerdings saublöd an. Micha scheint nicht ein Wort von dem verstanden zu haben, was bei der Einweisung erklärt wurde. Allmählich ahne ich, wie wichtig es ist, einen richtigen

Tauchschein zu machen (und Englisch zu können!). Das ist ja fast verantwortungslos, denn nicht nur ihm sieht man die glotzäugige Panik an.

Zumindest verliere ich bei so viel Dilettantismus meine eigene Furcht und genieße die Unterwasserwelt in vollen Zügen. Die Korallenbänke sind an dieser Stelle – durch die Anfängeridioten – ziemlich zerstört und der Sand wird von den Flossen aufgewirbelt. Doch etliche farbenprächtige Fische scheint das nicht weiter zu stören. Sie umkreisen mich, als wäre ich Futter in einem Aquarium. Einige sind zwei Meter groß und haben Glubschaugen und „Mick Jagger"-Münder, während andere wie Trompeten, Koffer, Papageien, oder Nemo und Dorie aussehen. Leider hat Michael immer mehr Probleme mit sich und der Ausrüstung und strampelt wie wild im Wasser. Dabei bin ich - dummerweise - ganz in seiner Nähe, denn vollkommen unerwartet reißt er mir den Lungen-Automaten mit der Flosse aus dem Mund. Danach weiß ich jedoch, dass ich auf dem „richtigen" Tauchgang nichts zu befürchten habe, denn wie ein alter Hase schnappe ich mir den Notfall-Oktopus am Körper, wechsele mit der Atmung auf ihn und schlucke nur wenig Salzwasser. Alles unter Kontrolle. Sogar mein Asthma!

Demnach bin ich froh, den zweiten Tauchgang ohne meinen nunmehr schwerhörigen halbblinden Freund antreten zu dürfen. Mit einer Art Schlauchboot geht es, begleitet von springenden Delfinen, hinaus an die Außenwände des Atolls. Wir sind mit Steve, dem Lehrer, genau sechs Taucher, sodass jeder einen „Buddy" dabei hat. Ich werde vom Chef persönlich begleitet. Das ist ganz gut, denn zunächst habe ich Schwierigkeiten, in die Tiefe zu gelangen. Doch sein Blick hinter der Brille strahlt Ruhe und Gelassenheit aus. Er lässt mir viel Zeit und schon bald gleite ich in einem Luftblasenmeer an der Steilwand zu intakten, farbenprächtigen Korallengehirnen hinab. Die Sicht ist perfekt und neben quietschgelben, scharlachroten, violetten, orangefarbenen, grasgrünen und zyanblauen Aquarium-Fischen sehen wir taufbeckengroße Muscheln und sogar zwei rüpelhafte Haie, die nicht wahrnehmen, dass ich meine Tage habe. Sie verschwinden in Lichtgeschwindigkeit in einer Wiese voller Seegras, das sich an den Händen glitschig wie ein Waschbrett und zugleich wie Raufasertapete anfühlt. Im Unterwasserdickicht schaut mich ein Barrakuda, der fast bewegungslos in der spürbaren Strömung zu verharren scheint, grimmig und mit offenem Maul an.

In Einbuchtungen der Felsen liegen uralte Schildkröten wie in Regalfächern und ein Tintenfisch lässt aus seinem Leib schlauchartige Gliedmaßen hervor wachsen. Fast schon gelangweilt wendet er sein starres Auge wieder von mir ab. Kurz danach schwebt ein Rochen, der die Ausmaße eines Wohnzimmerteppichs hat, schwerelos vorbei. Unterwasserorgasmus!

Plötzlich kommen uns Taucher, die nicht zur Gruppe gehören, entgegen und eine Frau mit rötlichen Haaren schwimmt direkt auf mich zu. Sie formt Daumen und Zeigefinger zu einem Kreis und ich erwidere lächelnd das Signal für „ok". Glücklich treiben zwei grinsende Nixen in unterschiedliche Richtungen weiter, denn in dieser stummen Welt ist alles mehr als nur „okay"! Beim Blick zum Tauchlehrer stelle ich jedoch enttäuscht fest, dass unsere Zeit schon wieder abgelaufen ist. Wenig später geleitet mich Steve an seiner Hand allmählich an die gläsern-hellblau glitzernde Oberfläche.

Dort fragt er mich amüsiert, ob ich überhaupt geatmet hätte, denn im Gegensatz zu den anderen Leuten unserer Tour zeigt mein Finimeter noch 80 Bar an. Ich vermute, dass mir der Tauchgang im „Lady Atoll" und die Begegnungen mit all diesen Spezies in 15 Metern Tiefe unbewusst den Atem verschlagen hat.

Die Rückfahrt erlebe ich wie in Trance und träume mit offenen Augen. Ich bin nun in der sandigen Leere der Wüste und in der flüssigen Stille des Ozeans der absoluten Freiheit begegnet. Es gab dort keine störenden Nebengeräusche oder Gedanken an unerledigte Projekte, offene Rechnungen, Ärger mit Kollegen und Staub auf den Küchenschränken. Ich konnte erstmals ganz ich selbst sein, musste nicht für meine Eltern die „Vorzeige-Nina" mimen oder auf Arbeit die Frau sein, die in unserer Leistungsgesellschaft die Karriereleiter unaufhörlich hinaufklettert. Allmählich fühle ich, dass es da draußen noch etwas anderes gibt. Einen Lebensentwurf abseits der durchorganisierten Zivilisation und der verpassten Gelegenheiten. Ein unordentliches Dasein in Ekstase und kein angepasstes, in vorgegaukelter Sicherheit. Warum soll ich mein Leben nicht von Grund auf ändern? Vor dem Camper schlafe ich im Sitzen ein und Micha erzählt mir am nächsten Morgen, dass er mich gegen 20.30 Uhr ins Bett gewuchtet hat.

Sand und Meer – Fraser Coast
Seine Sicht
Für Nina ist der gestrige Tag nicht zu toppen. Wir können also weiter in Richtung Sydney fahren. Das muss ich ausnutzen, denn somit erreichen wir wieder surftaugliche Gebiete. Noosa, unser eigentliches Ziel, kommt im Reiseführer nicht gut weg, sodass wir Rainbow Beach, einen kleinen Strandort direkt vor „Fraser Island", ansteuern. Eine gute Entscheidung, denn wenngleich man auf dem Zeltplatz ziemlich beengt steht, liegt dieser direkt an der beeindruckenden Steilküste, also in unmittelbarer Meeresnähe. Die Wellen sehen machbar aus und am Strand brettern Jeeps gen Süden, während wettergebräunte Surfer mit sehnigen Nacken diesem in Perfektion entgegenreiten.

Ich will mir auf jeden Fall ein Brett ausleihen, was zu einer neuerlichen Diskussion führt, da Nina lieber einen Trip auf die „weltbekannte" Sandinsel gegenüber machen möchte. Letztendlich einigen wir uns darauf, dass wir auch mal etwas getrennt machen können. Da man auf „Fraser" nur mit einem 4-Wheel-Drive fahren kann, kämen wir sowieso nur mit einer organisierten Tour hinüber. Meine Freundin bucht sich sofort einen Trip für zwei Tage mit Übernachtung im Zelt.

Zum Sonnenuntergang machen wir einen Spaziergang am Ozean. Laut Führer sollen die Sandpartikel und Felsen in 72 verschiedenen Farbtönen schimmern und so einen spektakulären – namensgebenden – Regenbogen bilden. Wir können dies leider nicht bestätigen und auch die angepriesenen Buckelwale sehen wir jahreszeitbedingt nicht.

Ich laufe ins Dorf zur Telefonzelle, um meiner Schwester Conny zum Geburtstag zu gratulieren. Nach vier Versuchen mit Besetztzeichen rufe ich bei Karsten an, natürlich nur um zu sehen, ob ich mich zu blöd mit der Vorwahl anstelle. Bei ihm komme ich durch und erfahre, dass das letzte Wort bei den Entlassungen in der Firma noch nicht gesprochen sei. Es wäre jedoch sehr hilfreich, wenn ich bald zurückkäme.

Auf dem Weg zum Campingplatz treffe ich ein junges Backpackerpaar aus München, die ich spontan einlade, auf den Feiertag meiner Schwester mit uns anzustoßen. Nina ist nicht so begeistert, da Berti und Karen ununterbrochen plappern. Anscheinend haben sie Lust, sich mal wieder länger auf Deutsch zu unterhalten. Als sie jedoch von ihrem Trip auf „Fraser Island" zu berichten beginnen, blüht meine Freundin auf. In einer tintenschwarzen

Nacht bin ich es dann sogar, der sich mit leichtem Schwips und ein paar geklauten Zigaretten vorzeitig verabschiedet.

Sagen wir es diplomatisch: Der Morgen läuft suboptimal. Zunächst wache ich schon vor 8 Uhr auf, da es im Bus abartig heiß ist. Nina stöhnt leise neben mir. Ich springe in den Pool auf dem Gelände und laufe danach zur Stadtpromenade, um Brötchen zu holen. Dort begehe ich den ersten Fehler des Tages. Ich kaufe mir spontan ein Bodyboard für 29 AU$ und sehe auf dem Rückweg, dass man in einen Surfshop supergünstig richtige Bretter ausleihen kann. Doch erst auf dem Campingplatz kommt es zur eigentlichen Katastrophe. Als ich mein Mädchen wecke, fragt sie mit launigem Tonfall, wie spät es eigentlich ist. „Na so gegen 9 Uhr", antworte ich ganz naiv. Sie springt auf und haut mir mit der flachen Hand ins Gesicht. Zunächst weiß ich nicht, ob sie mich ohrfeigt oder streichelt, doch in schmalen Augen sehe ich puren Hass. Ich hab vergessen, dass Ninas Tour ansteht, und sie macht mich nun dafür verantwortlich, verschlafen zu haben. Es war mir entfallen und am Wecker hab ich definitiv nicht herumgefummelt. Doch leider ist sie kaum zu bremsen. Als sie nach zwanzig Minuten unverrichteter Dinge vom eigentlichen Treffpunkt (sie waren ohne sie abgefahren) wiederkommt, weiß ich, dass mir ein schlimmer Tag bevorsteht. „Ich will dich heute nicht mehr sehen", brüllt sie mit zornesrotem Gesicht. Das beruht auf Gegenseitigkeit. Ihre Unberechenbarkeit nervt! Frustriert gehe ich hinunter an den Strand und dümple auf meinem Babybrett herum. Neben mir stehen Leute einer Anfängergruppe bereits nach wenigen Minuten auf den Boards, doch der Surfbrettverleih bleibt – aus unerfindlichen Gründen – den kompletten Tag geschlossen. Meine Mitreisende sehe ich erst am Abend wieder. Ich weiß nicht, was sie den ganzen Tag gemacht hat, zumindest ist sie ordentlich verbrannt. Gegen 21 Uhr erzählt Nina, dass auch bei ihrem Touranbieter niemand mehr aufgetaucht ist. Somit wird der Trip – auf den sie nun „eh keine Böcke" mehr habe – ins Wasser fallen. „Sorry", murmele ich, obwohl ich mir noch immer keiner Schuld bewusst bin.

Manchmal frage ich mich, ob Nina womöglich manisch-depressiv ist, denn als ich mit einem Surfbrett – ich habe schon um 8 Uhr beim Verleiher auf der Matte gestanden – wiederkomme, grinst sie, als hätte der gestrige Tag nie stattgefunden.

Da ich Angst vor der tickenden Zeitbombe habe und nicht wieder das aufbrausende Naturell in ihr wecken möchte, ist mir dieser Zustand lieber und ich sage nichts. Nach dem Frühstück warte ich mit der Riesenbohle vor dem Wagen. Ich hab mir ein drei Meter langes Pappbrett ohne Flosse geliehen, welches ich auf dem Kopf zum Strand balancieren muss, da es nicht einmal unter den Arm passt.

Erstaunlicherweise stelle ich mich gar nicht mal so blöd an, wobei die Wellen äußerst anfängertauglich sind. Plötzlich kommt Nina mit meinem Bodyboard angeschwommen. „Ich will jetzt auch mal auf dem großen stehen", ruft sie lachend. Nachdem sie ein paar „Profitipps" bekommen hat, funktioniert es auch bei ihr ganz gut. Vergnügt schlägt sie mit der flachen Hand auf das Brett. Über zwei Stunden verbringt die neue Surferin mit mir im Wasser und kreischt wie ein kleines Kind, wenn sie per Hechtsprung oder Rolle rückwärts vom Brett abfliegt. Wie gesagt, aus der Frau werde ich nicht schlau. Gegen 15 Uhr beenden wir das „Glücklichsein", da schwarze Wolkenschatten aufziehen und die Wellen immer kleiner werden. Sonst wären wir sicherlich noch im Mondschein gepaddelt. Ein verdammt schöner Tag endet viel zu früh. Eigentlich liebe ich sie ja.

Ihre Sicht

Mein Freund würde am liebsten den Rest des Urlaubs in Agnes Water verbringen, doch ich möchte in der verbleibenden Zeit gerne noch andere Ecken des Landes erkunden. Wir erreichen Rainbow Beach um 14 Uhr. Der Ort ist ein Ausgangspunkt, um zum Weltnaturerbe „Fraser Island" zu gelangen. Nicht zum ersten Mal bemerke ich, wie unterschiedlich wir sind. Während ich unbedingt den „größten Sandkasten der Erde" mit seinen schneeweißen Stränden und glasklaren Süßwasserseen inmitten von nahezu undurchdringlichem Urwaldgrün sehen möchte, boykottiert er das sofort.

Wir hätten ja keinen 4WD und könnten die Tour somit nur auf einer geführten Tour mit Teeny-Spinnern und Backpackeridioten machen. Außerdem sei es auf dem Festland an der „Costa del Steil" genauso schön und es gebe keine gefährlichen Strömungen, weiße Haie oder wilde Dingos. Wir entscheiden daher, für einige Zeit „getrennte Wege" zu gehen. Am Nachmittag buche ich einen Zwei-Tages-Trip. Soll er doch sehen, wo er bleibt - zumal uns hier nur ein Mini-Platz zugewiesen wurde, an dem wir dicht an dicht mit monströsen Wohnmobilen stehen.

Ähnlich überfüllt ist der Grillplatz. Als Micha telefonieren geht, labert mich ein besoffener Fettsack an, um dann zu jeder meiner Antworten dämliche Kommentare abzugeben. Da der kotelettengeschmückte Idiot irgendwann verschwindet, bin ich nicht sonderlich davon begeistert, dass mein Freund mit zwei Leuten im Schlepptau auftaucht, die wie ein aufgezogenes Uhrwerk plappern. Doch Karen und Berti sind lustig, offenherzig und vor allem sehr trinkfest. Bis tief in die Nacht – Micha torkelt früh von dannen – sitze ich mit ihnen bei Bier und Wein zusammen. Wie immer genieße ich es, mit anderen Menschen Erlebnisberichte auszutauschen. Erst als sie sich hemmungslos zu küssen beginnen – so, als wäre ich nicht mehr anwesend –, verabschiede ich mich.

Meine Augen sind wie zugeklebt, doch als er mich weckt, bin ich sofort hellwach. ‚Scheiße, ich habe verpennt', weiß ich sofort. Es ist schon 9 Uhr und meine Tour sollte um 8.30 Uhr starten. „Was bist du nur für ein Riesen-Arschloch", brülle ich. Er hat mich nicht rechtzeitig geweckt, um den Ausflug zu verhindern. Wutentbrannt schnappe ich mein Daypack und renne zum vereinbarten Treffpunkt. Dort ist natürlich niemand mehr. „Verpiss dich. Ich kann dich nicht mehr sehen", schreie ich ihm mit sich überschlagener Stimme hinterher, als er mit dem gekauften Boogieboard (angeblich hat er ja kein Geld) davonzieht. ‚Eigentlich möchte ich auch nicht mehr mit ihm zusammen sein', denke ich.

Nach dem Duschen und einem tiefschwarzen Kaffee geht es mir zumindest körperlich besser, doch die dumpfe Wut verschwindet nicht. Beim Touranbieter scheint heute keiner mehr aufzutauchen und so versuche ich, per E-Mail mit denen in Kontakt zu treten. Gleichzeitig frage ich bei der „Qantas" an, ob und wie ich meinen Rückflug umbuchen kann. Bisher hatte ich den Wunsch, noch länger zu bleiben immer nur angeträumt – jetzt werde ich endlich aktiv!

Obwohl der Strand kilometerlang ist, sehe ich Schmidt irgendwo herumkrepeln und muss ewig weit laufen, um ihm nicht versehentlich zu begegnen. Dort sitzen zwar keine muskelbepackten Rettungsschwimmer auf hohen Türmen, doch momentan ist mir völlig egal, ob es gefährliche ablandige Strömungen oder Mörderwellen gibt. Heute kann mich nichts mehr umhauen. Ich renne mit Tunnelblick hinein und schreie.

Schon um 17.30 Uhr geht die Sonne unter, sodass ich zurück zur Promenade schlappe und schaue, ob sich jemand gemeldet hat. Die Leute von der Fraser-Tour leider nicht, doch eine Dame von „Qantas" schreibt, dass eine Umbuchung unkompliziert und nicht sehr teuer wäre. Mit meinem Visum könnte ich noch 35 Tage lang in Australien bleiben. Meine Laune bessert sich augenblicklich, denn ich habe so die Option, noch einmal wiederzukommen, um auf die größte Sandinsel Australiens zu gelangen. Dann vielleicht schon als glückliche Alleinreisende.

Am nächsten Tag erfahre ich, dass ich die Kohle für den Trip abschreiben kann, da die Gruppe ohne meine Buchung gar nicht erst in Richtung „Fraser Island" aufgebrochen wäre. Egal, Geld spielt in meinem Leben sowieso nur noch eine untergeordnete Rolle.

Wir lungern am Strand herum, lesen, gehen schwimmen und ich versuche zum ersten Mal, auf einem richtigen Surfbrett zu stehen. Was heißt richtig? Das Ding ist drei Meter lang, komplett aus Kunststoff und wiegt fast zwanzig Kilo. Damit kann man eigentlich nicht untergehen. Allerdings muss ich zugeben, dass es unerwartet viel Spaß macht, auf den zischenden Wellen in Richtung Strand zu rasen, wenn man die Brandung einmal erwischt hat. Wegen fehlenden Gleichgewichtssinns ist dies allerdings oft ein sehr kurzes Vergnügen, auch wenn mich Micha mit markigen Sprüchen wie „Surf Baby, Surf" anfeuert. Auf Knien kann ich übrigens sehr gut Wellenreiten, falls das mal eine Sportart wird. Im Gegensatz zu mir hat Micha während seiner Stehversuche sogar Zeit, in die Kamera zu winken.

Am Abend sind meine Oberarme bleischwer. Das hält mich jedoch nicht davon ab, eine Grillorgie zu veranstalten. Auch darin bin ich richtig gut geworden und würde mit meinen Geflügel- und Gemüsekreationen sicher Meisterschaften gewinnen. Auf einen Scheißtag voller Missverständnisse folgte fast ein „Perfect Day". Eigentlich liebe ich ihn ja.

Farbenfeuerwerk – Lennox Head
Seine Sicht
Diesmal wäre Nina gerne länger geblieben, aber wir müssen ja langsam in die Nähe des Rückflughafens gelangen. Zur Abwechslung hat sie heute mal wieder schlechte Laune und verwickelt mich in einen unnötigen Streit. Bis nach Byron Bay fahren wir wortlos und als ich den Zeltplatz am Meer für ungeeignet erachte, schreit sie mich an. Eigentlich dachte ich, dass sie mit dem Ort nicht unbedingt die besten Erinnerungen verbindet. Für einen Stellplatz nehmen sie ungeheuerliche 30 AU$ und ein Apartment kann ich mir längst nicht mehr leisten. Erst beim zweiten Blick hinter die Kulissen von BB wird mir klar, dass der Ort nicht nur mit Fitness-wahnsinnigen Menschen überfüllt, sondern auch extrem überteuert ist. Doch dem obercoolen Pack mit den Kordel-Sonnenbrillen und Fräulein Nina scheint das nichts auszumachen.

Die von mir bevorzugte Ruhe zu erschwinglichen Preisen finden wir 20 Kilometer weiter in Lennox Head. Der Campingplatz ist fantastisch gelegen, da er zur einen Seite ans Meer und zur anderen an den malerischen Lake Anisworth grenzt. Auf ihm lungern keine feiernden Backpacker herum. Am Ufer stehen knorrige Teebäume, deren Blätter Tannine enthalten, die dem Wasser eine gesprenkelte kupfrigbraune Färbung verleihen. Das erfahre ich von einem älteren Australier, der gerade hineinwatet. Ich wäre in den Tümpel nicht freiwillig gegangen, doch ein Bad im aufgewühlten Schlamm soll gesund sein.

Nach der erholsamen Körperpflege erleben wir gegen 17 Uhr den vielleicht schönsten Sonnenuntergang unseres Lebens. Die blutigen Wolkenfetzen des Himmels, welche sich im spiegelglatten Gewässer verdoppeln, wirken so unecht, so gemalt, dass die Fotos davon aussehen, als hätten wir sie aufwendig am Computer bearbeitet. Kaum zu glauben, wozu Sonne, Himmel und Erde in Australien in der Lage sind. Dummerweise hole ich mir danach gleich den nächsten Anschiss ab.

Nina möchte sich die Bilder auf ihrem Rechner anschauen. Dieser springt zwar an, verlangt aber plötzlich ein Kennwort. Da ich der letzte war, der den Laptop benutzt hat, bin ich natürlich schuld, obwohl ich schwöre, nicht an den Einstellungen herumgefummelt zu haben. Außerdem ist es ja auch für mich blöd, dass wir uns nicht mehr einloggen können, da in Word die letzte Fassung meiner Arbeitsplatzbeschreibung gespeichert ist.

In der Abendkälte ist die Atmosphäre zwischen uns derart frostig, dass es mich schaudert.

Bei miesem Wetter fahren wir am Morgen nach Byron Bay, um unsere Fotos auf CDs zu ziehen, doch das Brennen dauert ewig. Am PC beginne ich nebenbei, meine Arbeitsunterlagen aus der versandten Kopie zu überarbeiten. Nina ruft mir irgendwann leicht genervt zu, dass sie mich in einer Stunde wieder abholt.

Natürlich ist sie nicht rechtzeitig zurück. Die Sonne ist mittlerweile herausgekommen und ich möchte jetzt auch ans Meer. Also beginne ich Nina am Strand und im Ort zu suchen, um alle zehn Minuten zum Internetcafé zurückzusprinten, falls sie dort in der Zwischenzeit aufgetaucht ist. Doch ich kann sie nirgendwo finden. Als ich es schon fast aufgegeben habe, sehe ich sie laut lachend in einem Café mit einem Kerl flirten. Ich bin stinksauer und auf einmal erkenne ich den Typen sogar. Es ist dieser selbstverliebte Oliver, der mir schon in Darwin gehörig auf die Nüsse gegangen ist. Der Idiot lebt also noch …

Wütend renne ich hinüber und rufe: „Weißt du eigentlich, wie lange ich schon nach dir suche?" Nina schaut mich mit großen Augen an, folgt mir aber ohne Widerworte zum Wagen. Auf dem Parkplatz beginnt sie aus heiterem Himmel zu weinen, dabei bin ich es ja eigentlich, dem zum Heulen zu Mute ist. Sie will nicht sagen, was los ist – und ich möchte es auch nicht wissen. In beklemmendem Schweigen und krampfhaft geradeaus schauend, fahre ich zurück nach Lennox Head und leihe mir im Surfshop ein Profiboard mit haifischartigen Flossen aus. Noch immer wütend, stürze ich mich am „Seven Mile Beach" mit dem Brett aus Fiberglas in die Fluten, während sich Nina auf ihr Handtuch legt und an der Unterlippe kauend in die Ferne schaut.

Leider bin ich der Einzige im aufgebrachten Meer, sodass niemand meine Heldentaten bewundern kann. Bleiben wir bei der Wahrheit: Entweder drücke ich die Spitze zu tief ins Wasser oder stolpere beim Aufstehen über meine eigenen Füße. Sogar beim Versuch, auf dem eingefetteten Ding zu sitzen, scheitere ich kläglich. Zwei Mal habe ich das Gefühl, gleich abzusaufen, da mich brutale Monsterwellen auf den Grund drücken und auf diesem herumschleifen. Keine einzige Schaumkrone nimmt mich mit auf die Reise. Das Surfbrett, welches über die Sicherheitsleine an meinem Fußknöchel befestigt ist, reißt mir fast das Bein aus und ich schlucke literweise Salzwasser. An Land sehe ich zwei Leute, die mit dem Finger auf mich zeigen und mit den Köpfen schütteln. Zumindest überlebe ich die krasse Aktion und werde nicht in Richtung Fidji abgetrieben. Nina scheint das nicht sonderlich zu interessieren. Mit aufgeschürften Knien stolpere ich zurück und wickele die Gummileine ums Brett, doch sie schaut nicht einmal hoch. Ich trinke Wasser in großen Zügen und bin froh, dass wir auf den Zeltplatz fahren, damit ich mich duschen, salben und ausruhen kann. Sie bringt freundlicherweise das Board zurück und kauft ein.

Mit zittrigen Beinen warte ich vor dem Zauber-See auf ihre Rückkehr. Auch wenn sie betont, dass es nichts mit uns zu tun hat, ist Nina am Abend mucksmäuschenstill. Mit stillen Augen starrt sie ins Leere und trinkt den Pappen-Rotwein im Rekordtempo. „Dann lass ich dich eben in Ruhe", nuschele ich und denke an mein Surfabenteuer. Anscheinend ist an mir wohl doch kein neuer Kelly Slater verloren gegangen.

Ihre Sicht
Verweilen, wenn es gerade so schön ist, scheint keine seiner Stärken zu sein, da er möglichst bald in ein winterliches Deutschland ohne Meeresrauschen, unendliche Weiten und tropische Schmetterlingsschwärme zurück möchte. Wieder einmal sitzen wir bis 14 Uhr im Camper, bevor wir Byron Bay erreichen. In der Surfercity schließt sich für mich ein Kreis, doch trotz der Sache mit dieser Tussi habe ich nichts gegen den Ort, in dem ausschließlich gut gelaunte Menschen herumzuschlendern scheinen. Viele Jungs, die ihre Bretter – lässig unter den Arm geklemmt – durch die Straßen tragen, sehen zudem zum Anbeißen lecker aus.

Dass die Partys auf dem (angeblich zu teuren) Campground direkt am Strand bis tief in die Nacht gehen, stört Micha. „Warum feiern wir nicht einfach mit? Dann kannst du vielleicht auch wieder Zigaretten schnorren", sage ich, doch er hat längst eigenmächtig entschieden weiterzufahren, um mir im nächsten Kaff zu erklären: „Lennox Head ist die liebenswerte Schwester von Byron Bay." ‚Und die kotzlangweilige', denke ich. Es gibt zwei Klamottenläden, einen Minimarkt, einen Surfshop, drei Restaurants, ein paar Unterkünfte und einen Metzger – das war's. Und wo stiefeln wir hinein, bevor es zum Zeltplatz geht? Richtig! Fleisch mit Fleisch ist sein Gemüse. An einem nach Bratfett riechenden Teich findet er „für uns" ein geeignetes Plätzchen und genießt auf dem Campingstuhl – mit zwei Bieren im Armhalter – diese verdammte Stille!

Dann geht er in der kühlen schlammigen Brühe schwimmen und bemerkt dabei gar nicht, dass die Sonne untergeht. Und wie! So etwas habe ich in meinem Leben noch nicht gesehen. Es sieht aus, als ob die Welt in einem pastellfarbenen Schleierlicht versinkt. Die Fotos von dieser überirdischen Farbenpracht kann man um 180 Grad drehen, denn im seidigen See spiegelt sich das Panorama 1:1 wider. Auf den Bildern ist kaum zu erahnen, wo oben und unten ist.

Bevor diese Aufnahmen verloren gehen, will ich sie auf meinem Laptop speichern. Doch anscheinend hat mein Freund irgendetwas verstellt, sodass sich Windows zwar hochfahren lässt, aber nach Benutzer und Passwort fragt. Ich habe keines hinterlegt und kann mich demnach nicht anmelden. Obwohl ich den Rechner nicht zwingend benötige und ein Computerheini ihn sicher wieder in Gang bekommen wird, bin ich stinksauer. Am Elektrogrill, an dem wir natürlich allein in der Eiseskälte sitzen, kommt daher keine Stimmung auf. Er beteuert zwar, die Reparatur in der Heimat zu bezahlen, aber wer sagt denn, dass ich überhaupt mit ihm zurückfliegen werde. Gerade in den letzten Tagen war es mir oftmals vorgekommen, als wenn ich allein viel besser klarkommen würde. Normalerweise müsste ich jetzt radikal sein und blindwütig unsere Trennung verkünden, doch seufzend befehle ich mir, ruhig zu bleiben.

Da es am nächsten Tag regnet, beschließen wir, eine Sicherungskopie der Fotos zu machen. Wir müssen zurück nach Byron Bay und im Prinzip dauert die Aktion zehn Minuten, da man auch USB-Sticks kaufen kann. Doch Micha will unbedingt eine CD brennen und kommt mal wieder nicht aus dem Knick. Nachdem ich noch kurz etwas im Internet recherchiert habe, wird es mir – bei nunmehr strahlendem Sonnenschein – zu blöd. „Ich bin in einer Stunde zurück", rufe ich und laufe ins Beach Hotel, welches sich gleich um die Ecke befindet.

Gerade, als mein „Latte" kommt, klopft mir jemand von hinten auf die Schultern, umarmt mich und ruft überschwänglich: „Hauwsegoing?" Es ist Oli, den wir in Darwin getroffen haben, und auch ich freue mich riesig, ihn zu sehen. ‚Eigentlich sieht der Kerl richtig gut aus', denke ich und schaue in seine klaren, blauen Augen, die Neugier und unbändige Lebensfreude ausstrahlen. Erst jetzt erfahre ich, dass Micha ihn bei den Krokodilen tatsächlich einfach stehengelassen hat, doch es scheint ihm nicht viel auszumachen. Mit Caro und Anke sei es wohl noch ganz lustig gewesen. Sie hätten eine ganze Woche im hohen Norden miteinander verbracht. Er zwinkert mir spitzbübisch zu und gibt mir später zu verstehen, dass er mit beiden mehr oder weniger gleichzeitig gevögelt hat. Ganz ehrlich: Ein bisschen macht mich das sogar an.

Noch immer schwärmt er von Western Australia. Er berichtet, dass man dort ähnlich spektakuläre Naturwunder wie an der Ostküste findet, sie jedoch mit weniger Touristen teilen muss. Schon in ein paar Tagen fliegt er nochmals hinüber nach Perth. Ich höre ihm zu und der Gedanke, dass ich den fantastischen Bundesstaat auf dieser Reise nicht sehen werde, macht mich irgendwie traurig.

Die Zeit vergeht wie im Flug und gerade als ich ihn nach seiner E-Mail-Adresse fragen will, sehe ich Micha mit eisigem Blick am Eingang stehen. Er winkt mich gebieterisch zu sich hinüber. ‚Der spinnt wohl!' Plötzlich kommt er angerannt, zerrt mich am Arm hoch und brüllt: „Du kommst sofort mit!" Ich versinke vor Scham fast im Boden, doch weil mich alle anstarren, folge ich ihm belämmert zum Wagen. Mit einem Mal fällt alles von mir ab und ich beginne zu flennen. Ich habe keine Lust mehr, um eine gemeinsame Zukunft zu kämpfen – möchte frei, wild und unabhängig sein. Wenn meine Beziehung mit diesem eifersüchtigen Typen so aussieht, dass er mich vor allen Leuten durch die Gegend schleift, kann sie mir gestohlen bleiben. Erst auf der Rückfahrt beruhige ich mich ein wenig, fange aber wieder an zu schluchzen, als ich feststelle, dass ich nicht bezahlt und vor allem keine Adressen mit Oli ausgetauscht habe.

Mein Ex-Freund leiht sich in Lennox Head – so, als wäre nichts gewesen – ein Board. Ich trotte ihm hinterher und lege mich traurig an den menschenleeren Strand. Vor mir liegt der silbergraue Horizont und ich wünschte, eine Strömung namens „Schmidt-Express" würde ihn dahinter verschwinden lassen. Die erste Welle wirft ihn immerhin spektakulär vom Brett und als er, nach Luft schnappend, wieder auftaucht, hängen seine Shorts in den Kniekehlen. Er gibt ein fieses Quäken von sich, dass noch peinlicher als sein weißer Arsch ist. Doch es kommt nicht mal Schadenfreude auf. Mit aufgeschürften Knien und blutender Nase steht er irgendwann neben mir und fragt mit wehleidiger Stimme, ob ich denn nicht gesehen hätte, dass er fast ersoffen sei. „Das hättest du auch verdient!" Er grinst dämlich, da er es als Witz versteht.

Auf dem Zeltplatz erkläre ich mich bereit, noch schnell etwas einzukaufen. Im Höllentempo rase ich zurück nach Byron Bay. Oliver hat mir gesagt, in welchem Hostel er wohnt, aber er ist nicht da. Ich lasse mir einen Umschlag geben, packe 20 Dollar hinein und kritzele darauf: „Danke für den schönen Nachmittag. Bis bald, Nina." Darunter schreibe ich meine E-Mail-Adresse. Meine neue Entschlossenheit macht mich mutig, denn ich renne nun fast ins Internetcafé und erledige im Eiltempo etwas immens Wichtiges! Beim Dorfmetzger kaufe ich für Herrn Schmidt noch Lammbuletten. Ich habe keinen Hunger, lediglich Lust, mir gehörig die Kante zu geben. Nach zwei Litern Rotwein beschließe ich – mit der messerscharfen Logik einer Betrunkenen –, definitiv noch länger in Australien zu bleiben. Es ist der Moment, an dem mir klar wird, was ich mit meinem bisher so öde dahinfließenden Leben anfangen will. Ich entscheide mich fürs Glück!

Koala und Känguru – Diamond Head

Seine Sicht

Ruhig können wir es nicht angehen lassen, denn wir befinden uns noch immer rund 800 Kilometer von Sydney entfernt. Ich muss durchgehend fahren, da Nina gestern zu tief in die Weinpappe geschaut hat. Inzwischen bin ich ein brillanter Linksfahrer und kratze mit den Vorderreifen nur noch selten am Mittelstreifen. Das lange Fahren macht mir heute auch nichts aus. Dennoch biege ich an einigen Ecken auf gut Glück von der Hauptstraße ab, um Verschnaufpausen einzulegen. Überall entdecken wir einsame, zauberhafte Strände, aber wir müssen ja weiter – immer weiter.

In Crescent Head haben wir das Tagesziel erreicht. Angeblich soll es die Longboarder-Hochburg Australiens sein, doch ich sehe eher junge Typen mit kurzen Brettern. Sie sind auf Ehrfurcht gebietenden Wellen, die so hoch sind, dass sie dahinter regelrecht verschwinden, unfassbar elegant unterwegs. Meine Euphorie wurde gestern ein wenig gedämpft, sodass ich keine Lust verspüre, hinauszupaddeln, zumal sie am Kiosk keine Anfängerpappen verleihen. Eingehakt wie ein altes Ehepaar, gehen wir am zerklüfteten Strand spazieren. Nina erklärt mir, dass sie in drei Tagen nicht mit zurückkommen wird, doch ich nehme das Gerede mittlerweile nicht mehr ernst. Okay, auch ich würde gerne mehr Zeit an Australiens Küsten verbringen, aber unser Rückflugtermin steht ja fest. Sie sollte langsam mal aufhören, immer so herumzuspinnen.

Auf Ninas Wunsch gehen wir fein essen. Sie lädt mich sogar ein. Allerdings werden die Pizzas im Restaurant auf Papptellern serviert. Wir müssen sie sogar abholen und an den grünen Plastiktisch tragen. Zumindest scheint es meiner Freundin danach besser zu gehen, denn sie grinst endlich mal wieder und sagt mit vollem Mund: „Ich meine es ernst, dass ich noch bleiben werde!" Ich nicke wissend und denke: ‚Blödsinn, wir fliegen gemeinsam zurück, ziehen in der Heimat zusammen und heiraten irgendwann.' Bei unseren Nachbarn erklingt in der Nacht lauschige Gitarrenmusik. Jemand singt mit schmachtender Stimme „My girl" von Nirvana. Neben mir liegt eine leicht röchelnde Nina. Ich spüre sehr intensiv, was ich an ihr habe, und mag ihre unrhythmischen Schlafgeräusche mittlerweile sehr. Vorsichtig decke ich sie zu, da sie sich mal wieder freigestrampelt hat, und kuschele mich an „mein Mädchen".

Nina hält mich zwar für bescheuert, aber letztendlich hat sie nichts dagegen, dass ich den „Billabong Koala and Wildlife Park" in der Nähe von Port Macquarie ansteuere. Ich möchte überprüfen, ob wir alle bedeutenden Viecher Australiens auch wirklich in Natura gesehen haben. Haben wir! Doch die Emus, Kängurus und Koalas können wir dort auch anfassen, streicheln und knuddeln. Die Anlage gefällt sogar Nina. Im Terrarienhaus steht sie allerdings kurz vor einem Herzinfarkt, als eine riesige Würgeschlange vor ihren Augen zu Boden kracht. Die dicken Scheiben sind so gründlich geputzt, dass sie denkt, das längliche Monster sei direkt vor ihre kleinen Füße geplumpst. Ich lache, bis mir Tränen über die Wangen laufen.

Da uns die Sonne ins Gesicht scheint, fahren wir nochmals von der Hauptroute ab. Diamond Head wird somit das dritte „Head" in Folge. Es liegt inmitten eines dichten Waldes in der Nähe eines felsigen Strandes. Das Besondere: Der Stellplatz befindet sich auf einer Lichtung und wird von Känguruherden regelrecht belagert. Aber im Gegensatz zu den vorherigen Begegnungen mit dieser Art hüpfen sie nicht ängstlich davon, wenn man sich nähert. Sie grasen in aller Seelenruhe vor den Zelten, neben den Autos oder im Wald. Eine fürsorgliche Mutter, bei der das Kleine mit schief gelegtem Kopf und vier Pfoten aus dem Beutel lugt, steht am Strand und schaut andächtig in die Ferne. Ein Anblick, den man mit Worten kaum beschreiben kann.

In der Abenddämmerung wandern wir an der Küste entlang und sammeln Holz. Das Lagerfeuer zündelt direkt neben dem Einweggrill – beobachtet von drei neugierigen Hoppelviechern. Ein unvergessliches „Abendbrot mit Kängurus" und ein magischer Augenblick unserer Beziehung! Unter einem Abschieds-Sternschnuppen-Himmel entkorken wir eine teure Flasche Rotwein und lassen die abenteuerliche, intensive Tour noch einmal Revue passieren. Fast gleichzeitig stellen wir fest, dass wir als Freunde gestartet sind und als Liebespaar zurückkehren werden.

In der Nacht „vögeln wir uns" – um mit ihren Worten zu sprechen – „die Seele aus dem Leib". Auch das Eukalyptuskondom kommt dabei zum Einsatz. Wahrscheinlich stehen deshalb am Morgen noch mehr Kängurus vor unserem Camper. Sie wollen wissen, wer in der Nacht diese tierischen Geräusche von sich gegeben hat und wer so penetrant nach Koala müffelt. Wir lachen, wie in guten alten Zeiten.

Ihre Sicht
Die heutige Fahrt ist insofern entspannter, als ich mit meinem Schädel nicht fahren muss. Auf Straßen, die – wie auf dem Reißbrett entworfen – immer stur geradeaus führen, bringt uns Micha näher an Sydney heran. Wir tuckern durch einsame Wälder, gemütliche Orte und halten an verlassenen Strandabschnitten. Crescent Head hat er zum Übernachten auserkoren. Im Reiseführer steht, dass dies der perfekte Ort sei, um ein Buch zu schreiben. Vielleicht komme ich eines Tages zurück und verarbeite meine Eindrücke dieser Reise. Allerdings würde ich als Schriftstellerin nicht unbedingt diesen Zeltplatz wählen, denn ich fühle mich dort eher eingeengt. Der von Felsen umgebene Strand ist jedoch sehr schön. Wir laufen ein paar hundert Meter am Ufer entlang und ich hake mich bei ihm ein, da mir noch immer etwas schummrig ist. Meine Bemerkungen, dass ich noch länger in Australien bleiben werde, tut er als „Quatsch mit Soße" ab und versucht mir stattdessen seine Zwei-Zimmer-Bude in Deutschland schmackhaft zu machen. ‚Dort wohne ich deutlich luxuriöser und mehr Platz hätte ich auch', denke ich, aber das Beziehungsthema ist bei mir eh längst durch.

Da es wahrscheinlich unsere letzten gemeinsamen Tage sind, lade ich ihn ins örtliche Lokal ein. Nicht ganz uneigennützig, denn so bekomme ich endlich mal wieder eine Salami-Pizza. Und sie schmeckt vorzüglich. Zurück am Camper, habe ich keinerlei Drang, mir die Reste des Rotweins hereinzuquälen, sondern verabschiede mich frühzeitig. Als ich ihn umarme, spüre ich, dass sich das nicht mehr nach Liebe anfühlt. Er bleibt noch wach und lauscht der sanft dahinperlenden Gitarrenmusik von nebenan. Was für eine romantische Stimmung – schade eigentlich!

Der Kerl ist irgendwie süß. Wir sind tausende Kilometer durch atemberaubende Landschaften gefahren, haben fast alle bekannten Spezies des Landes live bewundern können und wohin schleppt er mich? Richtig, in einen Zoo! Im „Billabong-Center" kann ich somit Fotos von Tieren machen, auf denen es so aussieht, als ob wir sie im Busch getroffen und gefüttert hätten.

Habe ich eigentlich schon erwähnt, dass mich eine klitzekleine Spinnenphobie plagt? Auch diese Fieslinge kann man dort betrachten, innerlich erschaudern und darüber nachdenken, ob ein Rückflug in sichere Gefilde nicht doch vernünftiger wäre. Plötzlich fällt neben mir etwas Großes zu Boden.

Da ich mich fürchterlich erschrecke, kapiere ich zunächst nicht, dass die schuppige Schlange, welche nun direkt vor mir liegt, sich noch immer hinter einer Scheibe befindet. Panisch schreie ich los. Micha kommt sofort angehetzt und amüsiert sich köstlich.

Wesentlich sympathischer sind mir demnach all die Viecher, welche im Streichelzoo gehalten werden. Dort habe ich dann auch noch Grund zur Schadenfreude, da ein nervtötendes Kind vom platzierten Schlag eines Kängurus fast k. o. geboxt wird. Zum Glück hat es nicht den scharfkantig behelmten Kasuar geärgert, welchen wir – wie die friedlich brummenden Koalas – nochmals ablichten können.

Micha möchte die Australienreise in Diamond Head ausklingen lassen. Keine schlechte Idee, denn als ich auf den Wiesenparkplatz rolle, raste ich vor ekstatischer Freude fast aus. Überall grasen rotbraune Kängurus, als wären es träge Kühe in Mecklenburg. Sie scheinen sich so an Fahrzeuge gewöhnt zu haben, dass ich aufpassen muss, keines unabsichtlich zu überfahren. Sofort zücke ich die Kamera und halte das ungewöhnlich harmonische Zusammenleben von Mensch und Tier in Bildern fest. Am Strand guckt mich sogar ein „Joey Kangaroo", wie der Nachwuchs in Australien genannt wird, aus dem Beutel seiner Mutter blinzelnd an. Zuckersüß!

Beim Essen am Lagerfeuer bin ich dann doch ein wenig traurig, dass wir hier wohl zum letzten Mal ein gemeinsames – von ihm so genanntes – „Abendbrot mit Kängurus" erleben werden. Als Micha mit leuchtenden Kinderaugen dann auch noch davon anfängt, wie verrückt unsere Reise gewesen ist und die einzelnen Orte und Begebenheiten herunterrasselt, kullert mir sogar ein Tränchen übers Gesicht, das ich mir unauffällig mit dem Ärmel wegwische. Er hat ja Recht: Wir sind als Freunde gestartet und sind zwischendrin ein Liebespaar geworden. Doch wir werden uns wieder freundschaftlich voneinander verabschieden müssen. Nein, ich traue mich nicht, ihm die bittere Wahrheit ins Gesicht zu sagen, denn der heutige Abend ist ein fantastischer Abschluss unserer wilden Zeit in Australien. Er küsst mich mit spröden – nach Rotwein schmeckenden – Lippen. Sachte kraule ich in seinem struppigen Haar und schaue ihn wie einen geliebten Menschen an, den man bald zum allerletzten Mal sieht.

Was für eine Nacht! Er braucht aber nicht zu glauben, dass uns hemmungsloser Sex zusammenhält und ich Geilheit mit Liebe verwechsele. Ich habe ein sauschlechtes Gewissen, als er mich am Morgen treudoof anlächelt. Dennoch muss ich grinsen, da der wilde Hengst noch immer nach angelutschtem Eukalyptusbonbon riecht und sich beim Vögeln einen Nerv eingeklemmt hat. Er humpelt wie ein lahmer Gaul, während die müde Stute auf wackeligen Beinen neben ihm steht. Scheiße, wenn er mich jetzt festhalten und nie wieder loslassen würde, könnte ich für nichts garantieren.

Goodbye Australia – Abschied

Seine Sicht

Beim Laufen spüre ich einen ziehenden Schmerz in den Lenden, aber zum Arzt muss ich nun ja auch nicht mehr. Zum Glück möchte Nina heute fahren. Dass es noch 440 Kilometer bis Sydney sind, stört sie dabei nicht. Ich lotse sie durch die Innenstadt und noch am frühen Nachmittag erreichen wir einen Campingplatz an der Botany Bay. In dieser Bucht war James Cook am 29. April 1970 erstmals in Australien an Land gegangen – für uns ist es der letzte Ankerplatz am Ende einer fantastischen Reise.

Der Stadtteil liegt in der Nähe des morgigen Rückgabeortes für den Camper und so stört es mich nicht, dass der Stellplatz mit 39 Dollar unverschämt teuer und nicht mal besonders schön ist. Ein Zimmer in der City wäre zum Abschied sicher angemessener gewesen, aber wir müssen den Bus ja noch säubern. Das dauert unerfreulich lange, da an den schmierigen Scheiben noch immer Insekten aus dem Outback kleben. Beim Packen der Klamotten fragt Nina, ob sie meinen Rucksack haben kann. „Ich bleibe wirklich noch hier", ruft sie lächelnd und schaut mich mit Augen an, die mich das fast glauben lassen. Eigentlich finde ich die Vorstellung ja ganz lustig, wenn ich mit ihrem Hartschalenkoffer in Deutschland aufschlage, während sie meinen Ranzen auf dem Rücken trägt. Also tauschen wir und machen uns dann über die Reste der Lebensmittel her: Spagetti Carbonara für Nina und Schweinefleisch mit Kartoffeln für mich. Dazu brutzeln wir einen Berg Schrimps, den wir am Hafen erstanden haben. Die restlichen Biere gehen genau auf und gegen 22 Uhr krauchen wir letztmals in unser Camperbett.

Ich habe kaum schlafen können, da ich die Reise vor meinem inneren Auge noch einmal rekapitulierte. Abenteuerlich und unvergleichlich schön war es mit dem „Joey Kangaroo" namens Nina gewesen! Als wir den Bus bei „Wicked" abgeben, treibt mir das fast Tränen in die Augen. Wir haben ihn weder gekauft noch viel Geld in Reparaturen gesteckt, aber irgendwie ist mir das kastenförmige Ding ans Herz gewachsen. Er hat uns verlässlich durch halb Australien gebracht und ist zum Schluss ein richtiges Zuhause geworden. Recht schnell haben wir als perfekt eingespieltes Team nur noch zwei Minuten gebraucht, um aus dem Inneren ein gemütliches Bett zu zaubern. Wir haben gelernt, wo wir parken müssen, damit wir aus der Heckklappe auf das unverstellte Meer schauen können, und wussten blind, wo wichtige Sachen lagerten. Längst habe ich verdrängt, wie warm, kalt oder eng es manchmal gewesen ist. Bereits jetzt vermisse ich den Wagen.

Nina schultert meinen Trekkingrucksack, während ich mit dem Rollkoffer zum Ausgang der Garage rattere. Unser Taxi hupt. Plötzlich kommt ein Angestellter angerannt und ruft uns etwas hinterher. Doch ich verstehe nicht, was er will, und Nina bedeutet dem Fahrer, Gas zu geben. Unerwartet schnell sind wir am Flughafen.

Am Abfertigungsschalter steht eine beachtliche Schlange plappernder Leute. Wir reihen uns ein und erst jetzt sehe ich, dass mit „Ninchen" etwas nicht in Ordnung ist. Obwohl ich noch gestern gerührt die Sommersprossen auf ihrem braungebrannten Gesicht gezählt habe, sind jetzt keine mehr zu sehen. Sie steht kalkweiß vor mir und scheint gleich ohnmächtig zu werden. Ich fordere sie auf, sich irgendwo hinzusetzen. Dankbar nimmt sie das Angebot an. Dummerweise schnappt sie sich auch den Rucksack. Endlich bin ich an der Reihe. Doch dort, wo meine geliebte Freundin soeben noch gesessen hat, ist plötzlich niemand mehr. Wenngleich ich der Dame von „Qantas" sage, dass sie warten soll, hat sie den Koffer bereits auf die Reise hinter die schwarze Gummimatte geschickt und meine Boardingkarte ausgedruckt. ‚Mist, jetzt müssen wir uns noch einmal anstellen', denke ich eher besorgt als genervt.

Ich schnappe mir die Papiere und laufe los, doch von Nina keine Spur. Da ich befürchte, dass sie womöglich umgekippt ist, renne ich zur Info, zur Polizeistation und in jedes einzelne Damenklo des Flughafens und rufe laut ihren Namen. Nichts! Noch nie im Leben habe ich mich so hilflos gefühlt. Ich spüre plötzlich, dass ich dieses Mädchen über alles auf der Welt liebe. Irgendwann frage ich mich verzweifelt nach dem Büro durch, wo die Durchsagen des Flughafens gemacht werden. Eine hilfsbereite Frau scheint mir die Panik anzusehen. Als sie zum zweiten Mal auf Englisch dazu aufruft, dass sich Nina Metzer umgehend zum Abflugschalter begeben soll, schnappe ich mir das Mikrofon und brülle hinein: „Nina, wo bist du?" Noch eine Stunde bis zum Abflug …

Ihre Sicht

Auf der Fahrt versuche ich wiederholt, die Sache mit dem Bleiben anzusprechen. Er reagiert nicht und singt stattdessen fröhliche Lieder „unseres" Johnny Cashs. Ich tue so, als ob auch ich glücklich bin. Was er nicht weiß: Ich habe Hübner längst die Kündigung geschickt und mir in Byron Bay ein Ticket nach Perth gebucht. Um mich abzulenken, entscheide ich, den Rest der Strecke zu fahren, zumal Micha besser Karten lesen kann und ich ihm den Stadtverkehr von Sydney nicht zumuten will. Seine Fahrkünste in von Menschen besiedelten Gebieten ertrage ich noch immer nur im Vollrausch.

In Botany Bay finden wir einen Campingplatz, der recht gut ausgestattet ist. Sie haben sogar Putzkram und so müssen wir nicht extra los, um Lappen oder Spülmittel zu kaufen. In der Küche können wir die Essensreste und Stubby-Biere verstauen. Die Reinigung des Wagens verhindert, dass ich ununterbrochen daran denken muss, wie der Abschied wohl aussehen wird. Erst, als ich ihn bitte, unsere Gepäckstücke zu tauschen, spreche ich das Thema erneut an, doch er rafft es noch immer nicht und gibt mir schulterzuckend seinen Rucksack. Unfassbar!

Irgendwann steht der geliebte „Blow Me – Pussy Chicken"-Camper frisch shampooniert vor uns und im Inneren befinden sich die Klamotten eines Zurückreisenden und meine. Während er ein überdimensioniertes Gericht zubereitet, klaue ich mir eine Zigarette und rauche mit vernebeltem Verstand meine erste Kippe seit über drei Jahren. Ich halte sie wie einen Kugelschreiber zwischen den Fingern und immer wenn ich ziehe, kommt es mir vor, als hinge ich über einem Topf rußender Dachpappe. Was für ein Scheiß!

‚Oh Mann, geht mir der Arsch auf Grundeis', denke ich am nächsten Morgen. Nein, ich habe mein Ticket noch nicht umgebucht, aber ich besitze auch einen Fahrschein in die vermeintliche Freiheit. Um 12 Uhr könnte ich entweder meinen Freund in die Heimat begleiten oder um 14 Uhr nach Perth fliegen. Plötzlich habe ich keinerlei Ahnung, was ich machen soll. Mir wackeln die Knie wie zwei Löffel in roter Grütze.

Ich kann kein endgültiges Fazit dieser Reise ziehen. Dazu bräuchte ich Ruhe, entweder auf dem Flug nach Deutschland oder an einem einsamen Strand in Western Australia. Eines steht jedoch fest: Falls ich in „seine" Maschine steigen werde, wird es nicht das letzte Mal gewesen sein, dass ich dieses Land betreten habe. Die Tour mit dem Camper gehört schon jetzt zu den Dingen, die ich niemals im Leben vergessen werde. An viele Begebenheiten denke ich verklärt zurück und mir fällt spontan nicht mehr ein, was schiefgelaufen ist. Als wir den Bus abgeben, weht mir der Wind frische Tränen über die Wangen. Zwei weibliche Angestellte umarmen uns. Sie haben von dem ungewöhnlich besprühten Modell schon so viel gehört, ihn aber noch nie zu Gesicht bekommen. Wir könnten denen vielleicht Geschichten erzählen...!

Großzügig überlassen wir der Station das Zeug, welches wir dazugekauft haben: die Campingstühle, den Tisch, Geschirr, Becher, Besteck, Kühlaggregate, zwei Kissen, unzählige Gaskartuschen, Sturmkerzen, ein Bodyboard und vieles mehr. Den Inhalt unserer Wohnung. Dafür bemängeln sie den mit Blut eingesauten Beifahrersitz nicht und kontrollieren mögliche Schrammen nur sehr oberflächlich. Dann gibt es noch eine Schrecksekunde. Ein Wicked-Typ rennt dem Taxi brüllend hinterher. Anscheinend sollen wir uns bei der Polizeistation von Alice Springs melden, da sie eine Zeugenaussage benötigen. Ich übersetze es Micha lieber nicht. Zum einen haben wir keine Zeit mehr und zum anderen waren wir ja gar nicht im Outback!

Am Abflugterminal wird mir schlecht. Das „Koalabärchen" namens Micha ist mir doch ans Herz gewachsen. Ich kann ihn jetzt nicht enttäuschen. Wie bei einem Ehepaar, das seit dreißig Jahren zusammen ist, bemerkt er sofort, dass es mir nicht gut geht. Er zwingt mich regelrecht, auf einer der Bänke – etwa 200 Meter vom Check-in entfernt – Platz zu nehmen. Noch nie im Leben habe ich mich so einsam gefühlt.

Ich krame die Kamera hervor und spiele die Fotos rückwärts ab. Irgendwann komme ich an die Stelle, auf der auch Oliver zu sehen ist. Nein, ich habe für ihn keinerlei größere Empfindungen, aber er erinnert mich daran, warum ich noch bleiben wollte. Obwohl mich meine Eltern und Freunde in der Heimat hoffentlich vermissen werden, wartet dort eigentlich niemand auf mich. In Australien habe ich die ultimative Freiheit erlebt und ein Dasein abseits der Norm kennengelernt. Plötzlich denke ich an den Tod von Jörn, die Begebenheiten in den Grampians und an die vielen Kreuze an den Highways. Sie gemahnen mich daran, wie vergänglich alles ist, was Zeit bedeutet und dass ich auf dieser Welt nur zu Gast bin. In Australien steht nun alles auf dem Kopf

– sogar mein Leben!

Ich schnappe den Rucksack, gehe an eine Bar und kaufe mir Zigaretten und ein Feuerzeug. Dort läuft gerade „Private Universe" von „Crowded House". Was für ein trauriger Song. Vor dem Terminal atme ich tief durch, bevor ich mir eine anzünde. Der Boden unter den Füßen scheint zu schwanken. Bereits nach einem Zug wird mir schummrig, doch, hin- und herlaufend, rauche ich eine zweite und dann eine dritte. Plötzlich höre ich eine Durchsage mit meinem Namen und wenig später kreischt jemand auf Deutsch ins Mikrofon: „Nina, wo bist du?" Noch eine Stunde bis zum Abflug…

Unsere Sicht
Nina war in Australien geblieben und lebte lange bei ihrem neuen Freund in Fremantle (WA). Momentan ist sie auf eigene Faust in Südostasien unterwegs.
Micha hat bislang keinen Fuß mehr auf australischen Boden gesetzt. Er arbeitet in seinem alten Job und wohnt zusammen mit seinem Hund Ulf in einer deutschen Großstadt.

Wir hatten uns gemocht, verflucht, begehrt, gehasst, geliebt und hunderte anderer Gefühle füreinander empfunden. Seit jenem Tag in Sydney haben wir uns nicht mehr wiedergesehen. Erst 2012 haben wir erneut Kontakt zueinander aufgenommen und irgendwann entstand die Idee, ein Buch über die gemeinsame Zeit in „Koalaland" zu schreiben – eine Zeit, die uns beide geprägt und verändert hat.

Dennoch vereinbarten wir, auch in Zukunft auf ein persönliches Treffen zu verzichten, da noch immer die Möglichkeit besteht, dass wir uns entweder nichts mehr zu sagen haben oder uns nochmals Hals über Kopf ineinander verlieben.

Nina und Micha, März 2013

Mark Scheppert

Mauergewinner oder ein Wessi des Ostens
30 vergnügliche Geschichten aus dem Alltag der DDR

228 Seiten
Edition BoD
ISBN 978-3-8391-9250-4
www.markscheppert.de

Als Mark Scheppert diese Geschichten zu schreiben begann, hatte er sich vorgenommen, stellvertretend für seine Generation etwas Neues und Einzigartiges über die DDR zu schreiben. Denn seltsam: In keinem der angeblich so „typischen" literarischen Denkmälern für dieses verschwundene Land fand er sich wieder. Er gehörte auch nicht zu der Generation von „Zonenkindern" und wohnte in keiner „Sonnenallee" und in keinem „Turm". Seine Jugend, seine Auseinandersetzung mit diesem seltsamen Ort namens DDR, seine Erfahrungen und seine Kämpfe, kamen nirgendwo vor. Und erst recht nicht das Gefühl, das er mit dieser Zeit verband. Komisch. War er so ein Sonderfall?

Faulig-feuchte Klamotten, eiskalte Füße und unzählige Sorten Alkohol: Mark Schepperts Erinnerungen an seine DDR-Kindheit in der Kleingarten-Parzelle sind düster. Komisch nur, dass die Fotos im Familienalbum eine ganz andere Geschichte erzählen.

Spiegel Online

Es ist wirklich eine Bereicherung, den „Mauergewinner" zu verschlingen und es macht großen Spaß, auch mal einen vergnügten Blick auf diese DDR zu werfen. kadekMedien

Mark Scheppert

90 Minuten Südamerika

160 Seiten
BoD GmbH
ISBN 978-3-8423-5336-7
www.markscheppert.de

Mark Scheppert nimmt uns mit auf eine einzigartige Reise durch Lateinamerika und lässt uns an einer ganz besonderen Suche teilhaben. Auf seinen abenteuerlichen Trips durch Argentinien, Brasilien, Bolivien, Chile, Guatemala, Kolumbien, Mexiko, Paraguay, Peru und Venezuela verändert sich in zwanzig Jahren nicht nur die Welt um ihn herum, sondern auch sein Heimatland. Parallel dazu entwickelt sich eine Beziehung zum Fußball, die 1990 ablehnend beginnt, in jugendliche Schwärmerei umschlägt und in euphorischer Begeisterung mündet.

Die facettenreichen, mal lustigen, mal berührenden Anekdoten lassen Erinnerungen an große Lieben, Freundschaften, Enttäuschungen und Sehnsüchte lebendig werden. Mit einer Sprache, die nicht nach Reiseführer und Merian-Heft schmeckt, versucht Scheppert, den Leser mit dem Südamerika-Virus zu infizieren und ihn auf die Fußball-WM 2014 in Brasilien einzustimmen.

„90 Minuten Südamerika" ist eine Art nonfiktiver Coming-of-Age-Roman, in dem der Fußball sukzessive stärker in den Fokus rückt. Schepperts Berichte sind keine abgehangenen Weisheiten, sondern großartig geschriebene Momentaufnahmen einer riesigen Weltkarte. 11 Freunde - Magazin für Fußballkultur

Blond, deutsch und Fußball-Fan: So zieht man in Paraguay schnell die Blicke auf sich. Besonders dann, wenn man beim 1:0 für die Heimat vor Glück einen ganzen Häuserblock zusammenbrüllt – und dem Gastgeber später bei einer WM im Armdrücken doch noch zum Sieg verhilft." Spiegel Online

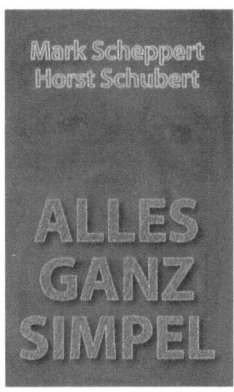

Mark Scheppert

Alles ganz simpel

140 Seiten
BoD GmbH
ISBN 978-3-8423-80462
www.markscheppert.de

Mein Opa ist ein „Geschichtsbuch auf zwei Beinen", denn er hat fast ein komplettes deutsches Jahrhundert hautnah erlebt.

Eine Kindheit und Jugend in Breslau während der Weimarer Republik und in Hitlers Reich. Einen mörderischen Weltkrieg und die Kriegsgefangenschaft. Die Gründung und den Aufbau der DDR mit Jobs als Telegrafenarbeiter in Lübben, Dachdecker in Osternienburg, Hilfsschlosser und Technischer Zeichner in den Buna-Werken. Ein Sportstudium an der DHfK in Leipzig und den Berufstart als Reporter der Friedensfahrt für das Deutsche Sportecho. Den 17. Juni und den Mauerbau. Die Zeit als Verlagsdirektor des Sportverlages in Berlin mit Teilnahmen an Olympischen Spielen und Buchmessen. Den Niedergang der DDR, den Mauerfall und den linken Neubeginn in der Bundesrepublik Deutschland.

Das wollte ich unbedingt aufbewahren und teilen.

„Das Schöne an dem Buch ist, dass der Enkel den Großvater nach Schlüsselereignissen seines Lebens befragt und dieser locker erzählt. Ohne Schmus, Schminke und Selbstbeweihräucherung."
BERLINER WOCHE

„Wie schon die beiden Vorgänger „90 Minuten Südamerika" und „Mauergewinner" ist das Buch mit viel Witz und Charme gewürzt. Eine sehr zu empfehlende Lektüre." MAHELI

Lesebühne Die Unerhörten

Süß-Sauer bis Schaf
Neue Texte aus Berlin

124 Seiten; BoD GmbH
ISBN: 978-3-8482-0638-4
www.markscheppert.de;
www.die-unerhoerten.de

Wer schreibt, der bleibt – den Leserinnen und Lesern in Erinnerung! Diese bunte Berliner Mischung hier schrieben „Die Unerhörten" und stellen ihre Kurzgeschichten somit erstmals in einem eigenen Buch vor.

„Die Unerhörten" sind talentierte Autorinnen und Autoren, die mit viel Kreativität, Witz und Charme unerhörte Literatur schreiben. Seit 2009 präsentieren sie die knackfrischenTexte regelmäßig auf ihren berühmt-berüchtigten Lesebühnen-Veranstaltungen.

Das lang ersehnte Buchdebüt vereint die breit gefächerte Individualität ihrer Schreibstile und garantiert unerhörten Lesegenuss.

Freuen Sie sich auf Geschichten von: Friedhelm Feller-Przybyl, Doris Lautenbach, Ariane Meinzer, Mark Scheppert, Susanne Schmidt und Sebastian T. Vogel. Das „Kapitalistenschaf" – immer hungrig, aber schreibfaul – ist ihr Maskottchen.

2011 waren „Die Unerhörten" nominiert zur besten Lesebühne Berlins.

Zusätzlich Empfehlung: das E-Book „Generation Wall" in englischer Sprache.

Mark Scheppert

Generation Wall

Kindle Edition; Sprache: Englisch
ASIN: B0050YKZNI
www.markscheppert.de

Darin enthalten sind 16 vergnügliche Geschichten aus dem Alltag der DDR – übersetzt von Katharina Schmidt aus dem Buch „Mauergewinner oder ein Wessi des Ostens".